Strafverfahren vor dem estnischen Landgericht

AF076118

Europäische Hochschulschriften Recht

European University Studies in Law

Publications Universitaires Européennes de Droit

Band/Volume **6801**

Meris Sillaots

Strafverfahren vor dem estnischen Landgericht

PETER LANG

Berlin - Bruxelles - Chennai - Lausanne - New York - Oxford

Bibliografische Information der Deutschen Nationalbibliothek
Die Deutsche Nationalbibliothek verzeichnet diese Publikation in der Deutschen Nationalbibliografie; detaillierte bibliografische Daten sind im Internet über http://dnb.d-nb.de abrufbar.

ISSN 0531-7312
ISBN 978-3-631-92479-2
E-BOOK 978-3-631-92480-8
E-PUB 978-3-631-92481-5
DOI 10.3726/b22209

© 2024 Peter Lang Group AG, Lausanne
Verlegt durch: Peter Lang GmbH, Berlin, Deutschland

info@peterlang.com www.peterlang.com

Alle Rechte vorbehalten.

Das Werk einschließlich aller seiner Teile ist urheberrechtlich geschützt. Jede Verwertung außerhalb der engen Grenzen des Urheberrechtsgesetzes ist ohne Zustimmung des Verlages unzulässig und strafbar. Das gilt insbesondere für Vervielfältigungen, Übersetzungen, Mikroverfilmungen und die Einspeicherung und Verarbeitung in elektronischen Systemen.

Diese Publikation wurde begutachtet.

Vorwort

Dieses Buch behandelt eine der wichtigsten Fragen des Strafverfahrens in Estland. Es befasst sich mit dem strafgerichtlichen allgemeinen Verfahren und den vereinfachten Verfahrensarten vor dem Gericht erster Instanz.[1] Die Rechtsprechung des Staatsgerichtshofs spielt in dem Buch eine wichtige Rolle. Fachliteratur wird verwendet. Hinzu kommen zahlreiche Standpunkte und Interpretationen des Autoren. Das Buch wendet sich an alle, die sich für das Strafprozessrecht interessieren. Der Inhalt des Buches kann auch für rechtsvergleichende Studien genutzt werden.

Am 1. Juli 2004 trat in Estland ein neues Strafverfahrensgesetzbuch[2] (StVGB) in Kraft. Diese Reform des Strafverfahrens[3] brachte besonders für die Hauptverhandlung[4] bedeutende Änderungen mit sich; insbesondere wurde das Modell des adversarischen Hauptverfahrens eingeführt. Auch die Rolle des Gerichts bei der Untersuchung der Beweise wurde geändert. Nach dem früheren Strafverfahrensrecht war das Gericht verpflichtet, alle gesetzlich vorgesehenen Mittel zur allseitigen, vollständigen und objektiven Untersuchung von Umständen einer Straftat einzusetzen (Strafverfahrenskodex § 19 Abs. 1). Nunmehr sind die Parteien für die Darlegung der Beweise verantwortlich, was das Hauptverfahren in seinen Grundzügen als ein adversarisches Verfahren charakterisiert[5].

Bemerkenswert ist, dass das Hauptverfahren von dem Ermittlungsverfahren weitgehend getrennt ist. Die Aussagen, die ein Zeuge, der Verletzte oder der Angeschuldigte im Ermittlungsverfahren gemacht haben, können in der Hauptverhandlung nur unter bestimmten gesetzlichen Voraussetzungen verlesen werden. Eine wesentliche Neuerung ist weiterhin die Einführung des Kreuzverhörs.

---

1 Das Landgericht ist Gericht erster Instanz.
2 Strafverfahrensgesetzbuch (riigiteataja.ee).
3 Zu den rechtspolitischen Ausgangspunkten des Entwurfs zum estnischen StVGB siehe E. Kergandberg, Estlands
 künftiges StVGB als rechtspolitische Entscheidung, in: von Redecker (Hrsg.), Deutsch-Estnische Rechtsfragen, 2003, S. 25–48.
4 Auch für das Ermittlungsverfahren wurden zahlreiche Neuerungen eingeführt.
5 Zu den verschiedenen Prozessmodellen: Hörnle, Unterschiede zwischen Strafverfahrensordnungen und ihre kulturellen Hintergründe, ZStW 117 (2005), S. 804; Perron, in: Perron (Hrsg.), Die Beweisaufnahme im Strafverfahrensrecht des Auslands, 1995, S. 560.

Seit der Einführung des StVGB im Jahr 2004 hat sich das Strafverfahrensrecht in mehreren Punkten weiterentwickelt. Es wurden zahlreiche Ergänzungen zum Gesetz verabschiedet und auch der Staatsgerichtshof[6] hat eine wichtige Rolle bei dieser Weiterentwicklung des Strafverfahrensrechts gespielt.

Zum besseren Verständnis der Hauptverhandlung wird im Folgenden das Ermittlungsverfahren kurz beschrieben. Das Ziel des Ermittlungsverfahrens besteht in der Sammlung von Beweisinformationen und in der Erfüllung anderer Voraussetzungen, die für das Hauptverfahren notwendig sind (§ 211 Abs. 1 StVGB). Das Ermittlungsverfahren wird von der Staatsanwaltschaft geleitet, die Gesetzlichkeit und den Erfolg des Verfahrens gewährleistet (§ 30 Abs. 1, § 213 Abs. 1 StVGB). Sie ist befugt, bei Bedarf auch selbst Verfahrenshandlungen durchzuführen. Die Ermittlungsbehörde und Staatsanwaltschaft haben sowohl die zur Belastung wie auch die zur Entlastung dienenden Umstände zu ermitteln (§ 211 Abs. 2 StVGB). Nach Abschluss der Ermittlungen entscheidet die Staatsanwaltschaft darüber, ob das Verfahren eingestellt oder Anklage erhoben wird. § 6 StVGB enthält das Legalitätsprinzip. Zugleich bestimmt das Gesetz, in welchen Fällen die Staatsanwaltschaft das Strafverfahren aufgrund von Opportunitätsgründen einstellen oder beantragen kann, dass das Gericht aufgrund des Opportunitätsprinzips das Strafverfahren einstellt. In der Abschlussphase des Ermittlungsverfahrens entscheidet die Staatsanwaltschaft unter Berücksichtigung der gesetzlichen Möglichkeiten, in welcher Form das Hauptverfahren durchgeführt wird, d. h. ob es in einer der Formen des vereinfachten Verfahrens oder in der Form des allgemeinen Verfahrens fortgesetzt werden soll. Das StVGB enthält neben dem allgemeinen Verfahren vier vereinfachte Verfahrensarten[7]; nämlich das abgekürzte Verfahren, das Absprache-, das Strafbefehls- und das beschleunigte Verfahren.

Tartu, Estland *Meris Sillaots*

---

6 Der Staatsgerichtshof ist die höchste Gerichtsinstanz in Estland. § 2 Ziff. 4 StVGB bestimmt, dass die Entscheidungen des Staatsgerichtshofs eine Quelle des Strafverfahrensrechts bezüglich der Fragen darstellt, die bei der Anwendung des Gesetzes entstanden sind, in anderen Quellen des Strafprozessrechts jedoch nicht gelöst werden.

7 Der Anteil der im allgemeinen Verfahren gelösten Strafsachen lag 2022 bei 9 %. Der Anteil der Abspracheverfahren betrug 77 %, derjenige der abgekürzten Verfahren lag bei 13 % und der Anteil der Strafbefehlsverfahren bei 1 %. Siehe die Statistik des Justizministeriums (kriminaalpoliitika.ee/kuritegevus2022/kriminaalmenetlus/).

Inhaltsverzeichnis

§ 1. Grundsätze des allgemeinen Gerichtsverfahrens 13
    1. Das Prinzip des adversarischen Hauptverfahrens 13
    2. Beweiswürdigung 22
    3. Das Recht, bei der Verhandlung seines Falles anwesend zu sein 29
    4. Grundsatz des fairen und gerechten Verfahrens 30
    5. Grundsatz der Offenheit der Verhandlung 32

§ 2. Gerichtliche Vorverfahren in allgemeinen Verfahren auf der Grundlage von Entscheidungen des Strafsenats des Staatsgerichtshofs 35

§ 3. Allgemeine Bedingungen für die Verhandlung im allgemeinen Verfahren 41
    1. Leitung und Ordnung der Hauptverhandlung (StVGB § 266) 41
    2. Maßnahmen gegen eine Person, die gegen die Verfahrensregeln der Verhandlung verstößt (§ 267 StVGB). 42
    3. Grenzen des Verfahrens auf der Grundlage der Beschlüsse des Strafsenats des Staatsgerichtshofs (§ 268 StVGB) 47
    4. Vollständigkeit der Verhandlung einer Strafsache im allgemeinen Verfahren (§ 268¹ StVGB) 51
    5. Teilnahme des Angeklagten an der Verhandlung (§ 269 StVGB) 52
    6. Anwesenheit des Staatsanwalts und des Verteidigers bei der Verhandlung (§ 270 StVGB) 54
    7. Verhandlung ohne einen Zeugen, ein Opfer, einen Sachverständigen oder einen Gutachter (§ 271 StVGB) 55
    8. Vertagung der Verhandlung (§ 273 StVGB) 55
    9. Einstellung des Strafverfahrens in der Verhandlung (§ 274 StVGB) 58
    10. Antrag auf Beschleunigung des Verfahrens (§ 274¹ StVG) 59

11. Beendigung des Strafverfahrens in der Verhandlung wegen Ablaufs einer angemessenen Frist (§ 274² StVGB) 60
12. Festsetzung eines Freiheitsentzugs (§ 275 StVGB) 61
13. Hinterlegung von Aussagen nach Übermittlung der Anklageschrift an das Gericht (§ 276² StVGB) 64
14. Vorbereitung auf das Kreuzverhör (gemäß § 276³ StVGB) 65

§ 4. Feststellung der Identität des Beschuldigten und Aufklärung über seine Rechte und Pflichten während der Verhandlung (§ 279 StVGB) ... 67

§ 5. Gerichtliche Untersuchung 69
1. Beginn der gerichtlichen Untersuchung (§ 285 StVGB) 69
2. Anordnung der Beweisaufnahme (§ 286 StVGB) 71
3. Allgemeine Voraussetzungen für die Zulassung von Beweismitteln (§ 286¹ StVG) 72
4. Zulässigkeit von Aussagen, die bei einem früheren Kreuzverhör in derselben oder einer anderen Strafsache gemacht wurden (§ 286² StVGB). 80
5. Vernehmung von Zeugen (§ 287 StVGB) 82
6. Durchführung der Vernehmung (§ 287¹ StVGB) 85
7. Kreuzverhör (§ 288 StVGB) 86
8. Suggestivfragen (§ 288¹ StVGB) 94
9. Rechte des Opfers, eines zivilrechtlich Beklagten, Dritter und des Angeklagten im Kreuzverhör (§ 288² StVGB) 99
10. Überprüfung der Glaubwürdigkeit eines Zeugen (§ 289 StVGB) 100
11. Frühere Aussagen eines Zeugen als Beweismittel vor Gericht im Falle eines Kreuzverhörs (§ 289¹ StVGB) 102
12. Mögliches Problem der Beweiskraft von hinterlegten Aussagen 104
13. Besondere Regeln für die Vernehmung eines minderjährigen Zeugen (§ 290 StVGB) 105

14. Besonderheiten bei der Aussage eines minderjährigen Zeugen im Ermittlungsverfahren (§ 70, § 290¹ StVGB) 108
15. Frühere Zeugenaussagen vor Gericht ohne die Möglichkeit eines Kreuzverhörs (§§ 291 und 294 StVGB) 110
16. Antrag auf erneute Vernehmung eines Zeugen im Rahmen einer gerichtlichen Untersuchung 115
17. Vernehmung eines Sachverständigen (§ 292¹ StVGB) 116
18. Vernehmung des Angeklagten (§ 293 StVGB) 117
19. Sachverständigenbeweis vor Gericht (§ 295 StVGB) 118
20. Vorlage einer Aufzeichnung, eines Beweises oder eines Dokuments als Beweismittel (§ 296 StVGB). 119
21. Erhebung zusätzlicher Beweise im Zuge einer gerichtlichen Untersuchung (§ 297 StVGB) 120

§ 6. Prozessführung und letztes Wort des Beschuldigten 123
 1. Ablauf der Hauptverhandlung (§ 299 StVGB) 123
 2. Inhalt der Hauptverhandlung (§ 300 StVGB) 123
 3. Letztes Wort des Angeklagten (§ 303 StVGB) 124

§ 7. Urteil auf der Grundlage der Entscheidungen des Strafsenats des Staatsgerichtshofs 125

§ 8. Abspracheverfahren 131
 1. Grundlage für die Anwendung des Abspracheverfahrens 131
 2. Von der Staatsanwaltschaft eingeleitetes Abspracheverfahren (§ 240 StVGB) 132
 3. Einleitung des Abspracheverfahrens auf Antrag der verdächtigen oder beschuldigten Person (§ 242 StVGB) 133
 4. Protokoll über die Zustimmung der zivilrechtlich Beklagten und Dritter zur Anwendung des Abspracheverfahrens (§ 243 StVGB) 133
 5. Verhandlung des Abspracheverfahrens (§ 244 StVGB) 134

6. Übergabe zur Hauptverhandlung im Abspracheverfahren
(§ 245¹ StVGB) 141

7. Teilnehmer an der Verhandlung (§ 246 StVGB) 142

8. Anhörung in einem Abspracheverfahren (§ 247 StVGB) 143

9. Urteile in einem Abspracheverfahren (§ 248 StVGB) 146

10. Beginn des Abspracheverfahrens bei der
Gerichtsverhandlung (§ 250 StVGB) 148

§ 9. Abgekürztes Verfahren 151

1. Grundlage für die Anwendung des abgekürzten Verfahrens
(§ 233 StVGB) 151

2. Antrag auf Anwendung des abgekürzten Verfahrens
(§ 234 StVGB) 152

3. Übergabe zur Hauptverhandlung im abgekürzten Verfahren
(§ 235¹ StVGB) 153

4. Teilnehmer an der Verhandlung (§ 236 StVGB) 154

5. Gerichtliche Untersuchung im abgekürzten Verfahren
(§ 237 StVGB) 154

6. Einleitung des abgekürzten Verfahrens im gerichtlichen
Verfahren (§ 237¹ StVGB) 159

7. Urteil in einem abgekürzten Verfahren (§ 238 StVGB) 159

§ 10. Strafbefehlsverfahren 165

1. Gründe für die Anwendung des Strafbefehlsverfahrens
(§ 251 StVGB) 165

2. Der Hauptteil der Anklageschrift im Strafbefehlsverfahren
(§ 252 StVGB) 165

3. Gerichtsbeschlüsse in einem Strafbefehlsverfahren
(§ 253 StVGB) 167

4. Urteil in einem Strafbefehlsverfahren (§ 254 StVGB) 167

5. Rechtsbehelf gegen ein im Strafbefehlsverfahren ergangenes
Urteil und Verhandlung im ordentlichen Verfahren
(§ 255 StVGB) 168

§ 11. Beschleunigtes Verfahren 169

    1. Gründe für die Anwendung des beschleunigten Verfahrens
       (§ 256^1 StVGB) 169

    2. Protokoll über das beschleunigte Verfahren und
       Anklageschrift im beschleunigten Verfahren (§ 256^2 StVGB) 169

    3. Gerichtsverfahren im beschleunigten Verfahren
       (§ 256^4 StVGB) 170

    4. Gerichtsbeschluss im beschleunigten Verfahren
       (§ 256^5 StVGB) 172

Literaturverzeichnis 173

§ 1. Grundsätze des allgemeinen Gerichtsverfahrens

1. Das Prinzip des adversarischen Hauptverfahrens

Im Laufe der Reform des Strafverfahrens hat sich der Gesetzgeber dafür entscheiden, das Hauptverfahren als ein adversarisches Verfahren auszugestalten. Er erhoffte sich hierbei hauptsächlich eine Steigerung der Verfahrenseffizienz[8]. Aus dem Erläuterungsschreiben zum Entwurf des StVGBs 594SE geht hervor, dass aus diesem Grund der aktive Einsatz der Verfahrensbeteiligten für wichtig gehalten wurde, d. h. dass der Staatsanwalt anklagt, der Verteidiger verteidigt und das Gericht aufgrund der von diesen Verfahrensbeteiligten vorgelegten Beweismitteln die Entscheidung in der Strafsache fällt[9]. Bei der Abfassung des Gesetzbuchs wurde viel Sorgfalt auf die Gewährleistung der verfahrensbezogenen Neutralität des Richters bzw. Auf die Absicherung des Prinzips verwendet, wonach der Richter die Entscheidung lediglich aufgrund der im Hauptverfahren dargelegten Beweismittel fällt[10]. Allerdings hat man sich nicht für das rein adversarische Hauptverfahren entschieden[11]. Bei der Erarbeitung des Entwurfs zum StVGB 594SE diente im Hintergrund der italienische Strafprozess als Vorbild[12].

In § 14 des estnischen Strafverfahrensgesetzbuches (StVGB) ist der Grundsatz des adversarischen Verfahrens verankert[13]. Nach § 14 Abs. 1 werden die Aufgaben der Anklage und der Verteidigung sowie die Aufgaben des Strafverfahrens von verschiedenen Verfahrensbeteiligten wahrgenommen. Aus dem Wortlaut dieser Vorschrift ergibt sich, dass eine klare Aufgabenteilung zwischen den verschiedenen Verfahrensbeteiligten im gerichtlichen Verfahren von grundlegender Bedeutung ist. Die genaueren Grenzen zwischen den

---

8   Entwurf des StVGB 594SE Erläuterungsschreiben, http://www.riigikogu.ee.
9   Siehe Anm. 8.
10 Siehe Anm. 8.
11 Siehe Anm. 8.
12 Siehe E. Kergandberg (Anm. 3), S. 29.
13 Zum Grundsatz des adversarischen Verfahrens siehe auch Kriminaalmenetluse seadustik. Kommenteeritud väljaanne (Strafverfahrensgesetzbuch. Kommentierte Ausgabe). Herausgegeben von Eerik Kergandberg und Priit Pikamäe. Kirjastus Juura 2012, § 14 Kommentare (E. Kergandberg) und E. Kergandberg, M. Sillaots. Kriminaalmenetlus (Das Strafverfahren). Kirjastus Juura, 2006, S. 70.

verschiedenen Funktionen hängen weitgehend von dem genauen Inhalt der einen oder anderen Funktion und von den Zuständigkeiten der einen oder anderen Funktion ab. Es sei darauf hingewiesen, dass in Gerichtsverfahren, die auf dem Untersuchungsgrundsatz beruhen, das Gericht den Umfang der Beweisaufnahme in der Hauptverhandlung bestimmt. Im adversarischen Verfahren ist die Beweisaufnahme und -führung im Wesentlichen Sache der Parteien. Der Strafsenat des Staatsgerichtshofs hat klargestellt, dass im Gegensatz zu Strafverfahren, die auf dem Untersuchungsgrundsatz beruhen, im adversarischen Verfahren die Staatsanwaltschaft für die Anklageerhebung und die Beweisführung zur Unterstützung der Anklage zuständig ist. Das Gericht ist ein unparteiischer Richter, dessen Aufgabe in erster Linie darin besteht, die Einhaltung der Beweisregeln in der Verhandlung zu gewährleisten, die erhobenen Beweise zu bewerten und darüber zu entscheiden (RKKKo 31.01.2014, 3-1-1-7-14, Ziff. 11.1; RKKKo 3-1-1-91-07, Ziff. 6.1).[14]

Die Hauptaufgabe des Gerichts[15] in estnischen Strafverfahren besteht darin, über Strafsachen zu entscheiden. Das Gericht hat keine staatsanwaltschaftliche Funktion. Nach § 14 Abs. 2 des StVGB entbindet der Verzicht auf eine Anklage das Gericht von der Verpflichtung zur Fortsetzung des Verfahrens. Wird die Anklage mit der Begründung fallen gelassen, dass das Verhalten des Angeklagten den Tatbestand einer Ordnungswidrigkeit erfüllt, ist das Fallenlassen der Anklage ein Grund für die Einstellung des Strafverfahrens. In den anderen Fällen ist der Verzicht auf die Anklage die Grundlage für einen Freispruch. Der Strafsenat des Staatsgerichtshofs hat klargestellt, dass das Gericht aufgrund des Grundsatzes des adversarischen Verfahrens, der die Verpflichtung des Gerichts beinhaltet, den Fall innerhalb der Grenzen der Anklage zu verhandeln (§§ 14, 268, 301 des StVGB), weder das Recht noch die Pflicht hat, die Richtigkeit und Berechtigung der Rücknahme der Anklage durch den Staatsanwalt zu überprüfen (RKKKm 2.10.2007, 3-1-1-49-07, Ziff. 6). Es ist wichtig zu beachten, dass das Gericht nicht über die Grenzen der Anklage hinausgehen darf (siehe RKKKo 12.02.2008, 3-1-1-91-07, Ziff. 6.1.). Der Strafsenat des Staatsgerichtshofs hat den Standpunkt vertreten, dass das Gericht bei der Verhandlung einer Strafsache in einer Situation, in der die Anklageschrift unvollständig

---

14 RKKKo – Urteil des Strafsenats des Staatsgerichtshofs (StGH).
15 Vor den Landgerichten werden Strafsachen erster Instanz von einem Spruchkörper verhandelt, der sich aus einem vorsitzenden Berufsrichter und zwei Schöffen zusammensetzt. Strafsachen in zweiter Instanz und Strafsachen im vereinfachten Verfahren werden vom Berufsrichter allein verhandelt.

ist, nach dem Grundsatz des adversarischen Verfahrens gemäß § 14 Absatz 1 des StVGB nicht befugt ist, die Anklageschrift von sich aus zu ändern oder zu ergänzen oder den Staatsanwalt aufzufordern, eine neue Anklageschrift einzureichen oder eine bestehende Anklageschrift zu ändern (RKKKo 1.04.2008, 3-1-1-101-07, Ziff. 16.1). Es sei darauf hingewiesen, dass § 268 Abs. 6 StVGB vorsieht, dass das Gericht bei der Urteilsverkündung die Qualifikation der Straftat auf der Grundlage desselben Sachverhalts ändern kann, wenn der Angeklagte ausreichend Gelegenheit hatte, sich gegen diese Qualifikation zu verteidigen. Der adversarische Charakter des Verfahrens (§ 14 StVGB) verlangt nicht, dass das Gericht in vollem Umfang an die rechtlichen Argumente der Verfahrensbeteiligten gebunden ist. Vielmehr hat das Gericht gemäß § 306 Abs. 1 Ziff. 3 StVGB bei der Urteilsfindung unter anderem darüber zu entscheiden, ob die Tat einen Straftatbestand erfüllt und nach welchem Abschnitt, Paragrafen und Unterabschnitt des Strafgesetzbuches sie zu qualifizieren ist. Die Zuständigkeit des Gerichts für die strafrechtliche Beurteilung der Handlung einer Person beschränkt sich also nicht auf die Prüfung, ob die Handlung mit der in der Anklageschrift genannten Vorschrift des Strafgesetzbuches übereinstimmt, sondern umfasst auch eine aktive Rolle des Gerichts bei der Feststellung der materiellrechtlichen Situation (RKKKo 28.11.2019, 1-17-5210, Ziff. 34). Ist das Gericht der Auffassung, dass die in der Anklageschrift angeführte Vorschrift nicht anwendbar ist, muss das Strafgericht prüfen, ob das Verhalten der Person möglicherweise einer anderen Vorschrift des Strafgesetzbuches entspricht (RKKKo 11.06.2018, 1-17-1629, Ziff. 33).

Offensichtlich gibt es keinen Grund, von der Vorstellung auszugehen, dass im estnischen Strafverfahren der Versuch der Wahrheitsfindung keine Bedeutung hat. Es gibt keinen Grund, an der Notwendigkeit zu zweifeln, den tatsächlichen Sachverhalt der Straftat so genau wie möglich zu ermitteln. Daher sollte dieser Aspekt bei der Ausgestaltung des Verfahrensrechts nicht außer Acht gelassen werden. Die Frage nach dem Modell des Strafverfahrens ist mit der Frage nach der Suche nach der Wahrheit verbunden[16]. Die Wahl eines auf adversarischen Elementen beruhenden Gerichtsverfahrens in Estland war gerechtfertigt. Unter dem Gesichtspunkt des adversarischen Aspekts verdienen

---

16   Siehe beispielsweise B. Schünemann. Zur Kritik des amerikanischen Strafprozessmodells. Festschrift für Gerhard Fezer zum 70. Geburtstag am 29. Oktober 2008, Herausgegeben von Edda Weßlau, Wolfgang Wohlers. De Gruyter, Berlin 2008, S. 564; E. Weßlau. Das Konsensprinzip im Strafverfahren – Leitidee für eine Gesamtreform?, Baden-Baden, 2002.

sicherlich die Bestimmungen des § 297 Abs. 1 StVGB Beachtung, die die Möglichkeiten des Gerichts bei der Prüfung und Erhebung von Beweisen aufzeigen. Ausgehend vom § 297 Abs. 1 StVGB kann das Gericht während der Hauptverhandlung nach Abschluss der Beweisaufnahme von Amts wegen die Erhebung ergänzender Beweise anordnen.

Der Strafsenat des Staatsgerichtshofs hat in seinem Urteil zur Rechtssache Nr. 3-1-1-67-06 unter anderem präzisiert, in welchem Fall und zur Feststellung welcher Tatsachen das Gericht von dieser Möglichkeit Gebrauch machen kann. Der Hof ist in diesem Fall der Meinung, dass entgegen der Ansicht des Bezirksgerichts das Landgericht Beweise von Amts wegen hätte erheben sollen, soweit die von der Staatsanwaltschaft vorgelegten Beweise nicht zu einer Verurteilung ausreichen. Unter Bezugnahme auf § 14 StVGB, der das Prinzip des adversarischen Strafverfahrens festlegt und vorsieht, das die Anklage- und Verteidigungsfunktion sowie die Funktion der Entscheidungsfindung im Strafverfahren voneinander getrennt sind, betont er, dass diese Trennung auch das Beweisverfahren kennzeichnet. Die Beweisbeibringungslast tragen Staatsanwalt und Verteidiger, das Gericht muss in der Regel das Urteil lediglich aufgrund der vorgelegten Beweise fällen. Nach § 297 Abs. 1 i.V.m. § 307 StVGB bildet das Recht des Gerichts, von Amts wegen eine ergänzende Beweiserhebung anzuordnen oder eine zur Entscheidung der Strafsache wichtige Tatsache ergänzend zu erläutern, eher die Ausnahme, und wenn ein Gericht von diesem Recht keinen Gebrauch macht, kann ihm daraus kein Vorwurf gemacht werden. Eine derartige Beweiserhebung müsste aktualisiert werden, wenn das Gericht den Parteien erläutern will, welche ergänzenden Beweise zur Lösung der zum Beweisgegenstand gehörenden Fragen dem Gericht vorgelegt werden müssten. Die von Amts wegen angeordnete Beweiserhebung müsste in erster Linie zur Feststellung solcher Tatsachen dienen, die für die Feststellung des Tatbestands, der Rechtswidrigkeit und der Schuld keine primäre Bedeutung haben, die jedoch – ausgehend von den Anforderungen, die nach § 306 und §§ 311–314 StVGB an das Gerichtsurteil gestellt werden – nicht übersehen werden dürfen[17].

Weiter hat der Strafsenat des Staatsgerichtshofs in seinem Urteil zur Rechtssache Nr. 3-1-1-91-07 betont, dass das Gericht im adversarischen Hauptverfahren bei der Feststellung der zum Beweisgegenstand gehörenden Tatsachen im Wesentlichen an die Aufklärungsergebnisse der Parteien gebunden ist und gemäß § 60 Abs. 2 StVGB grundsätzlich nur durch die Parteien beigebrachten

---

17   Urteil des Strafsenats des Staatsgerichtshofs zur Rechtssache Nr. 3-1-1-67-06.

Beweistatsachen als nachgewiesen behandelt und dem Urteil zugrunde legen kann. Die Amtsermittlungsberechtigung nach § 297 StVGB hat im Hauptverfahren einen klaren Ausnahmecharakter und nur subsidiäre Bedeutung und das Urteil darf sich weder allein noch maßgeblich auf die auf Initiative des Gerichts erhobenen Beweise stützen[18].

Im Zusammenhang mit den Entscheidungen des Strafsenats des Staatsgerichtshofs lässt sich vielleicht argumentieren, dass das Gericht nur äußerst wenige Möglichkeiten hat, sich an der Feststellung der für die Wahrheitsfindung wichtigen Tatsachen zu beteiligen, indem es von sich aus die Erhebung zusätzlicher Beweise anordnet. Im Zusammenhang mit dem Standpunkt, den der Staatsgerichtshof in seinem Urteil in der Rechtssache 3-1-1-67-06 eingenommen hat, ist es wichtig zu erörtern, ob es Gründe dafür geben könnte, die Beweiserhebung von Amts wegen durch das Gericht auch zur Feststellung der Tatsachen, die für die Bestimmung der Tatbestandsmerkmale, der Rechtswidrigkeit der Straftat und der Schuld von vorrangiger Bedeutung sind, für zulässig zu halten.

Der Strafsenat des Staatsgerichtshofs hat zu Recht festgestellt, dass die Beweislast bei der Anklage und der Verteidigung liegt und dass das Gericht seine Entscheidung grundsätzlich auf der Grundlage der ihm vorgelegten Beweise zu treffen hat (RKKKo 3-1-1-67-06). Diese allgemeine Regel sollte jedoch nicht bedeuten, dass es dem Gericht in jedem Fall untersagt sein sollte, von Amts wegen eine Beweisaufnahme anzuordnen, auch zum Zwecke der Feststellung von Tatsachen, die für die Feststellung der Tatbestandsmerkmale, der Rechtswidrigkeit der Tat und der Schuld von wesentlicher Bedeutung sind. Offensichtlich schließt § 60 Abs. 2 StVGB die Möglichkeit nicht aus oder schränkt sie nicht ein, dass das Gericht in Ausübung seiner Befugnisse von Amts wegen die Erhebung zusätzlicher Beweise anordnen kann. Die Zulässigkeit eines solchen Vorgehens des Gerichts ist in § 297 Abs. 1 StVGB ausdrücklich vorgesehen. Diese Bestimmung sieht keine von der Bedeutung der Rechtssache abhängigen Beschränkungen vor.

In bestimmten Fällen kann die Eigeninitiative des Gerichts bei der Anordnung einer Beweisaufnahme für die Wahrheitsfindung von großer Bedeutung sein. Es ist wahrscheinlich, dass sich die Parteien bei der Entscheidung über die Frage nach der Notwendigkeit der Beweisführung und der Antragstellung auf ergänzende Beweiserhebung von strategischen Zielen leiten lassen. So kann beispielsweise ein wichtiger Zeuge existieren, dessen Ladung vor Gericht weder

---

18 Urteil des Strafsenats des Staatsgerichtshofs zur Rechtssache Nr. 3-1-1-91-07.

Staatsanwaltschaft noch der Verteidiger beantragt, weil diese das Risiko nicht eingehen wollen, dass die Aussage des Zeugen sich zu ihren Lasten[19] auswirkt. Informationen über die Existenz eines solchen wichtigen Zeugen können während eines Ermittlungsverfahrens ans Licht kommen. In einem solchen Fall kann der Staatsanwalt ausgehend aus dem Standpunkt, dass die Staatsanwaltschaft gemäß § 17 Abs. 1 StVGB Partei des Gerichtsverfahrens ist, auf die Möglichkeit verzichten, einen Antrag auf zusätzliche Beweise zu stellen. Aus den Bestimmungen des § 285 Abs. 2 StVGB geht klar hervor, dass der Staatsanwalt in einem gerichtlichen Ermittlungsverfahren die Pflicht hat, Beweise zur Unterstützung der Anklage und der Strafverfolgung vorzulegen (RKKKo 3-1-1-91-07). Aus Sicht der Staatsanwaltschaft kann es für den Staatsanwalt zu problematisch sein, einen Zeugen zu laden, bei dem er nicht sicher ist, ob seine Aussage die Anklage stützen oder in Frage stellen würde. Auf der Grundlage der im Laufe der gerichtlichen Ermittlungen gewonnenen Informationen kann der Staatsanwalt zu der Auffassung gelangen, dass der Zeuge eher ein potenzieller Zeuge für die Verteidigung sein könnte. Als Verfahrensbeteiligter hat die Verteidigung im Strafverfahren eine einseitige Funktion, wie in § 47 Abs. 2 StVGB festgelegt. Der Verteidiger darf nicht durch einen Antrag auf Beweisaufnahme an der Feststellung der den Beschuldigten belastenden Tatsachen mitwirken. Es ist also nicht ausgeschlossen, dass der Verteidiger die Ladung eines Zeugen nicht beantragt, wenn er nicht sicher sein kann, dass die Aussage des Zeugen für die Verteidigung günstig sein wird. Allerdings kann die Aussage eines solchen Zeugen für die Feststellung des wahren Sachverhalts von wesentlicher Bedeutung sein. In bestimmten Fällen wäre daher die Möglichkeit, den Sachverhalt im Rahmen eines Gerichtsverfahrens festzustellen, stark eingeschränkt, wenn das Gericht nicht in der Lage wäre, erforderlichenfalls von Amts wegen eine weitere Beweisaufnahme anzuordnen. Das Gericht sollte die Möglichkeit haben, von Amts wegen die Erhebung zusätzlicher Beweise anzuordnen, wenn es der Auffassung ist, dass die Möglichkeit besteht, dass sich die Wahrnehmung des Sachverhalts in seiner jetzigen Form ändert. Hält das Gericht es für erforderlich, von Amts wegen eine zusätzliche Beweisaufnahme anzuordnen, so sollte es dies auch tun können, um Tatsachen festzustellen, die für die Feststellung der Tatbestandsmerkmale, der Rechtswidrigkeit der Tat und der Schuld von wesentlicher Bedeutung sind. Die Anordnung einer Beweisaufnahme von Amts wegen ist keine Beweishandlung im gleichen Sinne

---

19 Zu einem ähnlichen Problem im Zusammenhang mit dem amerikanischen Modell des Strafverfahrens siehe B. Schünemann, Festschrift für Fezer, 2008, S. 562.

wie die Beweisführung durch die Verfahrensbeteiligten. Das Gericht darf sich bei der Anordnung der Beweisaufnahme nicht von dem spezifischen Ziel leiten lassen, das Vorliegen oder Nichtvorliegen einer beweiserheblichen Tatsache aus der Sicht der Anklage oder der Verteidigung zu beweisen. Ein solches Ziel kann von den jeweiligen Verfahrensbeteiligten verfolgt werden. Es ist verständlich, dass auch die vom Gericht von Amts wegen angeordnete Beweisaufnahme zur Feststellung einer beweiserheblichen Tatsache oder des Nichtvorliegens einer solchen Tatsache führen kann. Dabei kann das Gericht jedoch im Hinblick auf das Ziel der Wahrheitsfindung unparteiisch vorgehen. Das Gericht kann bei der Ausübung seiner richterlichen Tätigkeit von Amts wegen die Erhebung weiterer Beweise anordnen. Die Möglichkeit des Gerichts, auf diese Weise zu handeln, würde jedoch nicht bedeuten, dass es verpflichtet wäre, von sich aus eine zusätzliche Beweiserhebung anzuordnen, da es eine solche Verpflichtung im Gesetz nicht gibt.

Im Hinblick auf die Möglichkeit der Anordnung einer zusätzlichen Beweisaufnahme ist auch auf die Regelung zur Anordnung von Sachverständigenbeweisen in § 295 Abs. 1 StVGB hinzuweisen. Nach dieser Vorschrift soll die Anordnung eines Sachverständigengutachtens grundsätzlich auf Antrag einer Verfahrenspartei erfolgen, das Gericht kann aber auch von sich aus ein Sachverständigengutachten anordnen. Fraglich ist, ob und inwieweit bei der Anordnung eines solchen Sachverständigengutachtens die Bestimmungen des § 297 Abs. 1 StVGB zu berücksichtigen sind. Es ist nicht ausgeschlossen, dass es eine Argumentation gibt, wonach die Bestimmung des § 295 Abs. 1 StVGB eine Ausnahme von den allgemeinen Regeln der zusätzlichen Beweisaufnahme vorsieht. Im Falle einer solchen Argumentation ist eine Berufung auf den Standpunkt des Staatsgerichtshofs in der Rechtssache 3-1-1-38-12 nicht ausgeschlossen. In dem genannten Urteil hat der Strafsenat des Staatsgerichtshofs darauf hingewiesen, dass das Gericht in einer Situation, in der im Vorverfahren kein Sachverständigengutachten für erforderlich gehalten wurde, das Gericht aber der Auffassung ist, dass die Feststellung des streitigen Sachverhalts dennoch die Heranziehung spezieller nichtjuristischer Kenntnisse erfordert, von sich aus ein Sachverständigengutachten gemäß § 295 Abs. 1 StVGB anordnen kann. Indem das Landgericht die Ausführungen der Staatsanwaltschaft zum Sachverhalt bezüglich der Nichtanordnung eines Sachverständigengutachtens ignoriert und die Möglichkeit der Anordnung eines Sachverständigengutachtens von Amts wegen zur Klärung des Beweistatbestandes nicht in Betracht gezogen hat, hat es nach Ansicht des Senats des Bezirksgerichts seine Möglichkeiten zur korrekten Aufklärung der Strafsache ungerechtfertigt eingeschränkt (RKKK 3-1-1-38-12). Die in dem genannten Urteil vertretene Auffassung des Staatsgerichtshofs lässt den Schluss zu, dass das Tätigwerden des Gerichts, von Amts wegen ein Sachverständigengutachten anzuordnen, nicht durch die Bedeutung der festzustellenden Tatsache begrenzt ist. Die betreffende Tatsache kann auch unter dem Gesichtspunkt der Erledigung der Strafsache von vorrangiger Bedeutung sein. Um ein Sachverständigengutachten von Amts wegen anzuordnen, ist es nicht erforderlich, die in den Urteilen des Staatsgerichtshofs in den Rechtssachen 3-1-1-67-06 und 3-1-1-91-07 zur Auslegung von § 297 Abs. 1 genannten Regeln für die Zulässigkeit der Anordnung einer zusätzlichen Beweisaufnahme zu beachten. § 295 Abs. 1 StVGB sieht also die Möglichkeit vor, dass das Gericht durch die Anordnung einer ergänzenden Beweisaufnahme aktiv an der Feststellung der für die Lösung des Strafverfahrens relevanten Tatsachen mitwirkt. Eine solche Möglichkeit ist sicherlich wichtig und notwendig.

Die Strafprozessordnung sieht ein solches gerichtliches Verfahren vor, in dem das Gericht auch die Möglichkeit hat, an der Beweisaufnahme und -erhebung mitzuwirken. Das Gericht kann also auch im estnischen Strafverfahren nach den gesetzlichen Vorschriften aktiv an der Feststellung des tatsächlichen Sachverhalts mitwirken. Da es sich bei dieser Möglichkeit jedoch nicht um eine Verpflichtung handelt, obliegt es nach dem Grundsatz des adversarischen Verfahrens nach wie vor den Verfahrensbeteiligten, sich an der Beweisaufnahme zu beteiligen und die Erhebung von Beweisen zu beantragen. Das gerichtliche Verfahren beruht nicht auf dem Untersuchungsgrundsatz.

Bei der Beschreibung der grundlegenden Strukturelemente der Gerichtsverfahrens ist es auch wichtig zu erwähnen, dass das Gericht in Gerichtsverfahren durch die Ausübung des Untersuchungsrechts die Möglichkeit hat, aktiv an der Beweisaufnahme teilzunehmen. Die Möglichkeiten für das Gericht, dies zu tun, sind gesetzlich festgelegt. Aus den Bestimmungen des § 288 Abs. 6 StVGB geht hervor, dass das Gericht einen Zeugen befragen kann, nachdem die Verfahrensbeteiligten die Befragung durchgeführt haben. § 293 Abs. 4 StVGB sieht die Möglichkeit vor, den Beschuldigten zu befragen, nachdem die Verfahrensbeteiligten die Befragung bereits durchgeführt haben. Gerade der Zeitpunkt, zu dem das Gericht aktiv in die Beweisaufnahme eingreifen kann, ist als Folge der verschiedenen Bestimmungen des Gesetzes von Bedeutung. Bei der Befragung ist zu beachten, dass sich das Gericht nicht auf Fragen von nebensächlicher Bedeutung beschränken muss. Das Stellen von Fragen, die auch für die Wahrheitsfindung von großer Bedeutung sind, kann als zulässig und gerechtfertigt angesehen werden.

In einem auf § 297 Abs. 1 StVGB gestützten Verfahren ist es nicht möglich, durch die Anordnung einer Beweisaufnahme von Amts wegen die Beweisführung der Verfahrensbeteiligten zu verhindern oder in irgendeiner Weise zu beeinträchtigen. Das Gericht kann nicht von Amts wegen eine Beweisaufnahme anordnen, solange die Verfahrensbeteiligten keine Beweise vorgelegt haben und diese Beweise nicht geprüft worden sind. Natürlich sollte vorher auch klargestellt werden, dass die Verfahrensbeteiligten keine weitere Beweisaufnahme beantragen. Das Gericht kann die Erhebung weiterer Beweise von Amts wegen erst anordnen, nachdem die Verfahrensbeteiligten Gelegenheit hatten, die Erhebung weiterer Beweise zu beantragen.

Zur Abgrenzung der Rolle der Staatsanwaltschaft ist anzumerken, dass die Staatsanwaltschaft Verfahrensbeteiligte ist (§ 17 Abs. 1 StVGB). Die Staatsanwaltschaft vertritt die Anklage vor Gericht (§ 30 Abs. 1 StVGB). Die Rolle des Staatsanwalts bei der gerichtlichen Untersuchung besteht darin, den Fall der Staatsanwaltschaft und die Beweise für den Fall der Staatsanwaltschaft darzulegen (§ 285 Abs. 2 StVGB; siehe: RKKKo 12.02.2008, 3-1-1-91-07 Ziff. 6.1). Nach dem Grundsatz des adversarischen Charakters des Verfahrens sollte der Staatsanwalt im Laufe des Prozesses in erster Linie Beweise vorlegen, die die Anklage stützen[20]. Obwohl der Staatsanwalt in Gerichtsverfahren dafür verantwortlich ist, Beweise zur Unterstützung der Anklage vorzulegen, sollte er das Ziel der Wahrheitsfindung in Strafverfahren nicht vernachlässigen.

Gemäß der in § 14 Abs. 1 StVGB festgelegten Aufgabenteilung und aufgrund von § 45 Abs. 4 und § 47 Abs. 2 StVGB ist die Funktion der Verteidigung vor Gericht von der Verteidigung wahrzunehmen. Der Verteidiger ist Verfahrensbeteiligter (§ 17 Abs. 1 StVGB). Der Verteidiger ist verpflichtet, alle nicht gesetzlich verbotenen Mittel und Methoden der Verteidigung einzusetzen, um die den Angeklagten entlastenden, nicht belastenden und strafmildernden Tatsachen aufzuklären (§ 47 Abs. 2 StVGB). Nach Erhalt einer Abschrift der Anklageschrift muss der Verteidiger gemäß § 227 Abs. 1 StVGB spätestens drei Arbeitstage vor der Vorverhandlung bei Gericht eine Verteidigungsschrift einreichen, in der er 1.) die Auffassung der Verteidigung zur Anklageschrift und zu dem in der Anklageschrift genannten Schaden darlegt, einschließlich der Angabe, welche der in der Anklageschrift enthaltenen Aussagen und Auffassungen bestritten und welche akzeptiert werden; 2.) die Beweise, die die Verteidigung dem Gericht vorlegen möchte, wobei anzugeben ist, welche Tatsache durch welche Beweise bewiesen werden soll; und 3.) eine Liste der Personen, deren Erscheinen der Verteidiger beantragt. Bei der gerichtlichen Untersuchung

---

20 § 211 Abs. 2 StVGB sieht vor, dass die Ermittlungsbehörde und die Staatsanwaltschaft im vorgerichtlichen Ermittlungsverfahren die den Verdächtigen und Beschuldigten belastenden und rechtfertigenden Tatsachen aufklären.

ist der Verteidiger verpflichtet, Beweise vorzulegen, die es ermöglichen, die entlastenden, die nicht entlastenden und die strafmildernden Umstände des Angeklagten zu klären.

Im estnischen Strafverfahren gilt das Zwei-Akten-System. Es wird zwischen der Strafakte und der Gerichtsakte unterschieden. Nach § 160¹ Abs. 1 StVGB ist eine Strafakte eine Gesamtheit von Unterlagen, die in einer Strafsache gesammelt werden. In § 160¹ Abs. 2 StVGB ist festgelegt, dass das Gericht für jede bei ihm anhängige Strafsache eine Verfahrensakte führt, in der alle Verfahrensunterlagen und sonstigen Schriftstücke, die sich auf das Verfahren beziehen, in chronologischer Reihenfolge abgelegt werden.

Der adversarische Charakter des Verfahrens wird dadurch gewährleistet, dass die Einvernahme von persönlichen Beweismitteln vor Gericht in Form eines Kreuzverhörs gemäß §§ 288, 288¹ und 289 StVGB erfolgt[21].

2. Beweiswürdigung

Nach den Bestimmungen des § 61 StVGB ist kein Beweismittel von vornherein bindend und das Gericht hat alle Beweise in ihrer Gesamtheit nach seiner inneren Überzeugung zu würdigen (siehe RKKKo 7.05.2009, 3-1-1-15-09, Ziff. 10), d. h. das Gericht bildet sich auf der Grundlage der geprüften Beweise eine Überzeugung über das Vorliegen oder Nichtvorliegen von Beweistatsachen. Im Lichte von § 62 Ziff. 1 StVGB bedeutet dies insbesondere, dass es sich ein Urteil darüber bildet, wie das Ereignis stattgefunden hat und ob der Angeklagte die Tat begangen hat. Welche Tatsachen und aus welchen Gründen das Gericht die Tat für erwiesen hält, muss gemäß § 312 Ziff. 1 StVGB im Hauptteil des Urteils wiedergegeben werden. Damit verbunden ist die Anforderung, dass die innere Überzeugungsbildung des Gerichts für den Leser anhand der Urteilsgründe nachvollziehbar sein muss (RKKKo 19.06.2008, 3-1-1-33-08, Ziff. 8).

In der Fachliteratur wird darauf hingewiesen, dass bei der Beweiswürdigung folgende Stufen unterschieden werden können: die Beurteilung der Erheblichkeit (oder Relevanz) des Beweises, die Beurteilung der Zulässigkeit des Beweises, die Beurteilung der Zuverlässigkeit des Beweises und die Beurteilung des Endwertes (Gewicht) des Beweises[22].

---

21 Siehe auch Kriminaalmenetluse seadustik. Kommenteeritud väljaanne (Strafverfahrensgesetzbuch. Kommentierte Ausgabe). Herausgegeben von Eerik Kergandberg und Priit Pikamäe. Kirjastus Juura 2012, § 14 Kommentar. 5.7.

22 Kriminaalmenetluse seadustik. Kommenteeritud väljaanne. Herausgegeben von Eerik Kergandberg und Priit Pikamäe. Kirjastus Juura 2012, § 61 Kommentar 6.

Relevanz (oder Erheblichkeit) von Beweismitteln

Das Erfordernis, die Erheblichkeit (oder Relevanz) von Beweismitteln zu beurteilen, ergibt sich aus § 286¹ Abs. 1 StVGB in Verbindung mit § 62 StVGB. § 286¹ Abs. 1 StVGB sieht vor, dass das Gericht nur solche Beweise zulässt und deren Erhebung veranlasst, die für die Strafsache von Bedeutung sind. Gemäß § 286¹ Abs. 2 StVGB ist die Verweigerung der Zulassung (oder Anordnung der Aufnahme) relevanter Beweise aus Gründen der Verfahrensökonomie nicht ausgeschlossen[23].

Beurteilung der Zulässigkeit von Beweismitteln

Nach der Rechtsprechung des Staatsgerichtshofs sind die dem Verfahrensdurchführer zu erteilenden Auskünfte als Beweismittel zulässig, wenn es sich um eine der nach der Prozessordnung zulässigen Beweisarten handelt (siehe RKKKo 7.03.2007, 3-1-127-06, Ziff. 10; RKKKo 13.12.2013, 3-1-117-13, Ziff. 7). Das wichtigste Kriterium für die Zulässigkeit von Beweismitteln hat der Gesetzgeber in § 63 Abs. 1 StVGB durch eine geschlossene (abschließende) Aufzählung zulässiger Beweisarten festgelegt[24]. Der Strafsenat des Staatsgerichtshofs hat klargestellt, dass nur die in § 63 Abs. 1 StVGB aufgeführten Beweisarten (sog. Strengbeweise) zur Feststellung der Beweistatsachen herangezogen werden dürfen (siehe RKKKo 1.03.2006, 3-1-1-142-05, Ziff. 10; RKKKo 28.02.2007, 3-1-1-105-06, Ziff. 11; RKKKo 10.04.2017, 3-1-1-101-16, Ziff. 19). Hinsichtlich der Zulässigkeit von Beweismitteln ist zu beachten, dass von der allgemein anerkannten Auffassung im Gerichtsverfahren auszugehen ist, wonach die Zulässigkeit von Beweismitteln vermutet wird. Im Zweifelsfall hat das Gericht die Rechtmäßigkeit der Beweiserhebung zu prüfen (siehe RKKKo 28.11.2019, 1-17-5210, Ziff. 25).

Die Generalversammlung des Staatsgerichtshofs hat klargestellt, dass selbst dann, wenn ein Verstoß gegen das Verfahrensrecht bei der Beweiserhebung nachgewiesen werden sollte, dies nicht zwangsläufig zur Unzulässigkeit des Beweises bei der Feststellung der Schuld der betreffenden Person führen muss. Im Strafverfahren ist ein Beweismittel in der Regel nur dann unzulässig, wenn

---

23 Siehe Kriminaalmenetluse seadustik. Kommenteeritud väljaanne. Herausgegeben von Eerik Kergandberg und Priit Pikamäe. Kirjastus Juura 2012, § 61 Kommentar 7.2.

24 Kriminaalmenetluse seadustik. Kommenteeritud väljaanne. Herausgegeben von Eerik Kergandberg und Priit Pikamäe. Kirjastus Juura 2012, § 61 Kommentar 8.1.

das Beweiserhebungsverfahren erheblich verletzt worden ist (siehe auch § 64 Abs. 1 StVGB). Einzige Ausnahme: Der Gesetzgeber hat ein absolutes Beweisverwertungsverbot für den Fall vorgesehen, dass bei der Beantragung und Bewilligung einer Überwachung sowie bei der Durchführung der Überwachung die gesetzlichen Vorschriften nicht eingehalten wurden (§ 126^1 Abs. 4 StVGB). (Beschluss der Generalversammlung des Staatsgerichtshofs vom 3.03.2021, 1-17-2359 Ziff. 48; RKKKo 10.06.2022, 1-18-437). Dies bedeutet jedoch nicht, dass das Gericht in allen anderen Fällen die Möglichkeit hat, zu prüfen, ob die unter Verletzung der Norm erlangten Beweise zulässig sind. Es ist anzumerken, dass einige der strengen Verbote für die Verwendung von Beweismitteln, bei denen der Staatsanwalt keinen Ermessensspielraum hat, durch Entscheidungen des Staatsgerichtshofs entwickelt worden sind. So sind beispielsweise Beweise von der Beweiserhebung auszuschließen, wenn gegen die Grundprinzipien des Strafverfahrens verstoßen wurde (z. B. wenn Aussagen durch Folter oder Bedrohung erlangt werden) oder wenn Beweise durch eine erhebliche Verletzung der Grundrechte des Betroffenen durch die Verfahrenshandlung erlangt wurden (z. B. wenn ein minderjähriger Verdächtiger ohne Beisein eines Anwalts verhört wird oder ihm die Rechte und Pflichten des Verhörten nicht mitgeteilt werden). (RKKKo 14.06.2022, 1-20-1208 Ziff. 32, Beschluss der Generalversammlung des Staatsgerichtshofs vom 3.03.2021, 1-17-2359 Ziff. 48, RKKKo 18.06.2021, 1-16-6179 Ziff. 58).

Der Strafsenat des Staatsgerichtshofs hat festgestellt, dass für die Entscheidung über die Zulässigkeit von Beweismitteln zu prüfen ist, ob diese Beweismittel nicht erhoben worden wären, wenn die Norm nicht verletzt worden wäre (RKKKo 14.06.2022, 1-20-1208, Ziff. 32). Mit der Zulässigkeit von Beweismitteln hat sich der Strafsenat des Staatsgerichtshofs beispielsweise in einem Fall befasst, in dem durch die künstliche Trennung von Strafsachen auf der Grundlage unwahrer Angaben Voraussetzungen für die Hinterlegung von Zeugenaussagen geschaffen wurden. Wären die Strafsachen nicht abgetrennt worden, wäre es nicht möglich gewesen, die Personen als Zeugen zu vernehmen oder ihre Aussagen zu hinterlegen. Die rechtswidrige Abtrennung der Strafsachen führte somit zur Erlangung von Beweismitteln, die ohne einen Verstoß gegen das Verfahrensrecht nicht erlangt worden wären (RKKKo 14.06.2022, 1-20-1208, Ziff. 33). Die Ausführungen des Strafsenats des Staatsgerichtshofs lassen den Schluss zu, dass, wenn der Verstoß gegen eine Vorschrift zu Beweisen geführt hat, die ohne einen Verstoß gegen das Verfahrensrecht nicht erlangt worden wären, die Beweise nicht zulässig sind. Daraus lässt sich ableiten, dass die Verwertung des Beweismittels eher zulässig sein kann, wenn das Beweismittel von den Strafbehörden auch ohne den Regelverstoß erlangt worden wäre.

Nach der Rechtsprechung ist die Zulässigkeit von Beweismitteln anhand des Zwecks der verletzten Norm zu beurteilen (RKKKo 14.06.2022, 1-20-1208, Ziff. 32). Der Strafsenat des Staatsgerichtshofs hat nicht ausdrücklich erläutert, welche Schlussfolgerung aus der Beurteilung des Zwecks der verletzten Norm gezogen werden kann. Es kann argumentiert werden, dass die Folgewirkung einer solchen Beurteilung für jede verletzte Norm unterschiedlich sein kann. So kann es beispielsweise unter dem Gesichtspunkt der Zulässigkeit von Beweismitteln von unterschiedlicher Bedeutung sein, ob der Zweck der verletzten Norm der unmittelbare Schutz des Verdächtigen oder Beschuldigten ist, oder ob die verletzte Norm in erster Linie dem Schutz des Opfers oder des Zeugen dient, oder ob die Norm einen anderen Zweck verfolgt. Ein Verstoß gegen eine Vorschrift zum Schutz von Verdächtigen und Beschuldigten sollte eher dazu führen, dass die Verwendung der betreffenden Beweismittel untersagt wird.

Die Feststellung eines Verstoßes gegen die Verfahrensvorschriften für die Beweiserhebung führt nicht immer und automatisch zur Unzulässigkeit der Beweise. In der Regel wird die Zulässigkeit von unter Verstoß gegen das Verfahrensrecht erlangten Beweisen im Rahmen einer Abwägung zwischen der Erheblichkeit des Verstoßes (also § 339 StVGB) einerseits und der Schwere der verfolgten Straftat und dem daraus resultierenden öffentlichen Interesse an dem Verfahren andererseits beurteilt (RKKKo 28.04.2011, 3-1-1-31-11, Ziff. 15). Die Generalversammlung des Staatsgerichtshofs ist der Auffassung, dass bei der Entscheidung über die Zulässigkeit von Beweismitteln in jedem Einzelfall u. a. zu berücksichtigen ist, ob erkennbare Verfahrensfehler bei der Beweiserhebung vorliegen, wie sich diese Fehler auf die der Verfahrenshandlung unterworfene Person auswirken und wie sich die konkreten Angaben im Beweismittel auf den Ausgang der Strafsache auswirken (§ 339 Abs. 2 StVGB; Beschluss der Generalversammlung des Staatsgerichtshofs 3.03.2021, 1-17-2359, Ziff. 49; siehe auch RKKKo 18.06.2021, 1-16-6179 Ziff. 58; RKKKo 10.06.2022, 1-18-437, Ziff. 38). In der Fachliteratur wird ausgeführt, dass das Interesse des Staates an der Strafverfolgung einerseits und das individuelle Interesse der Person an der Ausübung ihrer Rechte andererseits abzuwägen sind, wobei die Schwere der Tat und das Gewicht des Verfahrensverstoßes eine Rolle spielen[25]. In der Literatur wird auch argumentiert, dass es in der Regel Sache des Gerichts ist, die Umstände der Rechtsverletzung in ihrer Gesamtheit zu beurteilen und dann zu entscheiden, ob im Einzelfall das öffentliche Interesse an der Feststellung des Tatbestands es erlaubt, die durch den Verfahrensverstoß erlangten Beweise

---

25 Zur sogenannten Abwägungslehre siehe W. Beulke, S. Swoboda. Strafprozessrecht, 16., neu bearbeitete Auflage, 2022, Heidelberg, Randnr. 705.

als zulässig anzusehen[26]. Es muss anerkannt werden, dass es sowohl in der Praxis als auch in der Theorie eine Vielzahl von Aspekten gibt, die bei der Beurteilung der Zulässigkeit von Beweismitteln abgewogen werden müssen. Die Aspekte der oben beschriebenen Abwägung lassen sich wie folgt zusammenfassen. Die Zulässigkeit von Beweismitteln, die unter Verletzung des Verfahrensrechts erlangt wurden, wird als Ergebnis einer Abwägung beurteilt, bei der einerseits die Erheblichkeit des Verstoßes, einschließlich der Auswirkungen der Verfahrensmängel auf die der Verfahrenshandlung unterworfene Person und der Auswirkungen des jeweiligen Beweismittels auf den Ausgang des Strafverfahrens, und andererseits die Schwere der verfolgten Straftat und das sich daraus ergebende öffentliche Interesse am Verfahren berücksichtigt werden.

Nach der Rechtsprechung kann ein Beweismittel im Allgemeinen nur dann als unzulässig angesehen werden, wenn das Verfahren zur Beweiserhebung erheblich verletzt wurde (RKKKo 14.06.2022, 1-20-1208, Ziff. 32). Ein vorsätzlicher Verstoß gegen das Verfahrensrecht bei der Beweiserhebung gilt im Allgemeinen als erheblicher Verstoß, der zu einem Beweisverwertungsverbot führen sollte (RKKKo 18.06.2021, 1-16-6179, Ziff. 58). Ein Beweisverwertungsverbot ist z. B. auch dann auszusprechen, wenn die Handlung von vornherein darauf abzielt, die Rechte des Betroffenen zu umgehen und den Grundsatz der fairen Rechtspflege zu verletzen. (RKKKo 14.06.2022, 1-20-1208, Ziff. 32; RKKKo 18.06.2021, 1-16-6179, Ziff. 58). Ein Beweismittel kann auch dann als unzulässig angesehen werden, wenn zum Zeitpunkt der Beweiserhebung eine Reihe von im Einzelnen unbedeutenden Verfahrensverstößen stattgefunden hat, das Verfahrensrecht aber vom Verfahrensdurchführer zum Zeitpunkt der Beweiserhebung wiederholt und vorsätzlich verletzt worden ist (Beschluss der Generalversammlung des Staatsgerichtshofs vom 3.03.2021, 1-17-2359, Ziff. 48).

Ein Urteil auf unzulässige Beweismittel zu stützen, gilt als wesentlicher Verstoß gegen das Strafprozessrecht im Sinne von § 339 Abs. 2 StVGB (siehe z. B. RKKKo 21.12.2015, 3-1-1-101-15, Ziff. 34; RKKKo 6.10.2017, 1-15-10967, Ziff. 12).

Beurteilung der Zuverlässigkeit von Beweismitteln

Die Frage nach der Zuverlässigkeit von Beweismitteln stellt sich vor Gericht in der Regel erst im Rahmen der Beweiswürdigung (§ 61 StVGB), d. h. nachdem

---

26 Kriminaalmenetluse seadustik. Kommenteeritud väljaanne. Herausgegeben von Eerik Kergandberg und Priit Pikamäe. Kirjastus Juura 2012, § 61 Kommentar 8.6.2.

das Gericht die Beweismittel erhalten und offengelegt hat und die Beweismittel die Prüfung der Erheblichkeit und Zulässigkeit erfolgreich bestanden haben. In einer solchen Situation bedeutet die Glaubwürdigkeit eines Beweises in erster Linie, dass das Gericht davon überzeugt ist, dass der Beweis ein Merkmal der untersuchten Straftat widerspiegelt und dass er im Strafverfahren wiedergegeben werden kann. Bei der Zeugenaussage als persönlichem Beweismittel hängt ihre Zuverlässigkeit unter anderem von den persönlichen Eigenschaften des Zeugen ab und davon, wie er die Umstände wahrgenommen hat. Die Glaubwürdigkeit einer Zeugenaussage wird beispielsweise auch dadurch bestätigt, dass der Zeuge in der Lage ist, z. B. die Umstände der stattgefundenen Treffen detailliert zu schildern; dass er in der Lage ist, die stattgefundenen Gespräche detailliert wiederzugeben; und dass er nicht nur den Inhalt der Gespräche und die Tatsachen wiedergibt, sondern auch die sogenannten zufälligen Details, die nicht mit der Straftat an sich zusammenhängen. Es ist nicht üblich, dass eine Person, die eine falsche Aussage macht, in der Lage ist, solche Einzelheiten anzugeben. Die Zuverlässigkeit eines Beweismittels wurde in der Rechtsprechung auch durch die Art und Weise festgestellt, wie das Beweismittel zu anderen Beweismitteln „passt". Ein zusammenpassendes Beweismaterial erhöht sicherlich die Wahrscheinlichkeit, dass es zusammenhängt, aber die Korrelation ist an sich kein Merkmal eines Beweismittels, das seine Zuverlässigkeit erhöht. Auch sind Beweise, die nicht in das Gesamtbild passen, nicht unbedingt unzuverlässig (RKKKo 18.02.2013, 3-1-1-89-12, Ziff. 14).

Liegen zu einem Sachverhalt widersprüchliche Beweise vor, muss das Gericht zwangsläufig auf der Grundlage einer bestimmten Auswahl entscheiden, ob es eine bestimmte Behauptung als erwiesen ansieht oder nicht. Die Begründung und Argumentation des Gerichts muss in seiner Beweiswürdigung transparent sein und die innere Meinungsbildung des Gerichts muss für den Leser des Urteils nachvollziehbar sein (RKKKo 12.10.2006, 3-1-1-88-06, Ziff. 11).

Der Staatsgerichtshof hat in seiner Rechtsprechung wiederholt betont, dass die Verurteilung einer Person auch auf der Grundlage nur eines Beweismittels, das auch die Aussage des Opfers sein kann, nicht ausgeschlossen ist (RKKKo 12.02.2021, 1-20-1301 Ziff. 10; siehe RKKKo 6.10.2017, 1-15-10967, Ziff. 6; RKKKo 21.12.2016, 3-1-1-104-16, Ziff. 10). Zwar muss in einer solchen eher außergewöhnlichen Beweissituation die innere Überzeugungsbildung des Gerichts hinsichtlich der Feststellung des Tatbestandes für den Leser des Urteils besonders deutlich werden. Von besonderer Bedeutung ist, dass das Gericht alle möglichen Zweifel, die bei der Würdigung dieses einzigen Belastungsbeweises hätten aufkommen können, umfassend und unvoreingenommen geprüft und überzeugend widerlegt hat (RKKKo 12.02.2021, 1-20-1301

Ziff. 10; siehe RKKKo 6.10.2017, 1-15-10967, Ziff. 6). Der Strafsenat des Staatsgerichtshofs hat klargestellt, dass aus dem Urteil ersichtlich sein muss, dass das Gericht alle relevanten Tatsachen, die sowohl für als auch gegen die Begehung der Tat sprechen, festgestellt und in die Würdigung des einzigen belastenden Beweises einbezogen hat. So sind z. B. bei einem persönlichen Beweismittel die Entstehungsgeschichte der Aussage, die möglichen Motive für die Aussage, deren Detailliertheit, Glaubwürdigkeit usw. zu würdigen (RKKKo 12.02.2021, 1-20-1301 Ziff. 10; siehe auch RKKKo 21. 12.2015, 3-1-1-100-15, Ziff. 16). Bei Verurteilungen, die auf nur einem Beweismittel beruhen, ist es nach der bisherigen Rechtsprechung zulässig, sich nur auf unmittelbare Beweise – genauer gesagt auf Aussagen – zu stützen (RKKKo 8.03.2012, 3-1-1-15-12, Ziff. 13).

Der Strafsenat des Obersten Gerichtshofs hat festgestellt, dass sich die Prüfung der Zuverlässigkeit von Zeugenaussagen nicht immer auf den Vergleich der zu prüfenden Zeugenaussagen mit anderen Beweismitteln in der Strafsache beschränken kann. Es ist auch wichtig, unter anderem die „Plausibilität" der in der Zeugenaussage zum Ausdruck gebrachten Tatsachen zu beurteilen, d. h. die allgemeine Wahrscheinlichkeit, dass die in der Zeugenaussage wiedergegebenen Tatsachen eintreten (RKKKo 19.09.2005, 3-1-1-74-05, Ziff. 15). Der Strafsenat hat ausgeführt, dass es bei der Beurteilung der Zuverlässigkeit von Beweisen nicht allein darauf ankommen kann, wie knapp oder umfangreich die Beweise sind – unabhängig von den letztgenannten Umständen steht es dem Gericht frei, die Beweise zu würdigen, wobei es die Beweise in ihrer Gesamtheit und nach seiner eigenen inneren Überzeugung bewertet (RKKKo 15.10.2007, 3-1-1-45-07 Ziff. 10).

Der Strafsenat des Staatsgerichtshofs hat die Auffassung vertreten, dass es rechtlich nicht verboten ist, eine Person allein auf der Grundlage von Indizien zu verurteilen. Der Inhalt des unmittelbaren Beweises ist eine Information, die unmittelbar eine Tatsache der Begehung der Straftat durch die Person bestätigt oder ausschließt, während der Inhalt des Indizienbeweises eine Information ist, die nicht die Begehung der Straftat selbst widerspiegelt, sondern wichtige Rückschlüsse auf andere damit verbundene Umstände zulässt. Dies stellt jedoch besondere Anforderungen an den Beweis auf der Grundlage von Indizienbeweisen. Beim Indizienbeweis muss aus den für sich genommen nicht beweiserheblichen Tatsachen ein Tatsachenkomplex (System) von so neuer Qualität entwickelt werden, dass es möglich ist, sichere Rückschlüsse auf die Umstände der Straftat zu ziehen. Das in § 61 Abs. 2 StVGB enthaltene Gebot der Gesamtwürdigung des Beweises erhält daher im Rahmen des mittelbaren Beweises eine besondere Bedeutung (RKKKo 09.03.2010, 3-1-1-8-10, Ziff. 9).

Bewertung des Beweiswertes (des Gewichts) von Beweismitteln

Der Beweiswert ist eine Beurteilung, wie wichtig das Beweismittel für das Gericht ist, um eine Tatsache als erwiesen (oder widerlegt) anzusehen[27].

3. Das Recht, bei der Verhandlung seines Falles anwesend zu sein

Der Strafsenat des Staatsgerichtshofs hat klargestellt, dass sich das Grundrecht auf Anwesenheit bei der Verhandlung der eigenen Sache und damit das Recht, von einem Gericht gehört zu werden, aus § 24 Absatz 2 der Verfassung ergibt. Indirekt lässt sich dieses Recht auch aus § 15 Absatz 1 der Verfassung ableiten, der das Recht auf Zugang zu den Gerichten vorsieht und eine allgemeine Regel des Rechts auf ein faires Verfahren darstellt. Ähnliche Rechte ergeben sich aus Artikel 6 Absatz 1 und 3 der Europäischen Konvention zum Schutze der Menschenrechte und Grundfreiheiten. Um diese Rechte zu gewährleisten, sieht § 35 Abs. 2 StVGB vor, dass der Beschuldigte das Recht hat, am Verfahren teilzunehmen, d. h. bei der Verhandlung seines Falles anwesend zu sein (RKKKm 30.03.2016, 3-1-1-24-16, Ziff. 6). Der Strafsenat des Staatsgerichtshofs hat festgestellt, dass § 268 Abs. 1 StVGB in Übereinstimmung mit § 24 Abs. 2 der Verfassung den Grundsatz vorschreibt, dass die Verhandlung einer Strafsache gegen einen Angeklagten nur auf der Grundlage der Anklageschrift stattfinden darf. Das Erfordernis, dass eine Strafsache nur in Bezug auf die in der jeweiligen Strafsache angeklagte Person verhandelt werden kann, stellt eine strafrechtliche Verfahrensgarantie dar, nach der grundsätzlich niemand ohne seine Anwesenheit und ohne Gewährleistung seiner Verteidigungsrechte vor Gericht gestellt werden darf. Das Recht auf Anwesenheit bei der Verhandlung seines Falles schließt außerdem das Recht des Angeklagten ein, vom Gericht gehört zu werden und seine Ansichten bei der Urteilsverkündung zu berücksichtigen und die Gründe für seine Ablehnung darzulegen. Daraus folgt, dass das Recht, bei der Verhandlung seiner eigenen Strafsache anwesend zu sein, auch das Recht des Angeklagten einschließt, alle Behauptungen der Staatsanwaltschaft zu bestreiten, von denen die materielle Beurteilung seiner Straftat abhängt. (RKKKo 23.05.2008, 3-1-1-18-08, Ziff. 14.1). Das Recht, an der Verhandlung in eigener Sache teilzunehmen, ist jedoch nicht absolut und kann in den gesetzlich vorgesehenen Fällen und aus den gesetzlich vorgesehenen

---

27 Kriminaalmenetluse seadustik. Kommenteeritud väljaanne. Herausgegeben von Eerik Kergandberg und Priit Pikamäe. Kirjastus Juura 2012, § 61 Kommentar 14.

Gründen eingeschränkt werden, insbesondere dann, wenn der Beschuldigte selbst die Situation herbeigeführt hat, in der er nicht an der Verhandlung teilnehmen kann oder will (z. B. durch Verfahrensumgehung oder Verstoß gegen die Verfahrensvorschriften). Die Beschränkung muss eindeutig legitim und verhältnismäßig sein. Ein solches Ziel muss die Notwendigkeit sein, den normalen Ablauf des Gerichtsverfahrens zu gewährleisten, um sicherzustellen, dass der Fall innerhalb einer angemessenen Frist verhandelt wird. Das geltende Verfahrensrecht sieht außerdem vor, dass Strafsachen grundsätzlich in Anwesenheit des Angeklagten verhandelt werden, vorbehaltlich der in den §§ 267 und 269 StVGB vorgesehenen Ausnahmen. Diese Ausnahmen bieten eine Rechtsgrundlage für eine Verhandlung ohne Beteiligung des Angeklagten. (RKKKm 30.03.2016, 3-1-1-24-16, Ziff. 6).

4. Grundsatz des fairen und gerechten Verfahrens

Der Strafsenat des Staatsgerichtshofs hat klargestellt, dass nach Artikel 6 Absatz 1 der Europäischen Konvention zum Schutze der Menschenrechte und Grundfreiheiten (im Folgenden „Konvention") jede Person unter anderem das Recht auf ein faires Verfahren hat, in dem die gegen sie erhobenen strafrechtlichen Vorwürfe von einem Gericht geprüft werden. Nach Absatz 3 Buchstaben a und b desselben Artikels hat jede Person, die einer Straftat angeklagt ist, das Recht, unverzüglich und in einer ihr verständlichen Sprache eingehend über die Art und den Grund der gegen sie erhobenen Beschuldigung unterrichtet zu werden und angemessene Zeit und Gelegenheit zur Vorbereitung ihrer Verteidigung zu erhalten. Der Europäische Gerichtshof für Menschenrechte hat in Anwendung der zitierten Bestimmungen festgestellt, dass die Konvention dem Beschuldigten nicht nur das Recht garantiert, über den Grund der Beschuldigung, d. h. die von der Person angeblich begangenen und zur Beschuldigung führenden Handlungen, informiert zu werden, sondern auch das Recht, über die rechtliche Würdigung dieser Handlungen informiert zu werden. Die vollständige und ausführliche Unterrichtung des Angeklagten über die Anklage und damit über die rechtliche Würdigung, auf die das Gericht seine Entscheidung stützen kann, ist eine unabdingbare Voraussetzung für ein faires Strafverfahren, das im Lichte des Rechts des Angeklagten auf Vorbereitung seiner Verteidigung zu sehen ist (siehe Pélissier und Sassi gegen Frankreich, Urteil vom 25. März 1999, Ziff. 51–52). Folglich ist der Strafsenat der Auffassung, dass sowohl das Übereinkommen als auch seine Durchführungspraxis dem Angeklagten im Rahmen der Verteidigungsrechte das Recht garantieren, seine Einwände gegen alle Elemente der Anklage vorzubringen, von denen die materielle Beurteilung seiner Taten abhängt (RKKKo 23.05.2008, 3-1-1-18-08, Ziff. 14.2).

Der Strafsenat des Staatsgerichtshofs hat klargestellt, dass die Parteien gleichberechtigt Gelegenheit haben müssen, die Beweise und Standpunkte der jeweils anderen Partei zu prüfen und zu kommentieren. Der Grundsatz der Gleichheit der Parteien als Element eines fairen Verfahrens im Sinne von Artikel 6 der Europäischen Konvention zum Schutze der Menschenrechte und Grundfreiheiten (EMRK) ist auch in der Rechtsprechung des Europäischen Gerichtshofs für Menschenrechte (EGMR) durchgängig anerkannt worden (siehe z. B. EGMR 23.05.2017, Van Wesenbeeck gegen Belgien, Ziff. 67; 04.06.2019, Sigurður Einarsson und andere gegen Island, Ziff. 85). Der EGMR hat jedoch auch festgestellt, dass die vollständige Bereitstellung von Beweismitteln für die gegnerische Partei keine absolute Verpflichtung darstellt. In jedem Strafverfahren kann es konkurrierende Interessen geben, wie z. B. die nationale Sicherheit oder die Notwendigkeit, Zeugen vor Vergeltungsmaßnahmen zu schützen oder die Geheimhaltung der polizeilichen Methoden bei der Untersuchung einer Straftat zu wahren, die gegen die Rechte des Angeklagten abgewogen werden müssen. In einigen Fällen kann es erforderlich sein, der Verteidigung bestimmte Beweismittel vorzuenthalten, um die Grundrechte einer anderen Person oder ein wichtiges öffentliches Interesse zu schützen. Das Recht auf Zugang zu Beweismitteln und die Argumente, die dagegen sprechen, müssen gegeneinander abgewogen werden. Ist eine Einschränkung unbedingt erforderlich, muss der Eingriff in das Recht einer Partei wirksam gegen die Möglichkeit einer gerichtlichen Überprüfung abgewogen werden (EGMR vom 06.03.2012, Leas gegen Estland, Ziff. 77–78; zitiert in Van Wesenbeeck gegen Belgien, Ziff. 68; 25.07.2019, Rook gegen Deutschland, Ziff. 58–59). Im letztgenannten Fall obliegt es dem Gericht, die Rechtmäßigkeit der fraglichen Handlungen ausgehend vom Prinzip des fairen und gerechten Verfahrens zu prüfen und zu beurteilen, ob die Beschränkung des Zugangs zum Rechtsanwalt unerlässlich war. Dies muss in einer Weise geschehen, die es der Verteidigung ermöglicht, den Argumenten des Gerichts zu widersprechen. (zitiert in Leas gegen Estland, Ziff. 84–88; 25.07.2017, M. gegen die Niederlande, Ziff. 66–70). (RKKKo 16.06.2023, 1-21-5633, Ziff. 48)

Die Grundsätze der Rechtsstaatlichkeit und eines fairen Verfahrens rechtfertigen es nicht, dass ein Verfahrensdurchführer bewusst und vorsätzlich gegen Verfahrensrecht verstößt, wenn er eine Verfahrenshandlung mit der Begründung vornimmt, der Verstoß sei unerheblich (siehe RKKKo 31.08.2007, 3-1-1-29-07, Ziff. 7.2; RKKKo 29.12.2006, 3-1-1-97-06).

Das Recht einer Person, die einer Straftat beschuldigt wird, (sie belastende) Zeugen zu befragen, ist eine der zentralen Garantien für ein faires und gerechtes Verfahren im Sinne von Artikel 6 Absatz 3 Buchstabe d der Europäischen Konvention zum Schutze der Menschenrechte und Grundfreiheiten. Der gleiche Grundsatz ergibt sich aus § 15 Abs. 3 StVGB, wonach eine gerichtliche Entscheidung nicht ausschließlich oder überwiegend auf die Aussage einer Person gestützt werden darf, die vom Angeklagten oder seinem Verteidiger nicht befragt werden konnte (Siehe RKKKo 1.02.2017, 3-1-1-109-16, Ziff. 11; RKKKo 13.06. 2013, 3-1-1-64-13, Ziff. 11.2).

5. Grundsatz der Offenheit der Verhandlung

Der Strafsenat des Staatsgerichtshofs hat klargestellt, dass nach der ständigen Rechtsprechung des Europäischen Gerichtshofs für Menschenrechte gemäß Artikel 6 Ziff. 1 und 3d EMRK die Beweise, auf denen ein Urteil beruht, in der Regel in öffentlicher Sitzung in Anwesenheit des Angeklagten und in einer Weise erhoben werden müssen, die ihm die Möglichkeit gibt, die gegen ihn erhobenen Beweise zu widerlegen (siehe z. B. die Urteile des Gerichtshofs in der Rechtssache Delta gegen Frankreich 19. 12. 1990; Lüdi gegen Schweiz 15. 06. 1996; Luca gegen Italien 27. 02. 2001; P. S. gegen Deutschland 20. 12. 2001; S. N. gegen Schweden 02.07. 2002). (16.10.2002, 3-1-1-98-02, Ziff. 7.1).

Das Gericht kann von Amts wegen oder auf Antrag eines Verfahrensbeteiligten eine Verhandlung ganz oder teilweise für geschlossen erklären oder allen im Gerichtssaal anwesenden Personen auferlegen, über alle Tatsachen, die ihnen im Laufe des Verfahrens bekannt geworden sind, Stillschweigen zu bewahren. Der letzte dieser Rechtsbehelfe, d. h. der in Artikel 12 Absatz 4[1] vorgesehene, ist der mildeste und findet Anwendung, wenn es unverhältnismäßig wäre, die Verhandlung auch nur teilweise für geschlossen zu erklären (RKKKm 4.12.2020, 1-17-9149/626, Ziff. 9). Die Frage der Offenheit der Verhandlung und ihrer Einschränkung ist in erster Linie in den §§ 11 und 12 StVGB geregelt. Nach dem in § 11 Abs. 1 StVGB enthaltenen allgemeinen Grundsatz kann jedermann die Vernehmung nach dem in § 13 StVGB vorgesehenen Verfahren beobachten und aufzeichnen. Gemäß Absatz 3 desselben Paragrafen gilt der Grundsatz der Öffentlichkeit von der Eröffnung der Verhandlung bis zur Verkündung des Urteils, vorbehaltlich der in den §§ 12 und 13 StVGB vorgesehenen Einschränkungen. Daraus folgt, dass die Öffentlichkeit der Verhandlung vom Gericht nur aus den in der Prozessordnung vorgesehenen Gründen eingeschränkt werden kann, d. h. unter Einhaltung der in den §§ 11 und 12 StVGB festgelegten Bedingungen. (RKKKm 24.10.2016, 3-1-1-74-16, Ziff. 11). Nach § 11

Abs. 2 StVGB gilt für die Urteilsverkündung uneingeschränkt der Grundsatz der Öffentlichkeit, es sei denn, dass die Verkündung des Urteils unter Ausschluss der Öffentlichkeit im Interesse eines Minderjährigen, des Ehegatten oder des Geschädigten erforderlich ist. Ist nur der Tenor abgefasst worden, so wird nur dieser Teil verkündet. Wird das Gericht, das das Urteil verkündet hat, nicht innerhalb von 7 Tagen nach der Verkündung des Tenors über das Recht auf Einlegung eines Rechtsmittels unterrichtet, so wird das Urteil in seiner „verkürzten" Form rechtskräftig. Eine fristgerecht eingereichte Rechtsmittelschrift ist jedoch eine rechtliche Tatsache, die das Gericht, das (nur) den Tenor verkündet hat, verpflichtet, ein „vollständiges" Urteil zu verfassen. Dieses vollständige Urteil muss nicht erneut verkündet werden[28].

Nach § 12 Absatz 1 StVGB kann das Gericht eine Verhandlung ganz oder teilweise für geschlossen erklären: 1) zum Schutz von Staats- oder Geschäftsgeheimnissen oder von geheimen ausländischen Informationen; 2) zum Schutz der Sittlichkeit oder des Familien- oder Privatlebens; 3) im Interesse eines Minderjährigen oder des Geschädigten; 4) im Interesse der Justiz, auch wenn die Öffentlichkeit der Verhandlung die Sicherheit des Gerichts, eines Verfahrensbeteiligten oder eines Zeugen gefährden kann.

Zum Grundsatz der Unmittelbarkeit siehe § 5, Ziff. 15, dieses Buches. Frühere Zeugenaussagen vor Gericht ohne die Möglichkeit eines Kreuzverhörs (§§ 291 und 294 StVGB) und Ziff. 20. Vorlage einer Aufzeichnung, eines Beweises oder eines Dokuments als Beweismittel (§ 296 StVGB).

---

28 Kriminaalmenetluse seadustik. Kommenteeritud väljaanne. Herausgegeben von Eerik Kergandberg und Priit Pikamäe. Kirjastus Juura 2012, § 11 Kommentar 10.

§ 2. Gerichtliche Vorverfahren in allgemeinen Verfahren auf der Grundlage von Entscheidungen des Strafsenats des Staatsgerichtshofs

Im estnischen Strafverfahren gilt das Zwei-Akten-System. Nach Abschluss des Ermittlungsverfahrens wird dem Gericht keine Strafakte vorgelegt. Lediglich die Anklageschrift wird dem Gericht vorgelegt, zusammen mit einer Liste der Personen, deren Ladung zur Verhandlung von der Staatsanwaltschaft beantragt wird (§ 226 Abs. 2 und 3 StVGB). Wurde im Ermittlungsverfahren eine Zivilklage oder eine öffentlich-rechtliche Forderung erhoben, übermittelt die Staatsanwaltschaft diese zusammen mit der Anklageschrift an das Gericht (§ 226 Abs. 7 StVGB). Der Verteidiger reicht vor der Vorverhandlung eine Verteidigungsanzeige bei Gericht ein (§ 227 Abs. 1 StVGB).

Nach Auffassung des Strafsenats des Staatsgerichtshofs besteht die Aufgabe des Vorverfahrens einschließlich der Vorverhandlung darin, die Möglichkeit einer gerichtlichen Verhandlung in einer Strafsache zu schaffen und einen reibungslosen Ablauf der Hauptverhandlung innerhalb einer angemessenen Frist zu gewährleisten. Dies ergibt sich aus den in § 258 StVGB aufgeführten Gründen für die Durchführung einer Vorverhandlung. Die Vorverhandlung dient dazu, die Notwendigkeit einer vorbeugenden Maßnahme zu beurteilen, die Verhandlung einer Strafsache zu planen, die im Rahmen eines ordentlichen Verfahrens an das Gericht verwiesen wurde, die Anklageschrift und die Verteidigungsschrift auf ihre Angemessenheit zu überprüfen oder die Notwendigkeit der Einstellung des Strafverfahrens zu prüfen. Das Gericht kann in einer Vorverhandlung auch über andere Fragen entscheiden. Die Vorverhandlung entscheidet jedoch nicht über die Umstände, die für den Ausgang des Strafverfahrens, d. h. die Endentscheidung, maßgeblich sind, mit Ausnahme der Einstellung des Strafverfahrens nach § 199 Abs. 1 Ziff. 2 bis 6 StVGB. Der Grund dafür ist, dass die Klärung dieser Fragen die Prüfung und Würdigung von Beweisen und die Auslegung und Anwendung des materiellen Rechts, d. h. eine inhaltliche Erörterung der Sache, voraussetzt. Das Gesetzbuch der Strafverfahrensordnung sieht vor, dass der mit der Sache befasste Richter die Beweise in der Regel im Rahmen der gerichtlichen Untersuchung prüft (sogenanntes Zwei-Akten-Prinzip), um den adversarischen Charakter des Verfahrens zu gewährleisten. Es ist weder angemessen noch gerechtfertigt, die Prüfung und Bewertung von

Beweisen und die Anwendung des materiellen Rechts in das Vorverfahren zu verlegen. Insbesondere ist es unmöglich, das Spektrum der Fragen zu definieren, über die das Gericht in einem solchen Fall im Vorverfahren entscheiden könnte oder sollte. Es ist daher Sache des Gerichts, im Vorverfahren zu prüfen, ob der Staatsanwalt in der Anklageschrift alle für die Entscheidung des Strafverfahrens erforderlichen Tatsachen, einschließlich des Ortes und der Zeit der Straftat, angegeben hat und ob er der Anklageschrift Beweise beigefügt hat, die diese Behauptungen erhärten. Auf dieser Grundlage kann das Gericht feststellen, ob laut Anklageschrift das estnische Strafgesetzbuch auf die Tat anwendbar ist und ob die Strafsache in die Zuständigkeit des mit der Sache befassten Gerichts fällt. Dabei handelt es sich um eine vorläufige formale Prüfung, die nicht ausschließt, dass die Anwendbarkeit des estnischen Strafgesetzbuchs zu einem späteren Zeitpunkt verneint wird. Es gibt keine Grundlage für die Rückgabe einer Strafsache, wenn die Anklageschrift den relevanten Sachverhalt korrekt wiedergibt (RKKKo 3-1-1-33-15, Ziff. 13–14).

Der Strafsenat des Staatsgerichtshofs in gesamter Besetzung hat in der Rechtssache Nr. 3-1-1-22-16 entschieden, dass alle Voraussetzungen für die Strafverfolgung des Angeklagten erfüllt sind, wenn die Zuständigkeit der Strafsache korrekt ist, die Anklageschrift in Ordnung ist und kein Grund für die Einstellung des Strafverfahrens besteht. Die übrigen in Abschnitt 1 des 10. Kapitels des StVGB genannten Fragen können vom Gericht nach Erlass des Anklagebeschlusses geklärt werden. Werden bei der Anklageerhebung nur die Fragen im Zusammenhang mit der Erfüllung der Voraussetzungen für die Anklageerhebung berücksichtigt, muss das Landgericht eine Vorverhandlung oder mehrere abhalten, um über die Terminierung der Hauptverhandlung in der Strafsache und die anderen in den §§ 258 Absatz 1 und 263 StVGB aufgeführten Fragen zu entscheiden. Die vom Gericht im Vorverfahren getroffenen Entscheidungen müssen also nicht in Form eines einzigen Verfahrensdokuments (eines Beschlusses) ergehen, sondern es ist eine Vielzahl von Dokumenten mit der Bezeichnung „Beschluss über das Vorverfahren" möglich. Zusammenfassend lässt sich sagen, dass seit dem 1. September 2011 die Anklageerhebung gegen einen Beschuldigten nicht mehr das Ende des Ermittlungsverfahrens markiert, sondern die Erledigung der Ermittlungsfragen auch nach der Abfassung des Anklagebeschlusses fortgesetzt werden kann (RKKKo 3-1-1-71-16, Ziff. 10).

Der Strafsenat des Staatsgerichtshofs hat klargestellt, dass die Anklageschrift nur dann gemäß § 262 Ziff. 2 StVGB an die Staatsanwaltschaft zurückgegeben werden kann, wenn sie nicht den Anforderungen des § 154 StVGB entspricht. Folglich hat das Gericht bei der Rückgabe der Anklageschrift an die Staatsanwaltschaft keinen so weiten Ermessensspielraum wie bei der Ablehnung eines einfachen Verfahrens. Gleichzeitig verhindert die in § 262 Ziff. 2 StVGB genannte Anordnung eine vollständige Verhandlung der Strafsache, da die Staatsanwaltschaft ohne die Erfüllung der in der gerichtlichen Anordnung für die Anklageschrift festgelegten Anforderungen nicht in der Lage ist, diese dem Gericht erneut vorzulegen und somit eine vollständige Verhandlung der Strafsache zu erreichen. Nach alledem kann die Auslegung des § 385 Ziff. 15 StVGB, wonach die in dieser Bestimmung vorgesehene Rechtsmittelbeschränkung auch die Anordnung der Rückgabe der Anklageschrift an die Staatsanwaltschaft umfasst, nicht als richtig angesehen werden. § 385 StVGB steht dem Recht eines Verfahrensbeteiligten nicht entgegen, die Rückgabe der Anklageschrift im Wege der Beschlussbeschwerde anzufechten, wenn der Beteiligte der Auffassung ist, dass das Landgericht § 154 StVGB falsch ausgelegt und deshalb unberechtigte Anforderungen an die Anklageschrift gestellt hat. Andernfalls könnte unter anderem eine Situation entstehen, in der die Strafsache wegen der falschen Auslegung des § 154 StVGB durch das Gericht überhaupt nicht verhandelt werden kann (falls die vom Gericht zu Unrecht gestellten Anforderungen an die Anklageschrift nicht erfüllt werden), oder in der das Gericht Bedingungen an die Anklageschrift stellt, die nicht auf § 154 StVGB beruhen und die Rechtmäßigkeit der nachfolgenden Verhandlung in Frage stellen (RKKKo 3-1-1-7-12, Ziff. 10).

Die Vorverhandlung dient gemäß § 258 Abs. 1 Ziff. 4 StVGB in der Regel der Terminierung der Verhandlung einer an das Gericht verwiesenen Strafsache und der Entscheidung über die Anträge der Verfahrensbeteiligten sowie gemäß § 258 Abs. 1 Ziff. 5 StVGB auch der Klärung sonstiger Fragen, wenn der Richter die Durchführung einer Vorverhandlung für erforderlich hält. Wird eine Vorverhandlung durchgeführt, so ist die in § 259 Abs. 2 StVGB zwingend vorgeschriebene Teilnahme des Staatsanwalts und des Verteidigers an der Vorverhandlung zu beachten (RKKKo 3-1-1-32-17, Ziff. 9).

Da die weitere Rechtfertigung der Festnahme im Sinne von § 275 Absatz 2 StVGB bei der Anklageerhebung geprüft wird, ist Folgendes zu beachten. 258 Abs. 1 Ziff. 1 StVGB verpflichtet den Richter, eine Vorverhandlung durchzuführen, um über die Änderung oder Aufhebung einer Haftanordnung zu entscheiden oder einen Antrag auf Anwendung einer Haftanordnung zu überprüfen. Im Rahmen der Überprüfung der Rechtfertigung der Festnahme prüft das Gericht sowohl die Möglichkeit der Aufhebung der Festnahme als auch die Möglichkeit der Anwendung alternativer Sanktionen, die die Grundrechte der Person weniger stark einschränken, weshalb die Vorschriften über das Ermittlungsverfahren es nicht zulassen, dass eine endgültige Entscheidung über die Nichtänderung einer Untersuchungshaftanordnung ohne Vorverhandlung getroffen wird. Darüber hinaus ist die Prüfung der fortdauernden Rechtfertigung der Beschränkung im Rahmen der Übergabe zur Hauptverhandlung in § 259 Abs. 2 und 3 der StVGB geregelt, wonach die Teilnahme des Staatsanwalts und des Verteidigers an der Vorverhandlung zwingend vorgeschrieben ist und das Gericht die festgenommene Person erforderlichenfalls auch zu der Verhandlung laden muss. Erfolgt die Übergabe ohne Vorverhandlung und wurde der Beschuldigte im Rahmen des Ermittlungsverfahrens vorsorglich festgenommen, so ist die Stellungnahme des Übergabebeschlusses zur Änderung der Vorbeugungsmaßnahme als vorläufig zu betrachten und stellt naturgemäß keine endgültige Entscheidung über die Überprüfung der fortdauernden Rechtfertigung der Festnahme dar. Über die Fortdauer der Untersuchungshaft ist unabhängig von den Anträgen der Verfahrensbeteiligten in einer obligatorischen Vorverhandlung endgültig zu entscheiden. Diese Anhörung hat unverzüglich stattzufinden, wobei das Gericht nur mit den von der konkreten Haftfrage betroffenen Personen einen gesonderten Anhörungstermin vereinbaren kann. Nach Durchführung einer Vorverhandlung zur Rechtfertigung der Anordnung der Untersuchungshaft und nach Anhörung des erforderlichen Vorbringens der Verfahrensbeteiligten erlässt das Gericht einen mit Gründen versehenen Beschluss, dessen Inhalt die Prüfung der weiteren Rechtfertigung der Untersuchungshaft im Sinne des § 275 Abs. 2 StVGB ist. Die nach der Vorverhandlung in dem Beschluss enthaltene Entscheidung über die Anordnung der Untersuchungshaft kann innerhalb der in § 387 Abs. 1 StVGB festgelegten Frist angefochten werden. Ein Verfahrensbeteiligter kann also nur die endgültige Entscheidung des Landgerichts über die Frage der Anordnung der Untersuchungshaft in der Hauptverhandlung anfechten. Das Beschwerderecht erstreckt sich nicht auf die Entscheidung des Ermittlungsrichters, die in der ursprünglichen Anordnung des Ermittlungsrichters enthaltene Haftanordnung nicht zu ändern, da es sich hierbei nicht um eine (endgültige) Überprüfung der Begründetheit der Haft handelt (RKKKo 1-21-2771, Ziff. 11–12).

Der Strafsenat hat die verfahrensrechtlichen Aspekte der Einstellung des Strafverfahrens nach § 274^2 Abs. 1 StVGB klargestellt. Diese Vorschrift lässt die Einstellung des Strafverfahrens ausdrücklich nur während der Hauptverhandlung zu. Nach § 258 Abs. 1 Ziff. 3 StVGB kann ein Strafverfahren nur aus den in § 199 Abs. 1 Ziff. 2–6 StVGB genannten Gründen in der Vorverhandlung eingestellt werden. Damit hat das Landgericht einen wesentlichen Verfahrensverstoß begangen, indem es das Strafverfahren im Vorverfahren mit der Begründung eingestellt hat, die angemessene Verfahrensdauer sei abgelaufen. Nach § 259 StVGB sind nur der Verteidiger und der Staatsanwalt verpflichtet, an der Vorverhandlung teilzunehmen. Die Einstellung des Verfahrens wegen

Ablaufs einer angemessenen Frist betrifft jedoch auch den Angeklagten und den Geschädigten, so dass es nicht gerechtfertigt ist, das Verfahren vor der Anhörung aller Verfahrensbeteiligten einzustellen. Wie im vorliegenden Fall kann der Richter bereits bei der Planung der Vorverhandlung wissen, dass sich die Frage der Einstellung des Strafverfahrens wegen Ablaufs einer angemessenen Frist stellen wird. Nach § 259 Abs. 3 StVGB können auch andere Verfahrensbeteiligte zu einer Vorverhandlung geladen werden, wenn dies erforderlich ist. Sind alle Verfahrensbeteiligten zu einer Vorverhandlung geladen, kann das Gericht von der Vorverhandlung zur Hauptverhandlung übergehen und dort die Einstellung des Strafverfahrens auf der Grundlage von § 274² Abs. 1 StVGB beschließen (RKKKo 3-1-1-96-15, Ziff. 8).

Der Strafsenat des Staatsgerichtshofs stellt fest, dass die Ausnahmesituation, in der ein Landgericht beschließen kann, einen Angeklagten durch einen protokollarischen Beschluss vor Gericht zu stellen, die in § 265¹ der Strafprozessordnung festgelegte Verfahrenssituation sein kann, in der die Vorverhandlung mit Zustimmung aller Verfahrensbeteiligten mit einer Hauptverhandlung fortgesetzt wird und die Verfahrensbeteiligten ausdrücklich oder stillschweigend erklärt haben, dass sie keinen schriftlichen Beschluss für die Anklageerhebung wünschen, und das Unterlassen der Erstellung eines schriftlichen Beschlusses die Rechte eines Verfahrensbeteiligten nicht verletzt. Ist dies nicht der Fall, sollte das Landgericht nach der Vorverhandlung eine Pause einlegen, einen schriftlichen Anklagebeschluss ausarbeiten, diesen im Gerichtssaal verkünden, dem Staatsanwalt, dem Verteidiger und dem Angeklagten eine Kopie des Anklagebeschlusses zukommen lassen, ihnen Einsicht gewähren und erst dann zur Verhandlung übergehen. Dies würde jedoch dem mit § 265¹ der Strafprozessordnung verfolgten Ziel, die Kontinuität und Unmittelbarkeit des Gerichtsverfahrens zu gewährleisten, zuwiderlaufen, da sich dadurch die Verfahrensdauer und die Verfahrenskosten tatsächlich erhöhen könnten. In einer Situation, in der alle Verfahrensbeteiligten der Auffassung sind, dass sich an die Vorverhandlung unmittelbar eine Hauptverhandlung in der Strafsache anschließen kann, hätte eine als eigenständiges Schriftstück erlassene Ladung keinen Wert an sich, um einen reibungslosen und ununterbrochenen Ablauf zu gewährleisten (RKKKo 3-1-1-30-16, Ziff. 9). Der Strafsenat des Staatsgerichtshofs hat festgestellt, dass das Gesetz weder das Recht eines Verfahrensbeteiligten einschränkt, die in § 265¹ Abs. 1 StVGB vorgesehene Zustimmung nicht zu erteilen, noch einen Verfahrensbeteiligten verpflichtet, Gründe für die Verweigerung der Zustimmung anzugeben. Erklärt der Verfahrensbeteiligte jedoch in der Vorverhandlung, warum er nicht sofort in die Hauptverhandlung einwilligt, hat dies keine unmittelbare rechtliche Bedeutung und die Fortsetzung der Vorverhandlung zur Hauptverhandlung ist ausgeschlossen, unabhängig davon, ob das Gericht die Begründung für überzeugend hält oder nicht. Aus dem zweiten Absatz desselben Paragrafen ergibt sich eindeutig, dass genauso wie bei einer Vorverhandlung eine Entscheidung darüber getroffen werden kann, dass die Hauptverhandlung unmittelbar nach der Vorverhandlung stattfinden soll, nur im Einvernehmen zwischen dem Gericht und den Verfahrensbeteiligten getroffen werden kann. Weder in der Vorverhandlung noch vor der Vorverhandlung hat das Gericht die verfahrensrechtliche Befugnis, einseitig anzuordnen, dass die Vorverhandlung als Hauptverhandlung fortgesetzt wird (RKKKo 3-1-1-30-16, Ziff. 13).

§ 3. Allgemeine Bedingungen für die Verhandlung im allgemeinen Verfahren

1. Leitung und Ordnung der Hauptverhandlung (StVGB § 266)

§ 266 Abs. 1 StVGB sieht vor, dass die Hauptverhandlung von einem Richter geleitet wird, dem Vorsitzenden Richter in Strafsachen nach § 18 Abs. 1 StVGB. Die Leitung der Hauptverhandlung umfasst beispielsweise die Maßnahmen zur Durchführung der Hauptverhandlung, einschließlich der Eröffnung der Hauptverhandlung (§ 277 Abs. 1 StVGB), die Erteilung von Anordnungen in der Hauptverhandlung (§ 266 Abs. 2 StVGB), die Erteilung des Wortes in der Hauptverhandlung, die Vertagung der Hauptverhandlung, die Unterbrechung der Hauptverhandlung (§ 273 StVGB) und die Aufrechterhaltung der Ordnung in der Hauptverhandlung. Gemäß § 266 Abs 1 StVGB achtet das Gericht darauf, dass die Grundsätze eines fairen Verfahrens eingehalten und die Rechte der Verfahrensbeteiligten gewahrt werden; es darf nicht zulassen, dass die Verfahrensbeteiligten das Gericht in die Irre führen oder Verfahrensrechte missbrauchen. Der Richter kann unter anderem: (1) die Parteien auffordern, sich schriftlich zu Fragen zu äußern, die sich im Laufe der Verhandlung ergeben, und ihnen hierfür gegebenenfalls eine Frist setzen und den Umfang begrenzen; (2) die Anträge der Parteien zu organisatorischen und verfahrensrechtlichen Fragen ohne mündliche Verhandlung oder durch schriftliche Zwischenverfügung beschließen, wobei er den Parteien Gelegenheit gibt, sich vorher zu äußern; (3) den Parteien eine Frist für die Vorlage ihrer Schriftsätze und Beweise setzen, wenn offensichtlich ist, dass eine Partei das Verfahren verzögert; (4) den Zeitpunkt und die Art und Weise zu bestimmen, in der eine Partei den anderen Verfahrensbeteiligten Beweismittel zur Einsichtnahme vorlegen muss, die ihnen noch nicht vorgelegt worden sind; (5) Einsprüche oder Anträge, einschließlich Ablehnungsanträge, unberücksichtigt zu lassen, wenn sie mit unangemessener Verspätung eingereicht werden oder wenn sie einen bereits behandelten Antrag oder Einspruch wiederholen, auch wenn sich die Verfahrenslage in der Zwischenzeit nicht wesentlich geändert hat.

Auf diese Weise gibt die in Rede stehende Bestimmung dem Gericht die Möglichkeit, eine langwierige Verhandlung zu vermeiden. Da das Gericht den Parteien eine Frist zur Vorlage von Beweisen setzen kann, wenn erkennbar ist, dass eine Partei das Verfahren verzögert (§ 266 Abs. 1 Ziff. 3 StVGB), das Gericht in bestimmten Fällen auch bei der Durchführung der Hauptverhandlung in das Kreuzverhör eingreifen. Obwohl das Gericht nach § 288 Abs. 5 StVGB in der Regel nur eine Frage von Amts wegen ausschließen kann, die die Würde des Zeugen beeinträchtigt, ist nicht ausgeschlossen, dass auch eine unerhebliche Frage ausgeschlossen werden kann, wenn ein Verfahrensbeteiligter, aus welchen Gründen auch immer, den Ausschluss einer solchen Frage nicht beantragt. So kann das Gericht von Amts wegen sachdienliche Fragen ausschließen, wenn erkennbar ist, dass die Bösgläubigkeit eines Verfahrensbeteiligten geeignet ist, das Verfahren zu verzögern.

Gemäß § 266 Abs. 2 StVGB haben die Verfahrensbeteiligten und die übrigen im Gerichtssaal anwesenden Personen den Anordnungen des Richters unbedingt Folge zu leisten. Die Maßnahmen, die gegen eine Person zu ergreifen sind, die gegen die Anordnung der Verhandlung verstößt, sind in § 267 StVGB festgelegt. Gemäß § 266 Abs. 4 StVGB hat der Richter das Recht, die Zahl der im Gerichtssaal anwesenden Personen zu begrenzen, wenn der Gerichtssaal überfüllt ist.

Nach § 266 Abs. 5 StVGB dürfen Zeugen, Sachverständige und noch nicht vernommene Sachverständige nur mit Genehmigung des Gerichts im Gerichtssaal anwesend sein. Eine solche Erlaubnis kann das Gericht selbstverständlich nur dann erteilen, wenn die Person im Gerichtssaal insbesondere nicht vor anderen Personen zum selben Sachverhalt vernommen wird. So ist zu bedenken, dass Zeugen, die noch nicht im Rahmen einer gerichtlichen Untersuchung vernommen wurden, bei der Vernehmung des Zeugen nicht anwesend sein dürfen (§ 287 Abs. 2), da sie von den Aussagen der anderen vernommenen Personen keine Kenntnis haben sollen. Aus demselben Grund sollte ein Zeuge, der noch nicht vernommen wurde, bei der Vernehmung eines Opfers nicht anwesend sein. Um den Verkehr zwischen vernommenen und noch nicht vernommenen Personen zu verhindern, kann das Gericht Anordnungen treffen (§ 266 Abs. 5). Um eine Beeinflussung von Zeugen zu vermeiden, darf ein vernommener Zeuge den Gerichtssaal nur mit Erlaubnis des Gerichts verlassen (§ 287 Absatz 6 StVGB).

2. Maßnahmen gegen eine Person, die gegen die Verfahrensregeln der Verhandlung verstößt (§ 267 StVGB).

§ 267 Abs. 1 Ziff. 2 StVGB sieht die Möglichkeit vor, dass das Gericht einen Arrest von bis zu zehn Tagen oder eine Geldstrafe verhängen kann, wenn der Beschuldigte gegen die Regeln der Verhandlung verstößt und der Anordnung des Richters nicht nachkommt.

Gemäß § 267 Abs. 1 Ziff. 1 StVGB ist es zulässig, einen Angeklagten, der gegen die Regeln der Gerichtsverhandlung verstößt und der Anordnung des Richters nicht Folge leistet, aus dem Gerichtssaal zu verweisen. Nach § 269 Abs. 2 Ziff. 1 StVGB kann eine Strafsache ausnahmsweise in Abwesenheit des Angeklagten verhandelt werden, wenn dieser auf der Grundlage und in Übereinstimmung mit dem Verfahren nach § 267 Abs. 1 StVGB aus dem Gerichtssaal verwiesen worden ist. In der Entscheidung 3-1-1-81-11 des Staatsgerichtshofs wurde erläutert, dass das Gericht als letztes Mittel, wenn andere Maßnahmen nicht ausreichen, um ein verfahrensbehinderndes Verhalten des Verfahrensbeteiligten zu verhindern, die Entfernung des Angeklagten aus dem Gerichtssaal auf der Grundlage von § 267 Abs. 1 Ziff. 1 StVGB in Erwägung ziehen muss.

In bestimmten Fällen, in denen ein Verstoß gegen die Ordnung der Verhandlung vorliegt, ist es möglich, den Angeklagten zunächst anzuweisen, den Verstoß zu unterlassen. Ist die Fortsetzung oder Wiederholung des ordnungswidrigen Verhaltens offensichtlich oder wahrscheinlich, ist es zweckmäßig, von der in § 267 Abs. 1 Ziff. 1 StVGB vorgesehenen Möglichkeit Gebrauch zu machen, den Beschuldigten vorübergehend oder für die Dauer der Verhandlung aus dem Gerichtssaal zu verweisen. Strafmaßnahmen wegen Verstoßes gegen die Ordnung der Verhandlung oder wegen Nichtbefolgung der Anordnung des Richters sind in § 267 Abs. 1 Ziff. 2 StVGB vorgesehen. Besteht Grund zu der Annahme, dass die ordnungswidrigen Aktivitäten fortgesetzt werden, kann der Beschuldigte für die Dauer der Verhandlung des Saales verwiesen werden. § 267 Abs. 3 StVGB sieht vor, dass einem Beschuldigten, der wegen ordnungswidrigen Verhaltens für die gesamte Dauer der Verhandlung aus dem Gerichtssaal verwiesen wurde, unmittelbar nach der Verkündung des Urteils eine Abschrift des Urteils oder in dem in § 315 Abs. 4 StVGB vorgesehenen Fall des Tenors zugestellt wird. § 303 Abs. 5 StVGB sieht vor, dass das letzte Wort in dem in § 267 Abs. 3 StVGB genannten Fall nicht erteilt wird. Demnach erhält der Angeklagte, der wegen ordnungswidrigen Verhaltens für die Dauer der Verhandlung aus dem Gerichtssaal verwiesen worden ist, nicht das letzte Wort.

In § 267 Abs. 4¹ StVGB ist geregelt, in welchen Fällen das Gericht einen Verteidiger, Vertreter oder Staatsanwalt von der Verhandlung ausschließen kann. Es sei darauf hingewiesen, dass diese Personen auch nach den Bestimmungen über ihre Abberufung ausgeschlossen werden können. Liegen die Gründe für den Ausschluss des Verteidigers vor, so schließt das Gericht den Rechtsanwalt gemäß § 55 aus. Die Entlassung des Staatsanwalts richtet sich nach § 53. Die Entlassung eines Vertreters ist in § 59 Abs. 4 und 6 geregelt.

Die in § 267 Abs. 4¹ StVGB vorgesehenen Maßnahmen sind erforderlich, um sowohl die Ordnung der Verhandlung als auch die Wirksamkeit der Tätigkeit der in dieser Vorschrift genannten Personen zu gewährleisten. Eine in § 267 Abs. 4¹ StVGB genannte Person kann vom Verfahren ausgeschlossen werden, wenn sie nicht in der Lage ist, ordnungsgemäß vor dem Gericht zu erscheinen. Ein Ausschluss aus diesem Grund sollte beispielsweise dann zulässig sein, wenn die betreffende Person nicht in der Lage ist, ihre prozessualen Pflichten zu erfüllen, weil sie nicht über die erforderlichen Fähigkeiten verfügt. Eine solche Situation kann beispielsweise eintreten, wenn eine Person aus irgendeinem Grund nicht in der Lage ist, verständlich zu sprechen. Eine Person sollte jedoch nicht allein aufgrund ihres Sprachstils vom Verfahren ausgeschlossen werden, wenn sie verständlich spricht. Die Frage des Ausschlusses kann sich beispielsweise stellen, wenn sich eine Person in einer Anhörung offensichtlich unangemessen beleidigender Sprache bedient.

Eine in § 267 Abs. 4¹ StVGB genannte Person kann vom Verfahren ausgeschlossen werden, wenn sie sich im Verfahren als unredlich erwiesen hat. Nach § 21 Abs. 2 der ethischen Regeln der Estnischen Anwaltskammer ist es einem Rechtsanwalt untersagt, das Gericht vorsätzlich in die Irre zu führen, dem Gericht wissentlich falsche oder irreführende Angaben zu machen oder dem Gericht Beweise vorzulegen, von denen der Rechtsanwalt weiß, dass sie falsch sind. Zum Verbot des unredlichen Verhaltens des Verteidigers siehe § 47 Abs. 2. Nach § 2 Ziff. 8 des ethischen Kodex für Staatsanwälte darf ein Staatsanwalt nicht wissentlich falsche oder irreführende Informationen vorlegen.

Eine in § 267 Abs. 4¹ StVGB genannte Person kann vom Verfahren ausgeschlossen werden, wenn sie sich im Verfahren als inkompetent erwiesen hat. Nach der Rechtsprechung des Europäischen Gerichtshofs für Menschenrechte muss der Staat dem Angeklagten einen praktischen und wirksamen und nicht nur theoretischen und illusorischen Rechtsbeistand gewähren (siehe z. B. Artico gegen Italien, Urteil vom 13.05.1980, Ziff. 33 und Imbrioscia gegen die Schweiz, Urteil vom 24.11.1993, Ziff. 38, siehe auch RKKK 3-1-1-61-10). Zum Thema siehe z. B. auch RKKK 3-1-1-81-11, Ziff. 25.1. Es kann eine Reihe von Umständen vorliegen, aufgrund derer argumentiert werden kann, dass der Anwalt nicht über ausreichende Kenntnisse der Strafsache verfügt, um eine wirksame Verteidigung durchführen zu können. Ein Strafverteidiger ist mit der Strafsache nicht vertraut, wenn er die Strafakte nicht kennt und auch nicht ausreichend mit der einschlägigen gesetzlichen Regelung vertraut ist. Diese Umstände müssen eindeutig festgestellt werden. In einem solchen Fall besteht Grund zu der Annahme, dass dem Angeklagten eine wirksame Verteidigung vor Gericht vorenthalten werden kann. Diese Bestimmung sollte jedoch nicht angewandt werden, wenn der Verteidiger beispielsweise einen Fehler bei der Zitierung einiger Seiten der Strafakte macht und diesen Fehler rasch korrigiert. Im Allgemeinen ist die Anwendung eines solchen Mittels auch dann nicht gerechtfertigt, wenn der Verteidiger hinsichtlich seines Verständnisses der Rechtsnormen eine andere Meinung vertritt als das Gericht. Es ist jedoch möglich, einen solchen Rechtsbehelf einzusetzen, wenn der Anwalt nicht über die erforderliche Kenntnis der in den einschlägigen Entscheidungen des Staatsgerichtshofs vertretenen Standpunkte verfügt. Stellt sich in der Hauptverhandlung heraus, dass der Verteidiger nicht über ausreichende Kenntnisse des Materials der Strafakte verfügt, kann das Gericht das Problem gemäß den Bestimmungen von § 273 Abs. 4 StVGB lösen, wonach die Verhandlung um bis zu zehn Tage vertagt werden kann und die Kosten des Strafverfahrens, die durch die Vertagung entstehen, vom Verteidiger getragen werden können, wobei die Leitung des Anwaltsrats über das Verhalten des Verteidigers informiert wird. Ein Rechtsanwalt, der den in § 19 Abs. 3 des ethischen Kodexes der Rechtsanwaltskammer niedergelegten Grundsatz nicht beachtet, wonach der Rechtsanwalt, wenn der Beschuldigte bestreitet, die ihm zur Last gelegte Tat begangen zu haben, an den Standpunkt des Beschuldigten gebunden ist, ist nicht kompetent.

Es ist zu bedenken, dass die tatsächliche Anwendung der in § 267 Abs. 4^1 StVGB vorgesehenen Maßnahme ihre übermäßige Abhängigkeit vom Gericht nicht ausschließt. In einem solchen Fall kann die Wirksamkeit der Tätigkeit dieser Personen beeinträchtigt werden. Die Gewährleistung eines ordnungsgemäßen Ablaufs der Hauptverhandlung dürfte im Hinblick auf die Anwendung einer solchen Maßnahme kein besonderes Problem darstellen. Allerdings dürfte es in vielen Fällen schwierig sein, festzustellen, ob eine Person ausreichend kompetent ist. Es sollte vermieden werden, dass der Verteidiger beispielsweise nicht in der Lage ist, in erster Linie im Interesse der zu verteidigenden Person zu handeln. Der Verteidiger sollte sich bei seiner Tätigkeit nicht in erster Linie von der möglichen Meinung des Gerichts über die Wahl der Verteidigungsmittel leiten lassen.

Eine in § 267 Abs. 4^1 StVGB genannte Person kann vom Verfahren ausgeschlossen werden, wenn sie sich als unverantwortlich erwiesen hat. Es ist nicht ausgeschlossen, dass sich ein Verteidiger oder Staatsanwalt als unverantwortlich erweist, wenn er beispielsweise in der Verteidigungs- bzw. in der Anklageschrift nicht angibt, welche Beweismittel er dem Gericht vorlegen möchte, und dies erst in der Hauptverhandlung beantragt, obwohl das Vorhandensein und die Notwendigkeit der Vorlage solcher Beweise bereits zum Zeitpunkt der Abfassung der Verteidigungs- oder der Anklageschrift bekannt waren. Ein solches Verhalten kann die Wahrheitsfindung oder eine wirksame Verteidigung in einem Strafverfahren gefährden. Zu beachten ist, dass das Gericht nach § 286^1 Abs. 2 Ziff. 2 die Zulassung von Beweismitteln und deren Rückgabe oder die

Beweiserhebung ablehnen kann, wenn die Beweismittel nicht in der Anklageschrift oder der Verteidigungsschrift aufgeführt waren und der Verfahrensbeteiligte keine wesentlichen Gründe dafür angeführt hat, warum er den Antrag nicht früher hätte stellen können. Im Falle eines solchen unverantwortlichen Verhaltens des Staatsanwalts oder des Verteidigers ist es jedoch problematisch, den Staatsanwalt oder den Verteidiger aus dem Verfahren zu entfernen. Es ist durchaus wahrscheinlich, dass ein Staatsanwalt oder Verteidiger, der einen Ausschluss vermeiden will, es nicht riskiert, solche Beweismittel der Anklage oder der Verteidigung in der Hauptverhandlung überhaupt vorzulegen, selbst wenn er Zweifel daran hat, ob er angemessen begründen kann, warum er den Antrag nicht früher stellen konnte.

Eine in § 267 Abs. 4¹ StVGB genannte Person kann vom Verfahren ausgeschlossen werden, wenn sie den fairen und zügigen Ablauf des Verfahrens böswillig behindert hat. Eine Person kann nur dann vom Verfahren ausgeschlossen werden, wenn nachgewiesen wird, dass sie in dieser Weise böswillig gehandelt hat. Ein Verhalten, das die ordnungsgemäße oder zügige Bearbeitung des Falles behindert, muss nicht immer böswillig sein. So kann beispielsweise das Nichterscheinen zu einer Verhandlung aus wichtigem Grund ein zügiges Verfahren behindern, doch hat die Person in einem solchen Fall nicht böswillig gehandelt. Stellt sich in der Hauptverhandlung heraus, dass ein Verfahrensbeteiligter systematisch von seinem Antrags- und Einspruchsrecht Gebrauch macht, um das Verfahren zu behindern oder zu verzögern, muss das Gericht auf dieses Verhalten mit den in § 266 Abs. 1 Ziff. 3 und 5 StVGB genannten Maßnahmen reagieren. Wenn andere Maßnahmen nicht ausreichen, um ein verfahrensbehinderndes Verhalten eines Verfahrensbeteiligten zu verhindern, muss das Gericht als letztes Mittel die Entfernung des Verteidigers oder Staatsanwalts aus dem Verfahren gemäß § 267 Abs. 4¹ StVGB in Erwägung ziehen (siehe auch RKKK 3-1-1-81-11). Wird gegen einen Vertreter oder einen Rechtsanwalt aufgrund einer gerichtlichen Anordnung nach § 267 Abs. 4 StVGB eine Geldstrafe verhängt oder wird ein Rechtsanwalt oder Vertreter gemäß § 267 Abs. 4¹ StVGB aus dem Verfahren entfernt, so hat das Gericht dem Verfahrensbeteiligten unverzüglich die Wahl eines neuen Vertreters oder Rechtsanwalts vorzuschlagen. Will der Angeklagte beispielsweise von der Möglichkeit, einen Verteidiger zu wählen, keinen Gebrauch machen, bestellt die Estnische Anwaltskammer auf Antrag des Gerichts einen Verteidiger (siehe § 43 Abs. 2 Ziff. 2). Gemäß § 45 Abs. 4 ist die Teilnahme eines Anwalts am Gerichtsverfahren grundsätzlich vorgeschrieben.

Auf Grund der Bestimmungen des § 267 Abs. 4 und 4¹ StVGB kann auch ein Ersatzverteidiger vom Verfahren ausgeschlossen werden. Im Falle des

Ausschlusses eines Ersatzverteidigers richtet sich die Anwendung der in § 267 Abs. 4² StVGB vorgesehenen Maßnahmen nach dem Zeitpunkt, zu dem der vom Ersatzverteidiger bestellte Verteidiger am Verfahren teilnehmen kann. Ist der Rechtsanwalt, der den Ersatzverteidiger bestellt hat, nicht in der Lage, zu dem vom Gericht festgesetzten Zeitpunkt zu erscheinen, so kann dem Rechtsanwalt die Möglichkeit gegeben werden, einen anderen Ersatzverteidiger zu bestellen.

§ 267 Abs. 5 StVGB sieht Maßnahmen zur Gewährleistung der Ordnung in der Verhandlung vor, die gegen jeden anderen Verfahrensbeteiligten oder jede andere im Gerichtssaal anwesende Person, die gegen die Ordnung verstößt, ergriffen werden können. Die Verhängung einer Geldstrafe auf der Grundlage einer gerichtlichen Anordnung sollte nicht ausschließen, dass die betreffende Person gegebenenfalls aus dem Gerichtssaal verwiesen wird, wenn sie sich weiterhin ordnungswidrig verhält.

3. Grenzen des Verfahrens auf der Grundlage der Beschlüsse des Strafsenats des Staatsgerichtshofs (§ 268 StVGB)

Der Strafsenat des Staatsgerichtshofs hat klargestellt, dass § 268 StVGB die Voraussetzungen für die Bestimmung des Gegenstands einer zu verhandelnden Strafsache vorschreibt, d. h. die tatsächlichen Umstände und rechtlichen Fragen, die im Gerichtsverfahren berücksichtigt werden müssen, um die Schuld einer Person festzustellen und auf die ein Urteil gestützt werden kann. Diese Anforderungen müssen insbesondere den Verfahrensgegenstand abgrenzen (Abgrenzungsfunktion) und die Einhaltung des Grundsatzes der adversarischen Verfahrensweise nach § 14 StVGB sowie der Verteidigungsrechte des Angeklagten gewährleisten (Informationsfunktion). Der Staatsgerichtshof hat unter Berufung auf § 268 Abs. 1 und 5 StVGB wiederholt klargestellt, dass nur der in der Anklageschrift beschriebene Sachverhalt Voraussetzung für die strafrechtliche Verantwortlichkeit einer Person sein kann, der die Grenze bestimmt, über die das Gericht bei seinen Erwägungen nicht hinausgehen kann. Um die Rechte der Verteidigung zu gewährleisten, muss der Text der Anklageschrift alle Tatbestandsmerkmale, die Voraussetzung für die strafrechtliche Verantwortlichkeit sind, mit hinreichender Klarheit und Genauigkeit wiedergeben. Die Beschreibung des Verhaltens des Angeklagten im letzten Teil der Anklageschrift muss alle Aspekte des Verhaltens des Angeklagten aufzeigen, die nach Ansicht der Staatsanwaltschaft die Tatbestandsmerkmale der Straftat darstellen. Ist die Anklageschrift unvollständig abgefasst, kann das Gericht der Person keine in der Anklageschrift nicht erwähnte Schuldvermutung zuschreiben

(RKKKo 3-1-1-12-16, Ziff. 7). Das Erfordernis der Klarheit und Genauigkeit der Anklageschrift setzt voraus, dass der Inhalt der Anklageschrift aus dem Text der Anklageschrift selbst hinreichend verständlich ist und nicht nur aus dem, was der Staatsanwalt in der Eröffnungserklärung, im Prozess oder in der mündlichen Verhandlung vor dem Berufungsgericht erläutert hat. Mündliche Erklärungen des Staatsanwalts in der Hauptverhandlung haben für die Bestimmung der Grenzen der Anklage nur insoweit rechtliche Bedeutung, als sie eine Ergänzung oder Berichtigung von Tatsachen- oder Rechtsbehauptungen oder einen teilweisen Verzicht auf die Anklage im Sinne des § 268 Abs. 3 StVGB darstellen. Allein der Umstand, dass der Staatsanwalt in der Hauptverhandlung mündlich erläutert, was der Vorwurf tatsächlich bedeutet, macht einen an sich unzutreffenden oder unklaren Vorwurf nicht zulässig (RKKKo 3-1-1-40-14, Ziff. 67).

Nach § 268 Abs. 2 StVGB[29], kann die Staatsanwaltschaft im Laufe der Hauptverhandlung vor deren Abschluss die Anklage ändern und ergänzen, indem sie die Änderungen und Ergänzungen dem Gericht und den anderen Verfahrensbeteiligten schriftlich vorlegt. Erweist sich der Wortlaut der Anklageschrift infolge der Änderung oder Ergänzung der Anklageschrift als unzureichend, so kann das Gericht von Amts wegen oder auf Antrag einer Verfahrenspartei anordnen, dass der Staatsanwalt einen neuen vollständigen Wortlaut der Anklageschrift oder der Anklageschrift vorlegt.

§ 268 Abs. 1 StVGB sieht vor, dass das Strafverfahren gegen den Angeklagten nur auf der Grundlage der Anklageschrift durchgeführt wird, sofern in demselben Paragrafen nichts anderes bestimmt ist. § 268 Abs. 5 Satz 1 StVGB bestimmt, dass sich das Gericht bei der Verurteilung eines Angeklagten nicht auf tatsächliche Umstände stützen darf, die von den in der Anklageschrift oder der geänderten oder ergänzten Anklageschrift beschriebenen Beweisumständen wesentlich abweichen. Somit kann nur der in der Anklageschrift beschriebene Sachverhalt, der die Grenzen des Prozesses bestimmt, Voraussetzung für die Strafbarkeit einer Person sein. Um die Rechte der Verteidigung zu gewährleisten, muss der Text der Anklageschrift alle Tatbestandsmerkmale, die Voraussetzung für die strafrechtliche Verantwortlichkeit sind, mit hinreichender Klarheit und Genauigkeit wiedergeben. Dies bedeutet insbesondere, dass in der Anklageschrift die Tatbestandsmerkmale, die den einzelnen objektiven

---

29 Zu den Grenzen der Hauptverhandlung siehe auch: Kriminaalmenetluse seadustik. Kommenteeritud väljaanne. Herausgegeben von Eerik Kergandberg und Priit Pikamäe. Kirjastus Juura 2012, § 268 Kommentare.

und subjektiven Tatbestandsmerkmalen der der Person zur Last gelegten Straftat entsprechen, hinreichend dargelegt werden müssen. Ist die Anklageschrift unvollständig abgefasst, kann das Gericht der Person keine in der Anklageschrift unerwähnte Schuldvermutung zuschreiben. Dies gilt ungeachtet des Inhalts der in der Strafsache erhoben Beweise (RKKKo 1-17-3371, Ziff. 66; siehe auch z. B. RKKKo 3-1-1-59-16, Ziff. 21 und 30). Darüber hinaus kann die Beschreibung des dem Angeklagten vorgeworfenen Verhaltens nicht aus dem Text der Anklageschrift als Ganzes abgeleitet werden, sondern muss im letzten Teil der Anklageschrift dargelegt werden (RKKKo 1-17-1327, Ziff. 13).

Der Staatsgerichtshof hat klargestellt, dass die Gerichte trotz des Fehlens eines entsprechenden Hinweises in der Anklageschrift berechtigt sind, bestimmte Tatsachen als „Hintergrundtatsachen" zu bezeichnen, die das Vorliegen der in der Anklageschrift beschriebenen Tatsachen bestätigen oder widerlegen, die aber nicht als konstitutive Tatsachen der Anklage angesehen werden können, die unter einen der Tatbestandsmerkmale subsumiert werden können (RKKKo 1-18-4372, Ziff. 36).

§ 268 Abs. 5 StVGB kann nicht als Verstoß gegen die Anforderungen angesehen werden, wenn das Gericht im Laufe der Hauptverhandlung ein Verhalten feststellt, das die objektiven Merkmale des § 184 Strafgesetzbuch (StGB) erfüllt, nämlich den rechtswidrigen Erwerb und Besitz einer großen Menge eines Betäubungsmittels, das Gericht aber im Gegensatz zur Beschreibung der Tat in der Anklageschrift nicht die genaue Art, den Zeitpunkt und den Ort des Erwerbs des Betäubungsmittels feststellt. In der beschriebenen Situation stützt das Gericht seine Verurteilung nicht auf neue Tatsachen im Sinne von § 268 Absatz 5 StVGB, die sich wesentlich von der Anklageschrift unterscheiden, sondern kann lediglich feststellen, dass es keine Beweise dafür gibt, wann und wie der dem objektiven Tatbestand entsprechende Tatbestand, d. h. der Besitz des Betäubungsmittels, begangen wurde. Das Fehlen solcher Tatsachen berührt jedoch nicht die Strafbarkeit des Täters nach § 184 Abs. 2 Ziff. 1 und 2 StVGB, wenn feststeht, dass der Betäubungsmittelstoff dem Täter gehörte und in seinem Besitz war (RKKKo 3-1-1-28-14, Ziff. 14.2).

Der Strafsenat des Staatsgerichtshofs hat klargestellt, dass die Anklageschrift neben den für die Beurteilung der Strafbarkeit einer Tat maßgeblichen tatsächlichen Umständen auch die rechtliche Bewertung der Tat des Angeklagten durch die Staatsanwaltschaft wiedergeben muss, um das Recht auf Verteidigung zu gewährleisten (RKKKo 3-1-1-12-16, Ziff. 8). Der Strafsenat des Staatsgerichtshofs hat festgestellt, dass in Fällen, in denen das Gericht der Auffassung ist, dass das Ergebnis der Verhandlung eine Verurteilung des Angeklagten nach der in der Anklageschrift inkriminierten Vorschrift des Strafgesetzbuchs ausschließt, nicht automatisch zum Freispruch des Angeklagten führen kann, sondern das Gericht von Amts wegen im Rahmen der Beratung zu prüfen hat, ob das Verhalten des Angeklagten einer anderen Vorschrift des Strafgesetzbuches entspricht, unter die es umqualifiziert werden könnte (RKKKo 3-1-1-73-13, Ziff. 9; siehe auch z. B. RKKKo 3-1-1-95-12, Ziff. 14.2). Die Zuständigkeit des Gerichts für die strafrechtliche Bewertung der Handlung einer Person beschränkt sich nicht auf die Prüfung, ob die Handlung mit der in der Anklageschrift genannten Vorschrift des Strafgesetzbuches übereinstimmt, sondern umfasst auch eine aktive Rolle des Gerichts bei der Feststellung der materiellrechtlichen Lage (RKKKo 1-18-7807, Ziff. 12; siehe auch RKKKo 1-17-5210, Ziff. 34). Der adversarische Charakter des Verfahrens (§ 14 StVGB) verlangt nicht, dass das Gericht in vollem Umfang an die rechtlichen Argumente der Verfahrensbeteiligten gebunden ist. Vielmehr hat das Gericht gemäß § 306 Abs. 1 Ziff. 3 StVGB bei der Urteilsfindung unter anderem darüber zu entscheiden, ob die Tat einen Straftatbestand erfüllt und nach welchem Abschnitt, Paragrafen und Unterabschnitt des Strafgesetzbuches sie zu qualifizieren ist (RKKKo 1-17-5210, Ziff. 34).

Neben der Verpflichtung, im Schlussteil der Anklageschrift die Qualifikation der Straftat nach dem betreffenden Paragrafen, Absatz und Ziffer des Strafgesetzbuches anzugeben (§ 154 Abs. 3 Ziff. 3 StVGB), verlangt dieses Erfordernis auch, dass die Anklageschrift im Falle eines formellen Tatbestandsmerkmals auf die Rechtsvorschriften außerhalb des Strafgesetzbuches verweisen muss, die diesen Tatbestand regeln (RKKKo 3-1-1-12-16, Ziff. 8). Die Änderung einer formellen Bestimmung des Strafgesetzbuches ist als Änderung der Anklageschrift anzusehen, und gemäß § 268 Abs. 2 StVGB kann der Staatsanwalt die Anklageschrift vor Abschluss der gerichtlichen Untersuchung ändern. (RKKKo 3-1-1-55-16, Ziff. 8). Auch wenn die Anklageschrift nicht die Bestimmungen für das formelle Tatbestandsmerkmal enthält, kann dies nicht automatisch zum Freispruch des Angeklagten führen. Mit anderen Worten, dieses Fehlen stellt kein Verfahrenshindernis dar, das die Aufklärung des gesamten strafrechtlichen Vorgangs oder der Straftat oder die Feststellung der Beweistatsachen unmöglich machen würde. Nach bestehender Rechtsprechung ist es in einem solchen Fall Aufgabe des mit der Strafsache befassten Gerichts, das Vorliegen der formellen Bestimmungen in der Tatbestandsbeschreibung zu prüfen (RKKKo 3-1-1-12-16, Ziff. 10; siehe auch RKKKo 3-1-1-40-14, Ziff. 70).

Nachdem das Fehlen eines objektiven Tatbestands festgestellt wurde, muss das Gericht von Amts wegen prüfen, ob das Verhalten des Angeklagten als Versuch der Begehung der in der Anklageschrift angeklagten Straftat einzustufen ist (RKKKo 3-1-1-41-14, Ziff. 12).

Nach § 268 Abs. 1 und 5 StVGB kann nur der in der Anklageschrift beschriebene Sachverhalt, der die Grenzen des Verfahrens bestimmt, Voraussetzung für die Strafbarkeit einer Person sein. Im Gegensatz zu den in der Anklageschrift geschilderten tatsächlichen Umständen ist die rechtliche Würdigung dieser Umstände durch die Staatsanwaltschaft für das Gericht jedoch nicht bindend. Nach § 268 Abs. 6 Satz 1 StVGB kann das Gericht auf der Grundlage der im Ermittlungsverfahren festgestellten Tatsachen die in der Anklageschrift dargelegte rechtliche Bewertung des Verhaltens des Beschuldigten ändern, wenn dieser ausreichend Gelegenheit hatte, sich gegen eine solche Qualifikation zu verteidigen (RKKKo 1-18-86/128, Ziff. 61). Seit dem 1. September 2011 hat der Gesetzgeber die Befugnisse des Gerichts dahingehend erweitert, dass es die Anklage von Amts wegen auf der Grundlage der bei der gerichtlichen Untersuchung festgestellten Tatsachen ändern kann, unabhängig davon, ob die Änderung der Qualifikation der Straftat die Lage des Angeklagten mildert oder verschlimmert (RKKKo 3-1-1-13-12, Ziff. 24). Nach dem geltenden § 268 Abs. 6 StVGB kann das Gericht den Angeklagten auch wegen einer schwereren Straftat als der in der Anklageschrift angeklagten verurteilen (RKKKo 3-1-1-33-14, Ziff. 14). Wichtig ist jedoch, dass dem Angeklagten rechtliches Gehör gewährt wird, d. h. er muss ausreichend Gelegenheit haben, sich gegen die neue Qualifikation zu verteidigen (RKKKo 3-1-1-13-12, Ziff. 24).

Siehe auch Kriminaalmenetluse seadustik. Kommenteeritud väljaanne. Herausgegeben von Eerik Kergandberg und Priit Pikamäe. Kirjastus Juura 2012, § 268 Kommentare.

4. Vollständigkeit der Verhandlung einer Strafsache im allgemeinen Verfahren (§ 268[1] StVGB)

Nach § 268[1] Abs. 1 StVGB hat das Landgericht, das eine Strafsache im allgemeinen Strafverfahren verhandelt, seine Planung auf die Grundsätze der Vollständigkeit, der Reihenfolge und der ununterbrochenen Verhandlung der Strafsache zu stützen und eine rasche Entscheidung des Gerichts anzustreben. Nach den Bestimmungen des § 15[1] StVGB ist die Strafsache als Ganzes zu verhandeln und so schnell wie möglich eine Lösung herbeizuführen. Das Gesetz sieht jedoch eine Reihe von Ausnahmen vor, in denen das Gericht mehrere Strafsachen parallel verhandeln kann. Das Gericht kann im ordentlichen Strafverfahren mehrere Strafsachen parallel verhandeln, wenn in der später an das Gericht verwiesenen Strafsache einer Person vorgeworfen wird, als Minderjähriger eine Straftat begangen zu haben. Das Gleiche gilt, wenn in einer später an das Gericht verwiesenen Strafsache der Beschuldigte als vorbeugende

Maßnahme in Haft genommen wurde und das Gericht es für erforderlich hält, diese Maßnahme weiter anzuwenden. Der Strafsenat des Staatsgerichtshofs hat klargestellt, dass die Inhaftierung des Angeklagten ein Umstand ist, der nach der Rechtsprechung des EGMR eine besondere Sorgfalt für die zügige Erledigung des Strafverfahrens erfordert, etwa einen Vorrang vor anderen Strafverfahren. Andernfalls verstößt die Inhaftierung, selbst wenn ein Haftgrund vorliegt, gegen die Anforderungen von Artikel 5 Abs. 3 (RKKK 3-1-1-110-10).

§ 268^1 Abs. 3 StVGB sieht vor, dass das Gericht im Falle eines unvermeidbaren Aufschubs der Verhandlung einer Strafsache, die Gegenstand eines allgemeinen Verfahrens ist, oder aufgrund einer Unterbrechung des Verhandlungstermins berechtigt ist, mit der Verhandlung einer anderen Strafsache zu beginnen, die im Rahmen des allgemeinen Verfahrens zur Verhandlung anberaumt wurde, sofern dies den Verhandlungstermin der früheren Strafsache nicht beeinträchtigt. Ebenso ist das Gericht im Falle einer unvermeidbaren Vertagung der Verhandlung einer zu verhandelnden Strafsache berechtigt, mit der nächsten im allgemeinen Verfahren zur Verhandlung anstehenden Strafsache nach diesem Zeitplan fortzufahren.

Die Bestimmungen des § 268^1 StVGB stellen kein Hindernis für die Verhandlung von Strafsachen im abgekürzten Verfahren, im Absprachverfahren, im Strafbefehlsverfahren und im beschleunigten Verfahren dar.

5. Teilnahme des Angeklagten an der Verhandlung (§ 269 StVGB)

Der Strafsenat des Staatsgerichtshofs hat klargestellt, dass sich das Grundrecht auf Anwesenheit bei der Verhandlung in eigener Sache und damit das Recht auf rechtliches Gehör aus § 24 Abs. 2 der estnischen Verfassung ergibt (RKKKo 3-1-1-24-16, Ziff. 6; siehe auch RKKKo 3-1-1-18-08, Ziff. 14.1). Indirekt lässt sich dieses Recht auch aus § 15 Abs. 1 der Verfassung ableiten, der das Recht auf Zugang zu den Gerichten vorsieht und eine allgemeine Regel des Rechts auf ein faires Verfahren darstellt. Ähnliche Rechte ergeben sich aus Artikel 6 Absatz 1 und 3 der Europäischen Konvention zum Schutze der Menschenrechte und Grundfreiheiten. Um diese Rechte zu gewährleisten, sieht § 35 Abs. 2 StVGB vor, dass der Beschuldigte das Recht hat, am Verfahren teilzunehmen, d. h. bei der Verhandlung seines Falles anwesend zu sein. Das Recht, an der Verhandlung in eigener Sache teilzunehmen, ist jedoch nicht absolut und kann in den gesetzlich vorgesehenen Fällen und aus den gesetzlich vorgesehenen Gründen eingeschränkt werden, insbesondere dann, wenn der Beschuldigte selbst die Situation herbeigeführt hat, in der er nicht an der Verhandlung teilnehmen kann oder will (z. B. durch Verfahrensumgehung oder Verstoß gegen die Verfahrensvorschriften). Die Beschränkung muss eindeutig legitim und verhältnismäßig sein. Ein solches Ziel muss die Notwendigkeit sein, den normalen Ablauf des Gerichtsverfahrens zu gewährleisten, um sicherzustellen, dass der Fall innerhalb einer angemessenen Frist verhandelt wird. Das geltende Verfahrensrecht sieht außerdem vor, dass Strafsachen grundsätzlich in Anwesenheit des Angeklagten verhandelt werden, vorbehaltlich der in den §§ 267 und 269 StVGB vorgesehenen Ausnahmen. Diese Ausnahmen bieten eine Rechtsgrundlage für eine Verhandlung ohne Beteiligung des Angeklagten. (RKKKo 3-1-1-24-16, Ziff. 6)

Ausnahmsweise kann eine Strafsache in Abwesenheit des Angeklagten verhandelt werden, wenn dieser wegen störendem Verhalten aus dem Gerichtssaal verwiesen wurde (§ 269 Abs. 2 Ziff. 1 StVGB).

Eine Strafsache kann in Abwesenheit des Angeklagten verhandelt werden, wenn ihm eine Vorladung zugestellt wurde, sein Aufenthaltsort nicht ermittelt werden kann, berechtigte Gründe für die Annahme bestehen, dass er nicht vor Gericht erscheinen wird, angemessene Anstrengungen unternommen wurden, um ihn ausfindig zu machen, und eine Verhandlung ohne ihn möglich ist (§ 269 Abs. 2 Ziff. 2 StVGB). Es ist zu betonen, dass der Angeklagte eine Vorladung erhalten haben muss.

Es ist auch möglich, eine Verhandlung ohne die Teilnahme der beschuldigten Person durchzuführen, wenn sie sich nach der Anhörung in der Verhandlung in einen Zustand versetzt hat, der ihre Teilnahme an der Verhandlung ausschließt, und die Verhandlung ohne sie möglich ist (§ 269 Abs. 2 Ziff. 3 StVGB). Beispiele für Mittel, die die Person in einen solchen Zustand versetzen, sind der Missbrauch von Medikamenten, Drogenmissbrauch, Hungerstreiks, selbst zugefügte Verletzungen und so weiter.

Eine Verhandlung ohne Anwesenheit des Angeklagten ist möglich, wenn es schwierig ist, ihn vor Gericht zu bringen, und der Angeklagte durch eine Audio-Video-Live-Übertragung an der Verhandlung teilnehmen kann und das Gericht überzeugt ist, dass die Verteidigungsrechte des Angeklagten gewährleistet sind (§ 269 Abs. 2 Ziff. 4 StVGB). Die Zustimmung des Angeklagten ist für eine solche Teilnahme nicht erforderlich. Eine solche Lösung ist beispielsweise im Zusammenhang mit der Ausbreitung des SARS-Cov-2-Virus, das die Krankheit COVID-19 verursacht, erforderlich.

Eine Strafsache kann ohne die Teilnahme des Beschuldigten verhandelt werden, wenn dieser einen begründeten Antrag an das Gericht gestellt hat, die Sache ohne seine Teilnahme zu verhandeln, und das Gericht zu der Überzeugung gelangt ist, dass die Rechte des Beschuldigten ohne seine Teilnahme an der Verhandlung gewahrt werden können und die Abwesenheit des Beschuldigten bei der Verhandlung dem öffentlichen Interesse nicht zuwiderläuft (§ 269 Abs. 2 Ziff. 5 StVGB). Es ist zu beachten, dass der Antrag begründet werden muss. Es ist wichtig zu beachten, dass das Gericht, wenn es dem Antrag des Beschuldigten auf dieser Grundlage stattgibt, festlegt, bei welchen Teilen der Verhandlung die Anwesenheit des Beschuldigten nicht zwingend erforderlich ist. Der Angeklagte ist verpflichtet, an der Eröffnung der Hauptverhandlung, dem Schluss der Hauptverhandlung, dem Prozess und der Schlusserklärung des Angeklagten teilzunehmen (siehe § 269 Abs. 2^1 StVGB).

Eine Strafsache kann ohne den Angeklagten verhandelt werden, wenn dieser wegen Krankheit längere Zeit nicht an der Verhandlung teilnehmen kann, aber über Ort und Zeit der Verhandlung unterrichtet wurde, sich damit einverstanden erklärt, ohne seine Teilnahme und unter Hinzuziehung eines Anwalts vernommen zu werden, und das Gericht davon überzeugt ist, dass die Rechte des Angeklagten auch ohne seine Teilnahme an der Verhandlung gewahrt werden können (§ 269 Abs. 2 Ziff. 6 StVGB). In diesem Zusammenhang ist zu betonen, dass die Zustimmung des Beschuldigten erforderlich ist.

Eine Strafsache kann ohne die Teilnahme des Angeklagten verhandelt werden, wenn es sich um eine juristische Person handelt, deren zuständiges Organ kein Vorstandsmitglied oder keine Vorstandsmitglieder gewählt hat, um sich einem Strafverfahren zu entziehen, oder deren Vorstandsmitglied oder Vorstandsmitglieder sich nicht in der Republik Estland aufhalten, wenn angemessene Anstrengungen unternommen wurden, um sie vor das Gericht zu laden, und wenn die Verhandlung ohne sie möglich ist (§ 269 Abs. 2 Ziff. 7 StVGB).

§ 269 Abs. 3 StVGB sieht vor, dass das Gericht, wenn ein Angeklagter nicht vor Gericht erscheint oder durch eine schwere Krankheit daran gehindert ist, vor Gericht zu erscheinen, anordnen kann, dass seine Anklage gesondert verhandelt wird, die Verhandlung der isolierten Anklage verschiebt, bis der Angeklagte gefasst ist oder sich erholt hat, und die Verhandlung der anderen Angeklagten fortsetzt.

6. Anwesenheit des Staatsanwalts und des Verteidigers bei der Verhandlung (§ 270 StVGB)

Nach § 17 Abs. 1 StVGB ist die Staatsanwaltschaft Partei des Verfahrens. Im Strafverfahren ist die Funktion der Staatsanwaltschaft von der Funktion der Entscheidung über die Strafsache getrennt. Das Gericht darf die Aufgaben des Staatsanwalts nicht wahrnehmen. Erscheint der Staatsanwalt nicht zur Verhandlung, wird das Verfahren vertagt. In diesem Fall ist das Nichterscheinen des Staatsanwalts der Staatsanwaltschaft mitzuteilen (§ 270 Abs. 1 StVGB). Gemäß § 45 Abs. 4 StVGB ist die Teilnahme eines Anwalts am Gerichtsverfahren grundsätzlich vorgeschrieben. Erscheint der Verteidiger nicht zur Verhandlung, wird das Verfahren vertagt. In diesem Fall ist das Nichterscheinen des Anwalts der Leitung des Anwaltsrats mitzuteilen (§ 270 Abs. 2 StVGB). Ist der Rechtsanwalt in einem allgemeinen Verfahren nicht in der Lage, zur Verhandlung zu erscheinen, sollte er, wenn möglich, einen Ersatzanwalt bestellen (siehe § 44 Abs. 1). Nach § 44^1 Abs. 2 StVGB kann das Gericht in einem gerichtlichen Verfahren die Bestellung eines Ersatzverteidigers beschließen, wenn der gewählte oder bestellte Verteidiger in einer allgemeinen Rechtssache, in der er sich zur Verteidigung verpflichtet hat und keinen Ersatzverteidiger bestellt hat, nicht erscheinen kann.

7. Verhandlung ohne einen Zeugen, ein Opfer, einen Sachverständigen oder einen Gutachter (§ 271 StVGB)

Das Gericht vertagt die Verhandlung, wenn es nicht möglich ist, ohne einen Zeugen, ein Opfer, einen Sachverständigen oder einen Gutachter zu verhandeln. In bestimmten Fällen kann das Gericht auch die Fortsetzung der Verhandlung anordnen, wenn der Zeuge, der Geschädigte, der Sachverständige oder der Gutachter nicht zur Verhandlung erscheint (§ 271 Abs. 1 StVGB). Es ist jedoch wichtig, die Verfahrensbeteiligten zu hören, bevor die Fortsetzung oder Vertagung der Verhandlung angeordnet wird (§ 271 Abs. 1 StVGB). Die Stellungnahme der Partei, auf deren Antrag hin die Person vor Gericht geladen wurde, ist in diesem Zusammenhang sehr wichtig. Generell sollte der Verfahrensbeteiligte die Möglichkeit haben, über die Reihenfolge zu entscheiden, in der er die Beweisaufnahme im Rahmen der gerichtlichen Untersuchung beantragt. Natürlich ist es auch wichtig, die Bestimmungen des § 286 über die Reihenfolge der Beweisaufnahme einzuhalten. Zur Vertagung der Hauptverhandlung siehe auch § 273 StVGB.

8. Vertagung der Verhandlung (§ 273 StVGB)

Die Verhandlung einer Strafsache wird vertagt, wenn der Angeklagte (§ 269 Abs. 1 StVGB) oder der Staatsanwalt (§ 270 Abs. 1 StVGB) oder der Verteidiger (§ 270 Abs. 2 StVGB) oder das Opfer (§ 271 StVGB) oder der Zeuge (§ 271 StVGB) oder der Sachverständige (§ 271 StVGB) nicht zur Verhandlung erscheint. Das Gericht kann unter bestimmten Voraussetzungen beschließen, die Verhandlung fortzusetzen, wenn der Zeuge, der Geschädigte, der Sachverständige und der Gutachter nicht zur Verhandlung erschienen sind (§ 271 Absatz 1 StVGB). Es ist jedoch wichtig, die Verfahrensbeteiligten zu hören, bevor die Fortsetzung oder Vertagung der Verhandlung angeordnet wird (§ 271 Abs. 1 StVGB). Die Stellungnahme der Partei, auf deren Antrag hin die Person vor Gericht geladen wurde, ist in diesem Zusammenhang sehr wichtig. Dieser Verfahrensbeteiligte sollte die Möglichkeit haben, über die Reihenfolge zu entscheiden, in der er die Beweisaufnahme im Rahmen der gerichtlichen Untersuchung beantragt. Das Gericht vertagt die Verhandlung, wenn es nicht möglich ist, ohne einen Zeugen, ein Opfer, einen Sachverständigen oder einen Gutachter zu verhandeln.

Die Verhandlung wird auch vertagt, wenn eine andere als die in den §§ 269–271 StVGB genannte Person, deren Anwesenheit erforderlich ist, nicht zur Verhandlung erschienen ist (§ 273 Abs. 1 Ziff. 1 StVGB). Die Verhandlung ist beispielsweise zu vertagen, wenn ein Dolmetscher oder in einem solchen Fall ein Vertreter des Geschädigten nicht erscheint.

Die Verhandlung in einer Strafsache wird durch Beschluss vertagt, wenn die Erhebung zusätzlicher Beweise erforderlich ist (§ 273 Abs. 1 Ziff. 2 StVGB). Ergänzende Beweismittel sind Beweismittel, die nicht in der Anklageschrift oder in der Verteidigungsschrift aufgeführt sind. In einem solchen Fall muss der Verfahrensbeteiligte auch die wesentlichen Gründe angeben, warum er den Antrag nicht früher stellen konnte (siehe § 286^1 Abs. 2 Ziff. 2 StVGB). Wichtig ist auch die Einhaltung von § 297 StVGB.

§ 273 Absatz 1 Ziff. 2^1 StVGB sieht vor, dass die Verhandlung einer Strafsache vertagt wird, wenn der Verdacht einer anderen Straftat in der Hauptverhandlung die Durchführung einer vollständigen und objektiven Verhandlung in der Strafsache erschwert.

Gemäß § 273 Abs. 1 Ziff. 3 StVGB wird die Verhandlung einer Strafsache vertagt, wenn die Verhandlung aus einem anderen Grund nicht fortgesetzt werden kann. Die Verhandlung kann beispielsweise nicht fortgesetzt werden, wenn der Angeklagte keine Abschrift der Anklageschrift und des Anklagebeschlusses erhalten hat und der Angeklagte oder sein Verteidiger um Zeit für die Einsichtnahme in diese Unterlagen bittet, sodass die Verhandlung vertagt werden muss (siehe § 279 Abs. 2 StVGB). Eine Situation, in der es nicht möglich ist, die Verhandlung fortzusetzen, kann auch eintreten, wenn die Staatsanwaltschaft im Laufe der Verhandlung auf der Grundlage von § 268 Abs. 2 StVGB die Anklage ändert oder ergänzt und der Angeklagte oder der Verteidiger deshalb eine Unterbrechung oder Vertagung der Verhandlung beantragt (siehe § 268 Abs. 4 StVGB).

§ 273 Abs. 2 StVGB sieht vor, dass ein Zeuge, ein Geschädigter, ein Sachverständiger, ein Gutachter oder ein zivilrechtlich Beklagter, der zu einer

Vertagung der Verhandlung (§ 273 StVGB)

Verhandlung erschienen ist, vor der Vertagung der Verhandlung vernommen werden kann und kein zweites Mal vorgeladen werden muss. Um den adversarischen Charakter des Verfahrens zu gewährleisten, ist zu beachten, dass die Vernehmung eines Zeugen, eines Geschädigten oder eines Sachverständigen in dem in § 273 Abs. 2 StVGB vorgesehenen Fall die Zustimmung der Verfahrensbeteiligten erfordert. Die Zustimmung der Verfahrensbeteiligten ist im vorliegenden Fall erforderlich, weil eine solche Vernehmung in bestimmten Fällen nur möglich ist, wenn die Beweisaufnahme in einer anderen als der in § 286 Abs. 1 StVGB vorgesehenen Reihenfolge erfolgt.

Erscheint ein Verfahrensbeteiligter oder eine andere Person ohne triftigen Grund nicht, so verhängt das Gericht eine Geldstrafe oder eine Freiheitsstrafe bis zu fünf Tagen, wie dies in § 138 StVGB vorgesehen ist (§ 273 Abs. 3 StVGB). Aus dem Wortlaut des Gesetzes ergibt sich, dass das Gericht diese Maßnahmen anwenden muss, wenn es keinen der in § 170 Abs. 2 StVGB genannten wichtigen Gründe findet. Es ist jedoch nicht verpflichtet, diese Maßnahmen anzuwenden, wenn die Person gemäß § 139 StVGB zwangsweise festgenommen oder gemäß § 140 StVGB zur Fahndung ausgeschrieben ist. Das Vorliegen triftiger Gründe für das Nichterscheinen ist von der Person, die nicht erscheint, mitzuteilen.

Nach § 273 Abs. 4 StVGB kann das Gericht, wenn der Verteidiger mit der Strafsache nicht vertraut ist, die Verhandlung um bis zu zehn Tage vertagen und die durch die Vertagung entstehenden Kosten des Strafverfahrens dem Verteidiger auferlegen, wobei es die Leitung des Anwaltsrats über das Verhalten des Verteidigers unterrichtet. Der Verteidiger ist mit der Strafsache nicht vertraut, wenn er keine Kenntnis von dem für die Verteidigung relevanten Material in der Strafakte hat. Generell ist nicht ausgeschlossen, dass ein Verteidiger auch dann nicht mit der Strafsache vertraut ist, wenn er zwar mit dem Material in der Strafakte vertraut ist, aber nicht über ausreichende Kenntnisse der einschlägigen Rechtsvorschriften verfügt. Der Wortlaut der Vorschrift ist etwas vage, was die zu berücksichtigenden Umstände betrifft. Diese Bestimmung dürfte jedoch im Allgemeinen in den Fällen anwendbar sein, in denen der Verteidiger keine Kenntnis von dem Material in der Strafakte hat. Dieser Umstande muss eindeutig festgestellt werden. In einem solchen Fall besteht Grund zu der Annahme, dass dem Angeklagten eine wirksame Verteidigung vor Gericht vorenthalten werden kann. Diese Bestimmung sollte jedoch in dem Fall nicht angewandt werden, wenn der Verteidiger beispielsweise einen Fehler bei der Zitierung einiger Seiten der Strafakte macht und diesen Fehler rasch korrigiert. Die Verhandlung kann um bis zu zehn Tage verschoben werden, um der Verteidigung eine zusätzliche Gelegenheit zu geben, das Material der Strafsache einzusehen. Eine solche Maßnahme ist gerechtfertigt, wenn

Grund zu der Annahme besteht, dass der Verteidiger, dessen Verhalten die Vertagung der Verhandlung erforderlich gemacht hat, innerhalb einer Frist von bis zu zehn Tagen ausreichend Zugang zum Material der Strafakte haben wird. In Anbetracht des Wortlauts von § 273 Abs. 4 StVGB und der Bestimmungen von § 267 Abs. 4¹ StVGB kann nicht ausgeschlossen werden, dass die Hauptverhandlung für einen Zeitraum von bis zu zehn Tagen vertagt wird, um dem neu gewählten oder bestellten Verteidiger Gelegenheit zu geben, sich mit dem Material der Strafsache vertraut zu machen und seine Verteidigung vorzubereiten. In einem solchen Fall, in dem die Strafsache umfangreich oder komplex ist, sollte dem neuen Verteidiger jedoch auch mehr Zeit eingeräumt werden, um sich mit der Strafsache vertraut zu machen, falls dies erforderlich ist. Erforderlichenfalls kann das Gericht auf der Grundlage von § 267 Abs. 4¹ StVGB einen Rechtsanwalt wegen Unkenntnis von der Zulassung zum Verfahren ausschließen.

9. Einstellung des Strafverfahrens in der Verhandlung (§ 274 StVGB)

Fällt das Verhalten einer Person unter keinen der Straftatbestände, entfällt die Grundlage für ein Strafverfahren gegen sie im Sinne des § 199 Abs. 1 Ziff. 1 StVGB und die Person ist gemäß § 274 Abs. 1 StVGB freizusprechen. (RKKKo 3-1-1-11-15, Ziff. 14). § 274 Abs. 1 StVGB sieht vor, dass das Strafverfahren eingestellt wird, wenn das Verhalten des Beschuldigten im Falle des § 199 Abs. 1 Ziff. 1 StVGB Vorgesehenen den Tatbestand einer Ordnungswidrigkeit erfüllt. Da das Gesetzbuch für Strafverfahren nicht die Möglichkeit vorsieht, den Beschuldigten im Ergebnis des Strafverfahrens einer Ordnungswidrigkeit für schuldig zu erklären, kann nur abstrakt beurteilt werden, ob das Verhalten des Beschuldigten eine Ordnungswidrigkeit darstellen kann, ohne die Schuldfrage vorab zu entscheiden (RKKKo 1-20-7409, Ziff. 20).

Wollte der Angeklagte das Strafverfahren zum Zwecke der Rehabilitierung fortsetzen, hätte er den Antrag nach § 274 Abs. 2 Ziff. 1 StVGB stellen müssen, bevor das Landgericht den Gerichtssaal verließ, um den Beschluss zu erlassen. Dies hat er nicht getan, und eine nachträgliche Änderung des Standpunkts des Angeklagten stellt keinen Grund für die Aufhebung des Beschlusses des Landgerichts dar (RKKKm 1-19-2279, Ziff. 22).

10. Antrag auf Beschleunigung des Verfahrens (§ 274¹ StVG)

Das Recht einer Person, zu beantragen, dass ihr Fall innerhalb einer angemessenen Frist behandelt wird, ergibt sich aus Artikel 6 Abs. 1 Ziff. 1 Satz 1 der Europäischen Konvention zum Schutze der Menschenrechte und Grundfreiheiten. In Strafverfahren entspricht diesem Recht der Person die Verpflichtung jedes Verfahrensdurchführers, sowohl im Vorverfahren als auch in der Hauptverhandlung Maßnahmen zu ergreifen, um das Strafverfahren so schnell wie möglich zu beenden. Die Grenzen der angemessenen Zeit, die für die Durchführung des Strafverfahrens zur Verfügung steht, hängen von der Schwere der betreffenden Straftat, der Komplexität und dem Umfang des Strafverfahrens, aber auch von anderen besonderen Umständen, einschließlich des bisherigen Verfahrensverlaufs, ab (RKKKo 3-1-1-3-04, Ziff. 19).

Das in § 14 der Verfassung verankerte Grundrecht auf ein faires Verfahren innerhalb einer angemessenen Frist ist eine Verpflichtung sowohl der Legislative als auch der Exekutive. Der Staat hat im Strafprozessrecht ausreichende rechtliche Möglichkeiten zu schaffen, um ein Strafverfahren in angemessener Zeit abschließen zu können, ohne die Qualität des Verfahrens zu beeinträchtigen. Auch die Exekutive, einschließlich der Strafverfolgungsbehörden, ist verpflichtet, die Verfahren effizient und innerhalb einer angemessenen Frist durchzuführen. § 14 der Verfassung verpflichtet jede Person, die ein Strafverfahren führt, sowohl im Vorverfahren als auch im Gerichtsverfahren Maßnahmen zu ergreifen, um die Strafsache so schnell wie möglich zu lösen (Beschluss der Generalversammlung des Staatsgerichtshofs, 3-3-1-85-09, Ziff. 80).

§ 274¹ Abs. 1 StVGB sieht vor, dass, wenn eine Strafsache seit mindestens neun Monaten bei einem Gericht anhängig ist und das Gericht ohne triftigen Grund nicht die erforderlichen Verfahrenshandlungen vornimmt, einschließlich der nicht rechtzeitigen Anberaumung einer Verhandlung, um sicherzustellen, dass das Gerichtsverfahren innerhalb einer angemessenen Frist durchgeführt wird, oder wenn ersichtlich ist, dass die für die Verhandlung der Sache angesetzte Zeit eine ununterbrochene Durchführung der Verhandlung nicht zulässt, eine am Verfahren beteiligte Partei das Gericht ersuchen kann, geeignete Maßnahmen zur Beschleunigung des Verfahrens zu treffen.

Nach § 274¹ Abs. 4 StVGB kann ein neuer Antrag nach Ablauf einer Frist von sechs Monaten nach Inkrafttreten des Gerichtsbeschlusses über den vorangegangenen Antrag gestellt werden, es sei denn, der Antrag wird damit begründet, dass das mit der Sache befasste Gericht die in dem Beschluss vorgeschriebene Maßnahme nicht innerhalb der Frist getroffen hat.

11. Beendigung des Strafverfahrens in der Verhandlung wegen Ablaufs einer angemessenen Frist (§ 274² StVGB)

Der Strafsenat des Staatsgerichtshofs hat klargestellt, dass sich das Recht einer Person, innerhalb einer angemessenen Frist angehört zu werden, aus § 274² Abs. 1 StVGB sowie aus Artikel 6 Abs. 1 Satz 1 der Europäischen Konvention zum Schutze der Menschenrechte und Grundfreiheiten (EMRK) ergibt (RKKKm 3-1-1-63-13, Ziff. 9). Der Strafsenat des Staatsgerichtshofs hat festgestellt, dass bei der Einstellung des Strafverfahrens auf der Grundlage von § 274² Abs. 1 StVGB die in § 205² StVGB genannten Umstände berücksichtigt werden müssen: die Schwere der Straftat, die Komplexität und der Umfang der Strafsache, der bisherige Verlauf des Strafverfahrens und andere Umstände. Nach der in der Rechtsprechung vertretenen Auffassung wird die Angemessenheit der Verfahrensdauer nach den Umständen des Einzelfalls, insbesondere nach der Komplexität des Falles, dem Verhalten des Beschwerdeführers und der beteiligten Behörden (der staatlichen Stellen) sowie der Bedeutung dessen, was für den Beschwerdeführer in dem jeweiligen Verfahren auf dem Spiel steht, beurteilt. Nur in Fällen, in denen die Dauer des Verfahrens offensichtlich unangemessen war, kann ein Verstoß gegen das Gebot der angemessenen Verfahrensdauer ohne eingehende Prüfung der einzelnen Beurteilungskriterien festgestellt werden (RKKKm 3-1-1-53-15, Ziff. 10).

Die Verletzung des Rechts auf eine angemessene Verfahrensdauer bedeutet jedoch nicht automatisch, dass das Strafverfahren einzustellen ist. Nach § 274² Abs. 1 StVGB wird ein Strafverfahren nur dann eingestellt, wenn die Verletzung des Rechts des Beschuldigten auf ein Verfahren innerhalb einer angemessenen Frist nicht auf andere Weise behoben werden kann. In diesem Zusammenhang sind auch andere Möglichkeiten der Wiedergutmachung zu berücksichtigen, und zwar sowohl die in § 306 Abs. 1 Ziff. 6¹ StVGB vorgesehene Grundlage für eine Strafmilderung als auch das Recht einer Person, vom Staat eine Entschädigung für den durch ein unangemessen langes strafrechtliches Ermittlungsverfahren verursachten immateriellen Schaden zu verlangen. Der Strafsenat hat bereits früher klargestellt, dass das Gericht bei der Entscheidung darüber, welcher Rechtsbehelf in einem bestimmten Fall als Reaktion auf die Überschreitung einer angemessenen Verfahrensdauer anzuwenden ist, zum einen das Ausmaß, in dem das Recht des Angeklagten auf ein Verfahren innerhalb einer angemessenen Frist verletzt wurde, und zum anderen das öffentliche Interesse an dem Verfahren in dem jeweiligen Fall, einschließlich der Schwere der Straftat, berücksichtigen muss. Je schwerer die Straftat ist, desto schwerer muss der Verstoß gegen das Gebot der angemessenen Frist sein, um die Einstellung des

Strafverfahrens gegen den Beschuldigten zu rechtfertigen (RKKKm 3-1-1-63-13, Ziff. 16).

Der Strafsenat des Staatsgerichtshofs hat klargestellt, dass die Einstellung eines Strafverfahrens wegen Ablaufs einer angemessenen Frist der Zustimmung des Beschuldigten gemäß § 274^2 Abs. 1 StVGB bedarf. Das bedeutet, dass die Einstellung des Verfahrens nach dieser Vorschrift als eine Vereinbarung zwischen dem Staat und dem Beschuldigten anzusehen ist. Mit einer solchen Vereinbarung erkennt der Staat an, dass er durch die unangemessen lange Dauer des Strafverfahrens die Rechte des Beschuldigten verletzt hat, und sieht zur Vermeidung einer Verschärfung der Grundrechtsverletzung von einer weiteren Verfolgung und Erledigung des Strafvorwurfs ab. Der Beschuldigte stimmt der Einstellung des Verfahrens und der Nichterledigung der Anklage als Ausgleich für die unangemessen lange Verfahrensdauer zu. Damit verzichtet er auf einige Verfahrensgarantien, die mit der Fortsetzung des Verfahrens verbunden wären, wie etwa das Recht, im Falle eines Freispruchs Ersatz für den im Strafverfahren erlittenen Schaden zu verlangen (RKKKm 1-17-10050, Ziff. 10).

§ 274^2 Abs. 1 StVGB erlaubt ausdrücklich die Beendigung des Strafverfahrens nur während der Hauptverhandlung. Nach § 258 Abs. 1 Ziff. 3 StVGB kann ein Strafverfahren nur aus den in § 199 Abs. 1 Ziff. 2–6 StVGB genannten Gründen in der Vorverhandlung eingestellt werden. Nach § 259 StVGB sind nur der Verteidiger und der Staatsanwalt verpflichtet, an der Vorverhandlung teilzunehmen. Die Einstellung des Verfahrens wegen Ablaufs einer angemessenen Frist betrifft jedoch auch den Angeklagten und den Geschädigten, so dass es nicht gerechtfertigt ist, das Verfahren vor der Anhörung aller Verfahrensbeteiligten einzustellen. Der Richter kann bereits bei der Planung der Vorverhandlung wissen, dass sich die Frage der Einstellung des Strafverfahrens wegen Ablaufs einer angemessenen Frist stellen wird. Nach § 259 Abs. 3 StVGB können auch andere Verfahrensbeteiligte zu einer Vorverhandlung geladen werden, wenn dies erforderlich ist. Sind alle Verfahrensbeteiligten zu einer Vorverhandlung geladen, kann das Gericht von der Vorverhandlung zur Hauptverhandlung übergehen und dort die Einstellung des Strafverfahrens auf der Grundlage von § 274^2 Abs. 1 StVGB beschließen (RKKKm 3-1-1-96-15, Ziff. 8).

12. Festsetzung eines Freiheitsentzugs (§ 275 StVGB)

§ 275 Abs. 1 StVGB sieht das Recht des Gerichts vor, bei der Verhandlung einer Strafsache durch Beschluss eine zu verhängende Haft zu wählen oder die zuvor gegen einen Verdächtigen oder Angeklagten ergangene Untersuchungshaft zu ändern oder aufzuheben.

Der Strafsenat des Staatsgerichtshofs hat wiederholt festgestellt, dass die Festnahme der intensivste Grundrechtseingriff im Strafverfahren ist (RKKKm 1-16-9171/1206, Ziff. 10; RKKKm 3-1-1-80-07, Ziff. 13 und RKKKm 3-1-1-30-08, Ziff. 10). Dies bedeutet, dass eine Person nur dann und so lange in Gewahrsam genommen werden darf, wie dies zur Sicherung des Strafverfahrens unbedingt erforderlich ist. Anders als im Ermittlungsverfahren, wo gemäß § 131[1] Abs. 1 StVGB die Dauer des Gewahrsams eines Verdächtigen oder Beschuldigten grundsätzlich zeitlich begrenzt ist, ist die Dauer des Gewahrsams in der Hauptverhandlung nicht gesetzlich geregelt (RKKKm 1-16-9171/1206, Ziff. 10). Der Staatsgerichtshof hat betont, dass die Verhältnismäßigkeit der Freiheitsentziehung auch im gerichtlichen Verfahren gemessen und beurteilt werden muss (RKKKm 1-16-9171/1411, Ziff. 11). Es ist nicht vertretbar, einen Angeklagten im Stadium der Hauptverhandlung eines Strafverfahrens über einen beliebig langen Zeitraum in Haft zu halten. Auch im Stadium der Hauptverhandlung muss ein Haftgrund im Sinne des § 130 Abs. 2 StVGB vorliegen, um die Person in Haft zu halten. Wenn die Gefahr, dass sich der Beschuldigte dem Strafverfahren entzieht oder weiterhin Straftaten begeht, nicht mehr besteht, ist er unverzüglich aus der Haft zu entlassen. Aber auch wenn ein Haftgrund vorliegt, darf die Haftdauer eine angemessene Grenze nicht überschreiten. Der Strafsenat des Staatsgerichtshofs hat darauf hingewiesen, dass zu berücksichtigen ist, dass auch das Gewicht des Haftbefehls mit der Zeit abnimmt. Bei der Abwägung zwischen dem öffentlichen Interesse an der Inhaftierung eines Verdächtigen einerseits und dem Recht des Betroffenen auf Freiheit andererseits sind sowohl die konkreten Haftgründe als auch die Tätigkeit des Staates im Strafverfahren zu berücksichtigen (RKKK 3-1-1-110-10; RKKKm 1-15-9213/80, Ziff. 45). Bei der Beurteilung der Verhältnismäßigkeit der Freiheitsentziehung ist u. a. zu entscheiden, ob trotz des Vorliegens eines Haftgrundes und angesichts der staatlichen Tätigkeit im Strafverfahren eine längere Freiheitsentziehung nicht doch ein rechtsstaatlich unzumutbares Maß an Schmerzen und Leiden erreicht hat, oberhalb dessen eine Freiheitsentziehung jedenfalls ausgeschlossen ist. In einer solchen Situation hat das Gericht zu erwägen, die Freiheitsentziehung durch eine mildere Form der Freiheitsbeschränkung zu ersetzen (RKKKm 1-16-9171/1411, Ziff. 12). Nach der Rechtsprechung des Staatsgerichtshofs ist bei der Beurteilung der fortdauernden Erforderlichkeit (Verhältnismäßigkeit) einer langfristigen Inhaftierung zunächst das Fortbestehen eines Haftgrundes zu prüfen (RKKKm 1-16-2411/677, Ziff. 25; RKKKm 3-1-1-110-10, Ziff. 15). Ist dies festgestellt, ist zu prüfen, wie aktiv und ohne ungebührliche Verzögerung der

Staat das Strafverfahren betrieben hat, wobei die Komplexität und der Umfang der Strafsache zu berücksichtigen sind, und ob das Verhalten des Beschuldigten und/oder seines Verteidigers die Verzögerung des Strafverfahrens verursacht hat (RKKKm 1-16-2411/677, Ziff. 25).

§ 275 Abs. 2 StVGB sieht vor, dass das Gericht, wenn sich der Beschuldigte in Untersuchungshaft während des Verfahrens des Landgerichts befindet, von Amts wegen mindestens einmal innerhalb eines Zeitraums von sechs Monaten die Rechtfertigung der Untersuchungshaft durch einen schriftlichen Beschluss überprüft. Nach Ansicht des Strafsenats ist die Verwendung dieser Formulierung durch den Gesetzgeber nicht zufällig, sondern spiegelt das Ziel des § 275 Abs. 2 StVGB wider, zu verhindern, dass ein Beschuldigter in einem landgerichtlichen Verfahren, d. h. nach Ablauf der Fristen des § 131[1] StVGB, unangemessen lange in Haft bleibt, und zwar unabhängig davon, in welchem Verfahrensstadium sich der Beschuldigte gerade in Haft befindet. Auch unter dem Gesichtspunkt der Gleichbehandlung wäre es schwer zu rechtfertigen, warum eine Person, die sich während des Ermittlungsverfahrens in Untersuchungshaft befindet, keinen Anspruch auf eine regelmäßige Überprüfung der Gründe für ihre Inhaftierung hat, während einer Person, die sich während der Hauptverhandlung in Untersuchungshaft befindet, ein solches Recht garantiert wird. Daher ist der Strafsenat in Abänderung seines früheren Standpunkts der Auffassung, dass die allgemeinen Grundsätze für die Abfassung der in § 275 Abs. 2 StVGB genannten Anordnung auch für die Überprüfung der Fortdauer der Untersuchungshaft gelten. Daraus folgt, dass der Richter am Landgericht die Bestimmungen über die Anordnung nach § 275 Abs. 2 StVGB auch im Rahmen der Überprüfung der fortdauernden Rechtfertigung des Haftbefehls zum Zeitpunkt der Übergabe an das Gericht zu beachten hat (RKKKm 1-21-2771, Ziff. 10).

§ 275 Absatz 4 sieht vor, dass ein Beschluss, mit dem die Fortdauer der Haft eines Beschuldigten für gerechtfertigt erklärt wird, dem Gerichtsvorsitzenden zugestellt wird. Dies gibt dem vorsitzenden Richter die Möglichkeit, geeignete Verwaltungs- oder Disziplinarmaßnahmen zu ergreifen (siehe Begründung zur zweiten Lesung des Textes des Gesetzentwurfs (599 SE II) zur Änderung der Strafprozessordnung und anderer damit zusammenhängender Rechtsakte der Regierung der Republik, S. 28).

§ 275 Abs. 5 StVGB regelt das Verfahren für den Fall, dass ein Gericht im Rahmen eines Verfahrens beschließt, eine zur Fahndung ausgeschriebene Person oder einen Beschuldigten außerhalb des Hoheitsgebiets der Republik Estland vorbeugend in Haft nehmen zu lassen. Gemäß Artikel 5 Absatz 3 der Europäischen Konvention zum Schutze der Menschenrechte und Grundfreiheiten muss eine festgenommene oder inhaftierte Person unverzüglich einem Richter vorgeführt werden. Dies bedeutet, dass eine Person, deren Festnahme genehmigt wurde, das Recht haben muss, von einem Richter gehört zu werden. Letzteres wurde durch die Rechtsprechung des Europäischen Gerichtshofs für Menschenrechte (Urteil vom 4. Dezember 1979 in der Rechtssache Schiesser gegen die Schweiz) bestätigt (siehe RKKKo 3-1-1-126-05).

13. Hinterlegung von Aussagen nach Übermittlung der Anklageschrift an das Gericht (§ 276² StVGB)

In der Regel sollte die Hinterlegung von Zeugen- oder Opferaussagen im Vorverfahren erfolgen. Es ist jedoch nicht ausgeschlossen, dass sich die Notwendigkeit der Hinterlegung von Aussagen erst nach Übermittlung der Anklageschrift an das Gericht herausstellt. In einem solchen Fall kann die Hinterlegung von Aussagen nach den Bestimmungen des § 276² StVGB erfolgen. Die Hinterlegung von Aussagen nach Übermittlung der Anklageschrift an das Gericht ist unter denselben Umständen möglich, unter denen im Ermittlungsverfahren gemäß § 69¹ Abs. 2 StVGB eine Hinterlegung beantragt werden kann. Auf der Grundlage dieser Bestimmung prüft das Gericht bei der Entscheidung über den Antrag, ob Umstände vorliegen, die die Notwendigkeit der Sicherung der Aussagen als Beweismittel rechtfertigen. Aus der Begründung des Antrags auf Vernehmung muss hervorgehen, dass es unmöglich sein könnte, den Zeugen in einem späteren Stadium des Strafverfahrens zu vernehmen, oder dass er beeinflusst werden könnte, eine falsche Aussage zu machen. Nach Artikel 6 Absatz 3 Buchstabe d der EMRK hat jeder, der einer Straftat angeklagt ist, das Recht, sich selbst zu vernehmen oder Zeugen der Anklage vernehmen zu lassen. Dieses Recht auf Vernehmung wurde in einer Reihe von EGMR-Urteilen konkretisiert. Auf die wichtigsten dieser Urteile hat der Strafsenat des Staatsgerichtshofs in seinem Urteil in der Rechtssache 3-1-1-98-02 hingewiesen (siehe auch RKKK 3-1-1-45-07, Ziff. 16.1). Obwohl eine solche Befragung in der Regel in der Hauptverhandlung stattfinden sollte, kann nicht ausgeschlossen werden, dass sie vor der Hauptverhandlung oder in der Pause der Hauptverhandlung durchgeführt werden muss. Eine solche Vernehmung ist erforderlich, wenn es Gründe für die Annahme gibt, dass der Zeuge aus den in § 291 Abs. 1 StVGB genannten Gründen nicht in der Hauptverhandlung vernommen werden kann. Die Notwendigkeit einer Vernehmung kann auch durch die auf den Umständen beruhende Vermutung gerechtfertigt sein, dass der Zeuge beeinflusst werden könnte, in der Hauptverhandlung falsch auszusagen. In den in §§ 291, 288

Abs. 9 Ziff. 3, 289 und 289¹ StVGB festgelegten Fällen werden die Aussagen zu dem Zweck hinterlegt, sie gegebenenfalls in der Hauptverhandlung zu verwerten.

Im Gesetz ist genau festgelegt, wann ein Antrag auf Hinterlegung von Aussagen gestellt werden kann. Nach dem Wortlaut der Vorschrift kann die Hinterlegung von Aussagen vor einer gerichtlichen Untersuchung oder während der Pausen der Hauptverhandlung beantragt werden. Es ist nicht gerechtfertigt, die Zulässigkeit eines solchen Antrags zu einem solchen Zeitpunkt vorzusehen. Allerdings sollte die Deponierung der Aussage vor der gerichtlichen Untersuchung oder während der Verhandlungspausen erfolgen.

Gemäß § 276² Abs. 2 StVGB sind die Aussagen bei dem Gericht zu deponieren, bei dem das Verfahren anhängig ist. Nach dieser Vorschrift sind die eidesstattlichen Erklärungen weitgehend nach den Vorschriften über eidesstattliche Erklärungen im Ermittlungsverfahren zu hinterlegen. § 276² Abs. 3 StVGB sieht vor, dass das Gericht, wenn ein Verfahrensbeteiligter die Aussage eines Zeugen hinterlegen möchte, der in der Anklageschrift oder der Verteidigungsschrift nicht als vorzuladende Person benannt und im Vorverfahren nicht vernommen worden ist, dem Antrag vorbehaltlich der allgemeinen Voraussetzungen für die Zulassung von Beweismitteln nach § 286¹ StVGB stattgeben kann.

14. Vorbereitung auf das Kreuzverhör (gemäß § 276³ StVGB)

Nach § 276³ StVGB kann ein Verfahrensbeteiligter zur Vorbereitung des Kreuzverhörs mit der Person, die er in der Verhandlung ins Kreuzverhör nehmen will, mit deren Zustimmung verkehren. Zur Vorbereitung des Kreuzverhörs ist es zulässig, mit einer Person zu sprechen, die bereits im Vorverfahren vernommen worden ist. Es ist jedoch nicht ausgeschlossen, gegebenenfalls mit einem Zeugen zu sprechen, der im Vorverfahren nicht vernommen wurde. Eine solche Verständigung darf nur mit Zustimmung der betroffenen Person erfolgen. Dies bedeutet, dass die Person die Möglichkeit hat, eine solche Kommunikation abzulehnen. Das Gesetz sieht keine formalen Anforderungen an die Zustimmung vor. Die in § 276³ StVGB beschriebene Verständigung kann insbesondere erforderlich sein, um gegebenenfalls zu überprüfen, ob die Person die Tatsachen, zu denen sie im Ermittlungsverfahren ausgesagt hat, in Erinnerung hat. Bei der Kommunikation mit der betreffenden Person muss vermieden werden, sie in unzulässiger Weise zu beeinflussen. Hat die Person im Vorverfahren als Zeuge ausgesagt, ist es angebracht, ihr gegebenenfalls die Möglichkeit zu geben, die entsprechende Niederschrift des Vorverfahrens zu lesen. Der Vernehmungsbeamte sollte jedoch nicht selektiv die Teile der Niederschrift der Vernehmung vorlesen, die er für relevant hält. Der Staatsanwalt oder der Verteidiger kann der Person auch den Ablauf der Vernehmung erläutern.

§ 4. Feststellung der Identität des Beschuldigten und Aufklärung über seine Rechte und Pflichten während der Verhandlung (§ 279 StVGB)

Die Identifizierung des Beschuldigten gemäß § 279 Abs. 1 StVGB erfolgt in der Weise, dass der Richter nach Prüfung des Ausweises Fragen nach dem Namen, dem Geburtsdatum, dem Wohnort, dem Ort der Arbeit oder der Ausbildung, dem Beruf, dem Familienstand und der Staatsangehörigkeit stellt. Neben der Feststellung der Identität der beschuldigten Person ermöglicht die Ermittlung der persönlichen Daten dem Gericht, sich einen ersten Eindruck davon zu verschaffen, ob die beschuldigte Person in der Lage ist, an der Verhandlung teilzunehmen.

Da der Beschuldigte das Recht hat, die Aussage zu verweigern (§ 35 Abs. 2 StVGB), muss er keine Fragen beantworten, die nicht Teil der Identifizierung sind.

Es ist Sache des Richters, sich zu vergewissern, dass der Beschuldigte eine Kopie der Anklageschrift (§ 279 Abs. 1 StVGB) und eine Kopie des Anklagebeschlusses (§ 279 Abs. 2 StVGB) erhalten hat. Dies ist wichtig für die Verteidigungsrechte des Beschuldigten. Hat der Beschuldigte keine Abschrift der Anklageschrift und des Verweisungsbeschlusses erhalten, so stellt ihm das Gericht diese zu und bestimmt auf Antrag des Beschuldigten oder seines Verteidigers einen Termin zur Einsichtnahme oder vertagt gegebenenfalls die Verhandlung (§ 279 Abs. 2 StVGB).

Der Richter belehrt den Beschuldigten über die in § 35 Abs. 2 vorgesehenen Rechte und Pflichten (§ 279 Abs. 3 StVGB).

Es sei darauf hingewiesen, dass § 293 Abs. 2 StVGB vorsieht, dass das Gericht bei der Vernehmung des Angeklagten die Identität des Angeklagten feststellt, den Angeklagten über die gesetzlichen Gründe für die Verweigerung der Aussage informiert, erklärt, dass der Angeklagte vor Gericht die Wahrheit sagen muss, und die Unterschrift des Angeklagten zu diesem Zweck einholt.

§ 5. Gerichtliche Untersuchung

1. Beginn der gerichtlichen Untersuchung (§ 285 StVGB)

Der Staatsanwalt und der Beschuldigte sowie sein Verteidiger erhalten zu Beginn der gerichtlichen Untersuchung vor der Beweisaufnahme Gelegenheit, ihre jeweiligen Ausgangspunkte zu erläutern. Diese Möglichkeit trägt dazu bei, gleiche Ausgangsbedingungen für die Verfahrensbeteiligten zu gewährleisten. Wenn der Staatsanwalt zu Beginn der Ermittlungen einen Überblick über die Beweise zur Unterstützung der Anklage vorlegt, sollte er berücksichtigen, dass das Gericht keine Einsicht in die Strafakte hatte. Dies sollten auch die Verteidiger berücksichtigen, wenn sie ihre Ansichten zur Begründetheit der Anklage darlegen. Staatsanwalt und Verteidiger sollten es vermeiden, in ihren Plädoyers den Inhalt der Beweismittel in der Strafakte zu nennen, da die Prüfung der Beweise gerade erst begonnen hat.

Die vom Staatsanwalt vorgelegte Zusammenfassung sollte die wesentlichen Elemente der Anklageschrift deutlich machen (§ 285 Abs. 2 StVGB). Der Staatsanwalt sollte auch erläutern, welche Tatsachen er mit welchen Mitteln zu beweisen beabsichtigt (§ 285 Abs. 2 StVGB). In der Regel sollte der Staatsanwalt keine Beweise anführen, die nach § 154 Abs. 2 Ziff. 4 StVGB nicht in der Anklageschrift genannt sind. Im Allgemeinen sollte der Staatsanwalt zu Beginn der Verhandlung auch die Anforderungen für die Angabe von Beweismitteln in der Anklageschrift befolgen, wenn er einen Überblick über die Beweise für die Anklage vorlegt. So muss der Staatsanwalt beispielsweise die Erläuterungen berücksichtigen, die im Urteil des Strafsenats des Staatsgerichtshofs in der Rechtssache 3-1-1-7-12 gegeben wurden.

In der Stellungnahme des Verteidigers sollte angegeben werden, inwieweit er beabsichtigt, Einspruch gegen die Anklage zu erheben, und inwieweit die Behauptungen und Aussagen in der Anklageschrift nicht bestritten werden. Die wesentlichen Auffassungen der Verteidigung zur Anklage und zu den zu erbringenden Beweisen hat die Verteidigung gemäß § 227 Abs. 3 Ziff. 1–3 StVGB auch im Verteidigungsschriftsatz dargelegt. In der Regel sollte der Verteidiger seine Prüfung während der gerichtlichen Untersuchung des Falles auf die in der Verteidigungsschrift dargelegten Positionen stützen. Der Verteidiger sollte die Staatsanwaltschaft nicht absichtlich in der Weise täuschen, dass er frühere, in der Verteidigungsanzeige dargelegte Standpunkte während der Verhandlung ohne triftigen Grund ändert. Bei der Abfassung der Verteidigungsschrift muss der Verteidiger entscheiden, welche Positionen er in der Hauptverhandlung vertreten will. Dabei ist zu beachten, dass der Verteidiger im Laufe des Verfahrens nicht unredlich handeln darf (siehe § 267 Abs. 4¹ StVGB). Es ist jedoch nicht ausgeschlossen, dass bei der richterlichen Vernehmung von den in der Verteidigungsanzeige dargelegten Standpunkten abgewichen wird, z. B. wenn der Angeklagte nach Einreichung der Verteidigungsschrift seine Haltung zu den Vorwürfen wesentlich geändert hat. Allerdings sollte der Verteidiger nicht allein deshalb gegen den Willen und die berechtigten Interessen des Angeklagten handeln, weil dieser seine Ansichten bereits in der Verteidigungsschrift dargelegt hat. In der Stellungnahme hat der Verteidiger die Möglichkeit, die Beweise zusammenzufassen, die der Beschuldigung widersprechen oder sie in Zweifel ziehen und die er im Rahmen der gerichtlichen Untersuchung prüfen lassen will. Die Notwendigkeit, in der Hauptverhandlung die Zulassung oder Erhebung von Beweismitteln zu beantragen, die in der Verteidigungsschrift nicht erwähnt wurden, ist in bestimmten Fällen wahrscheinlich nicht ausgeschlossen. Wenn der Verteidiger aus triftigen Gründen nicht in der Lage war, einen solchen Antrag früher zu stellen, kann er einen begründeten Antrag in der Hauptverhandlung stellen. Zu Beginn der gerichtlichen Untersuchung, bevor die Beweisaufnahme begonnen hat, darf kein Antrag auf Zulassung oder Aufnahme von Beweisen gestellt werden. Der Verteidiger kann jedoch in der Stellungnahme erklären, dass er ebenfalls beabsichtigt, die Zulassung oder Aufnahme weiterer Beweise zu beantragen. Die Verteidigung kann auch erläutern, was sie mit diesen Beweisen belegen will.

Zu Beginn der gerichtlichen Untersuchung fragt der Richter nach dem Plädoyer des Staatsanwalts, ob der Angeklagte die Anklage verstanden hat und ob er sich schuldig bekennt (§ 285 Abs. 3 StVGB). Eine solche Befragung ist keine Aufforderung zur Aussage, sondern eine Aufforderung, die Gelegenheit zu nutzen, um zu den Vorwürfen Stellung zu nehmen. In diesem Fall wird dem Beschuldigten die Möglichkeit gegeben, sein Recht auf Anhörung durch das Gericht bereits in der Anfangsphase der gerichtlichen Untersuchung wahrzunehmen. Die gerichtliche Beweisaufnahme muss auch dann stattfinden, wenn sich der Angeklagte schuldig bekennt.

§ 285 Abs. 4 StVGB sieht vor, dass der Richter, wenn in einer Strafsache eine Zivilklage oder eine öffentliche Klage eingereicht wurde, dem Geschädigten oder seinem Vertreter vorschlägt, dass er über die Zivilklage oder die öffentliche Klage und die sie stützenden Beweise, die in der Eröffnungserklärung des Staatsanwalts nicht behandelt wurden, Rechenschaft ablegt, oder dass er selbst die Zivilklage oder die öffentliche Klage offenlegt.

2. Anordnung der Beweisaufnahme (§ 286 StVGB)

In § 286 StVGB ist die Reihenfolge der Beweisaufnahme im Rahmen einer gerichtlichen Untersuchung festgelegt. Die Beweisaufnahme beginnt mit der Prüfung der von der Staatsanwaltschaft vorgelegten Beweismittel (§ 286 Abs. 1). Diese Reihenfolge der Beweisaufnahme ermöglicht es der Verteidigung, herauszufinden, welche Beweise gegen den Beschuldigten verwendet werden sollen, bevor sie die nicht anklagenden Beweise prüft. Da die Beweisaufnahme mit der Prüfung der von der Staatsanwaltschaft vorgelegten Beweise beginnt, werden belastende Argumente zutage treten, die von der Verteidigung geprüft und angefochten werden können.

Der Strafsenat des Staatsgerichtshofs hat klargestellt, dass der Gedanke, dass die Aussage des Angeklagten als Beweismittel der Anklage zu werten ist, wenn sie in der Anklageschrift als Beweismittel genannt wird, nach Auffassung des Senats die Verfahrensbeteiligten in eine ungleiche Position bringen würde. Da gemäß § 227 Abs. 1 StVGB die Verteidigungsschrift dem Gericht nach Erhalt einer Abschrift der Anklageschrift vorgelegt wird, könnten die Aussagen des Angeklagten nur dann als Beweismittel der Verteidigung gelten, wenn der Staatsanwalt sie nicht in der Liste der Beweismittel in der Anklageschrift erwähnt hat. Andernfalls hätte die Verteidigung gemäß § 286 Abs. 1 StVGB keinerlei Möglichkeit, auf den Zeitpunkt der Vernehmung des Beschuldigten Einfluss zu nehmen, da die Vorlage und Prüfung dieser Beweismittel unmittelbar vom Verfahrensverhalten des Staatsanwalts abhängen würde. In Gerichtsverfahren ist es sicherlich nicht ungewöhnlich, dass ein und dasselbe Beweismittel von beiden oder mehreren Verfahrensbeteiligten beantragt wird. In einem solchen Fall ist es nicht gerechtfertigt, sich allein von der Regelung des § 286 Abs. 1 StVGB leiten zu lassen, wonach die Beweisaufnahme nur von einem Verfahrensbeteiligten beantragt wird. Der Senat verweist in diesem Zusammenhang vergleichend auf den im Kreuzverhör geltenden Grundsatz, wonach, wenn mehrere Verfahrensbeteiligte die Vernehmung eines Zeugen beantragt haben und keine Einigung über das Recht der ersten Vernehmung erzielt wird, das Gericht den zuerst Vernehmenden bestimmt (§ 288 Abs. 1 StVGB). Haben also mehrere Verfahrensbeteiligte die Verwertung der Aussage des Beschuldigten als eigenes Beweismittel beantragt, muss auch über den Zeitpunkt der Vernehmung dieses Beweismittels verhandelt werden. Erzielen die Verfahrensbeteiligten keine Einigung, so ist der Zeitpunkt für die Vernehmung des Beschuldigten vom Gericht unter Berücksichtigung aller Umstände festzusetzen (RKKKo 3-1-1-95-16, Ziff. 16–17).

Die Beweisaufnahme kann nur im Einvernehmen mit den Verfahrensbeteiligten in einer von der allgemeinen gesetzlichen Regelung abweichenden Reihenfolge durchgeführt werden (§ 286 Abs. 2). In einem solchen Fall ist jedoch eine entsprechende Anordnung des Gerichts erforderlich (§ 286 Abs. 2). Die Notwendigkeit, Beweise in einer anderen als der gesetzlich vorgesehenen Reihenfolge zu erheben, kann sich zum Beispiel ergeben, wenn nur ein Teil der von der Staatsanwaltschaft beantragten Zeugen zur Verhandlung erschienen ist. In einem solchen Fall kann mit Zustimmung der Verfahrensbeteiligten mit der Untersuchung der von der Staatsanwaltschaft vorzulegenden Beweise nach der Vernehmung der für die Anklage erschienenen Zeugen und der Untersuchung der übrigen, von der Verteidigung vorzulegenden Beweise begonnen werden. Nach dem Nichterscheinen von Zeugen, die doch in der Verhandlung auftreten, wird die Prüfung der Beweise der Anklage fortgesetzt. § 273 Abs. 2 StVGB sieht vor, dass ein Zeuge und ein Opfer, die zu einer Verhandlung erschienen sind, vor der Vertagung der Verhandlung vernommen werden können und nicht ein zweites Mal geladen werden.

In bestimmten Fällen kann eine solche Vernehmung nur möglich sein, wenn die Beweisaufnahme in einer anderen Reihenfolge als in § 286 Abs. 1 vorgesehen erfolgt.

3. Allgemeine Voraussetzungen für die Zulassung von Beweismitteln (§ 286^1 StVG)

Die Erheblichkeit der Beweismittel ist ein Faktor, der die Zulässigkeit von Beweismitteln und die Notwendigkeit einer Beweisaufnahme begründet. Auf der Grundlage von § 286^1 Abs. 1 und 2 StVGB kann das Gericht die Zulassung von Beweisen und die Erhebung von Beweisen ablehnen, die für die Strafsache nicht relevant sind. Die Erheblichkeit der Beweismittel ist einer der wichtigen Aspekte, die bei der Entscheidung über einen Antrag auf Zulassung oder Erhebung von Beweisen zu berücksichtigen sind. Daher ist es auch wichtig, zu entscheiden, wann ein Beweis in einer Strafsache nicht relevant ist. In Bezug auf § 286^1 Abs. 1 StVGB kann zunächst argumentiert werden, dass ein Beweismittel für die Entscheidung einer Strafsache unerheblich ist, wenn die Tatsache, die mit diesem Beweismittel bewiesen werden soll, für die Entscheidung der Strafsache unerheblich ist. Die Beweisaufnahme für eine Tatsache, die für die Beweisführung unerheblich ist, ist unnötig[30]. Bedeutungslos ist eine Tatsache

---

[30] Für eine einigermaßen ähnliche Ansicht in einem anderen Zusammenhang siehe U. Eisenberg. Beweisrecht der StPO. Spezialkommentar, 7. Auflage, München, 2011, Rn 209.

dann, wenn sie mit dem Gegenstand des Verfahrens in keinem Zusammenhang steht oder wenn sie trotz eines solchen Zusammenhangs, selbst im Falle des Erwiesenseins, keinen Einfluss auf die Entscheidung des Gerichts haben kann[31]. Unerheblich ist ein Beweismittel auch in einer Strafsache, wenn das entsprechende Beweismittel völlig ungeeignet ist. Ein Beweismittel ist völlig ungeeignet, wenn sicher ist, dass sich mit ihm die behauptete Tatsache nicht beweisen lässt[32]. Weiterhin ist es wichtig zu bemerken, dass ein Beweismittel völlig ungeeignet ist, wenn das Gericht ohne jede Rücksicht auf das bisher gewonnene Beweisergebnis sagen kann, das sich mit einem solchen Beweismittel das im Beweisantrag in Aussicht gestellte Ergebnis nicht erzielen lässt[33]. Eine blinde Person ist beispielsweise nicht in der Lage, über das, was sie gesehen hat, auszusagen[34]. In Bezug auf die Bestimmungen von § 286¹ Abs. 1 kann also festgehalten werden, dass bei der Entscheidung eines Strafverfahrens Beweise, die die behauptete Tatsache nicht belegen, irrelevant sind.

Vermutungen, dass ein Beweis die Beweisbehauptung nicht stützt, dass ein Zeuge sich nicht erinnert oder nicht zuverlässig ist, sind keine zulässigen Gründe für die Ablehnung eines Beweisergänzungsantrags[35]. Auf der Grundlage solcher Vermutungen sollte das Gericht nicht zu dem Schluss kommen, dass die zusätzlichen Beweismittel für die Lösung dieses Strafverfahrens im Sinne von § 286¹ Abs. 1 irrelevant sind.

Zu beachten ist, dass § 286¹ nicht ausdrücklich regelt, wie das Gericht bei einem Antrag auf Vorlage unzulässiger Beweismittel zu verfahren hat. Es kann jedoch argumentiert werden, dass unzulässige Beweise für die Lösung eines Strafverfahrens irrelevant sind. Das Sammeln von Beweismitteln ist unzulässig, wenn das Sammeln von gesetzlich nicht zulässigen Beweismitteln beantragt wird. Zum Beispiel, wenn beantragt wird, eine Person als Zeugen

---

31 Siehe W. Beulke, S. Swoboda. Strafprozessrecht, 16., neu bearbeitete Auflage, 2022, Heidelberg, Randnr. 684.
32 Zu dieser Ansicht in einem anderen Zusammenhang siehe U. Eisenberg. Beweisrecht der StPO. Spezialkommentar, 7. Auflage, München, 2011, Rn 215.
33 Für eine ähnliche Auffassung in einem anderen Zusammenhang siehe W. Beulke, S. Swoboda. Strafprozessrecht, 16., neu bearbeitete Auflage, 2022, Heidelberg, Randnr. 686.
34 U. Eisenberg. Beweisrecht der StPO. Spezialkommentar, 7. Auflage, München, 2011, Rn 217.
35 U. Eisenberg. Beweisrecht der StPO. Spezialkommentar, 7. Auflage, München, 2011, Rn 198.

zu vernehmen, die als Angeklagter oder Mitangeklagter nicht als Zeuge auftreten darf[36] (siehe § 66 Abs. 2 StVGB). Beweise dürfen nicht durch verbotene Methoden erhoben werden (siehe § 64 StVGB). Der Lügendetektortest kann im Strafverfahren nicht verwendet werden, weil die Durchführung eines Lügendetektortests nicht zu den zulässigen Beweiserhebungsmethoden der Strafprozessordnung und das Ergebnis des Lügendetektortests nicht zu den zulässigen Beweismitteln gehört (RKKKo 3-1-1-87-01). Wird also ein Antrag auf Beweiserhebung gestellt, dessen Erhebung nicht zulässig ist, oder wird ein Antrag auf Anwendung einer Beweiserhebungsmethode gestellt, deren Erhebung nicht zulässig ist, muss das Gericht den entsprechenden Antrag eines Verfahrensbeteiligten auf Beweiserhebung ablehnen. Derartige Beweise dürfen keinen Einfluss auf den Ausgang des Strafverfahrens haben.

Nach § 286^1 Abs. 2 Ziff. 2 StVGB kann das Gericht die Zulassung von Beweismitteln und deren Rückgabe oder die Beweiserhebung ablehnen, wenn die Beweismittel nicht in der Anklageschrift oder der Verteidigungsschrift aufgeführt waren und der Verfahrensbeteiligte keine erheblichen Gründe dargelegt hat, warum er den Antrag nicht früher hätte stellen können. Beweiserhebungsanträge können im gerichtlichen Verfahren gestellt werden, beispielsweise nach § 284 Abs. 2 oder § 297 StVGB. In diesem Fall ist es jedoch wichtig, die in § 286^1 Abs. 2 Ziff. 2 vorgesehene Möglichkeit in Betracht zu ziehen.

Bei der Anwendung von § 286^1 Abs. 2 Ziff. 2 StVGB kann es etwas strittig sein, in welchen Phasen des Verfahrens der Verfahrensbeteiligte die entsprechenden Gründe angeben soll. Berücksichtigt man den Aspekt der größtmöglichen Beschleunigung des Verfahrens, so wäre es wichtig, von der Verfahrenspartei zu verlangen, dass sie die Gründe dafür angibt, warum die Beweismittel nicht in der Anklageschrift oder der Verteidigungsschrift aufgeführt wurden, aber auch, dass sie die Gründe dafür angibt, warum sie den Antrag auf Beweisaufnahme nicht zu einem früheren Zeitpunkt des Verfahrens stellen konnte, wenn der Antrag in der mündlichen Verhandlung gestellt wird. Die Verfahrensbeteiligten haben das Recht, in der Verhandlung Anträge zu stellen. Die in § 297 StVGB vorgesehene Möglichkeit, einen Antrag auf ergänzende Beweiserhebung zu stellen, bedeutet nicht, dass ein solcher Antrag nicht bereits zu einem früheren Zeitpunkt im Rahmen der gerichtlichen Untersuchung gestellt werden könnte. Diese Möglichkeit, die Erhebung zusätzlicher Beweise zu beantragen, ist von besonderer Bedeutung im Rahmen von Strafverfahren, die

---

36   Zu ähnlicher Ansicht in einem anderen Zusammenhang siehe U. Eisenberg. Beweisrecht der StPO. Spezialkommentar, 7. Auflage, München, 2011, Rn 203.

umfangreicher sind und länger dauern. In solchen Fällen wäre es nicht angemessen, die Stellung eines Antrags auf weitere Beweise in einem gerichtlichen Untersuchungsverfahren nicht zuzulassen, bevor die Prüfung der von den Verfahrensbeteiligten vorgelegten Beweise stattgefunden hat.

Die Staatsanwaltschaft muss das Gericht über die von ihr beantragten Beweismittel informieren, die in der Verhandlung geprüft werden sollen. § 154 Abs. 2 Ziff. 4 StVGB sieht vor, dass im Hauptteil der Anklageschrift die Beweise für die Tatsachen, auf die sich die Anklage stützt, unter Angabe der Tatsache, die durch welche Beweise bewiesen werden soll, anzugeben sind. Nach § 226 Abs. 2 StVGB ist der Anklageschrift ein Verzeichnis der Personen beizufügen, deren Ladung zur Hauptverhandlung von der Anklage beantragt wird. Es ist jedoch nicht ausgeschlossen, dass die Staatsanwaltschaft in bestimmten Fällen die Erhebung zusätzlicher Beweise in der Hauptverhandlung für erforderlich hält.

Hält die Verteidigung es für erforderlich, dem Gericht Beweise vorzulegen oder einen Antrag auf Beweisaufnahme zu stellen, sollte der Antrag grundsätzlich in der Verteidigungsschrift angegeben werden. In der Verteidigungsschrift muss der Verteidiger die Einzelheiten der zu erbringenden Beweismittel und die Liste der zur Verhandlung zu ladenden Personen angeben (§ 227 Abs. 3 Ziff. 2 und 3). In der Verteidigungsschrift ist auch anzugeben, welche weiteren Beweismittel der Verteidiger beantragen will (§ 227 Abs. 3 Ziff. 4). Die Möglichkeit, die Erhebung zusätzlicher Beweise im gerichtlichen Verfahren zu beantragen, ist jedoch nicht ausgeschlossen, wenn der Verteidiger einen solchen Antrag aus wichtigen Gründen nicht früher stellen kann.

In der Begründung des Antrags muss der Staatsanwalt oder der Verteidiger insbesondere darlegen, warum der Antragsteller den Antrag nicht früher stellen konnte. Ein solcher Grund kann zum Beispiel vorliegen, wenn Informationen über mögliche Beweismittel erst während des Gerichtsverfahrens bekannt werden.

Der Strafsenat des Staatsgerichtshofs hat klargestellt, dass sich der Bedarf an Beweismitteln je nach dem Inhalt der in der Hauptverhandlung vorzulegenden und zu prüfenden Beweismittel ändern kann und dass es nicht ausgeschlossen ist, dass im Ermittlungsverfahren erhobene, aber noch nicht vorgelegte Beweismittel dem Gericht zur Zulassung als Beweismittel vorgelegt werden. Nach §§ 154 Abs. 2 Ziff. 4 und 227 Abs. 3 Ziff. 2 StVGB muss in der Anklageschrift und in der Verteidigungsschrift beschrieben werden, mit welchem konkreten Beweismittel welche Tatsache bewiesen werden soll. Da diese Bestimmungen den Verfahrensbeteiligten nicht dazu verpflichten und auch nicht verpflichten können, in der Anklageschrift oder der Verteidigungsschrift auf den vollständigen Inhalt der Beweismittel Bezug zu nehmen, kann nicht davon ausgegangen werden, dass der andere Verfahrensbeteiligte die Folgen der Beweisaufnahme in vollem Umfang verstanden hat. Ebenso kann ein persönlich auftretender Zeuge im Kreuzverhör Informationen preisgeben, die seinen früheren Aussagen widersprechen oder die er im früheren Verfahren nicht preisgegeben hat. Von einem Verfahrensbeteiligten kann nicht immer erwartet werden, dass er bereit ist, Beweise zu verwenden, die bereits im Rahmen eines Kreuzverhörs während der vorgerichtlichen Untersuchung gesammelt wurden, um die Aussagen der Person zu widerlegen. In diesem Zusammenhang ist es wichtig, dass das Gericht bei der Entscheidung über die Frage der Zulässigkeit neuer Beweismittel nach § 286^1 StVGB dem anderen Verfahrensbeteiligten ausreichend Zeit einräumt, die Beweismittel zu prüfen und dazu Stellung zu nehmen (RKKKo 3-1-1-28-14, Ziff. 18.3).

Die Verfahrensbeteiligten können auf den Antrag, einen Zeugen zu benennen, und auf den Antrag, einen Zeugen zu vernehmen, verzichten. Der Strafsenat des Staatsgerichtshofs hat in seiner Entscheidung in der Strafsache Nr. 3-1-1-23-08 klargestellt, dass das Gericht, wenn der Staatsanwalt im Laufe der gerichtlichen Untersuchung auf den Antrag auf Vernehmung eines von ihm geladenen Zeugen verzichtet, dennoch die anderen Verfahrensbeteiligten um ihre Stellungnahme zur Notwendigkeit der Vernehmung des Zeugen bitten muss. Hält einer der Verfahrensbeteiligten die Vernehmung des Zeugen für erforderlich, so hat das Gericht den Zeugen zu laden und den Beteiligten die Vernehmung zu gestatten (RKKK 3-1-1-23-08).

Gemäß § 286^1 Abs. 2 Ziff. 1 StVGB kann das Gericht die Zulassung und Rückgabe von Beweismitteln ablehnen oder die Beweisaufnahme verweigern, wenn die Beweismittel nicht verfügbar sind, insbesondere wenn die Identität des Zeugen oder der Ort, an dem sich das Schriftstück befindet, nicht bekannt ist.

Nach § 286^1 Abs. 2 Ziff. 1 StVGB kann das Gericht die Zulassung und Rückgabe von Beweisen oder die Beweisaufnahme verweigern, wenn die Bedeutung der Beweise nicht in einem angemessenen Verhältnis zu der für ihre Erlangung erforderlichen Zeit oder zu anderen Schwierigkeiten steht. § 286^1 Abs. 2 Ziff. 1 StVGB verlangt eine Bewertung der Bedeutung des Beweismittels. Die Frage der Beurteilung der Erheblichkeit der Beweismittel ist jedoch in bestimmten Fällen mit dem Problem der präjudiziellen Beurteilung der Erheblichkeit der Beweismittel verbunden. Dem Gericht sollte es generell untersagt sein, die Erheblichkeit von Beweismitteln auf der Grundlage bereits erhobener Beweise zu beurteilen[37]. Obwohl das Gericht grundsätzlich eine präjudizielle Beweiswürdigung vermeiden sollte (Beweisantizipation)[38], könnte es vielleicht ausnahmsweise in bestimmten Fällen erlaubt sein, präjudizielle Beweise auf der Grundlage des Ergebnisses der bisherigen Beweisaufnahme zu bewerten. Dies ist z. B. der Fall, wenn bei der Entscheidung über einen Beweisantrag im Lichte des § 286¹ Abs. 2 Ziff. 1 die Erheblichkeit des Beweises zu beurteilen ist, ob der Beweis für die Lösung der Strafsache nicht hinreichend erheblich ist. Es ist zu prüfen, ob die Erheblichkeit der Beweise nicht in einem angemessenen Verhältnis zum Zeitaufwand für die Beschaffung der Beweise oder zu anderen damit verbundenen Schwierigkeiten steht. In bestimmten Fällen könnte das Gericht die vorläufige Auffassung vertreten, dass die fragliche Tatsache bereits auf der Grundlage der bereits vorgelegten Beweise als erwiesen angesehen werden kann. So kann das Gericht in einem solchen Fall zu dem Schluss kommen, dass es nicht notwendig ist, die fraglichen zusätzlichen Beweise zu erheben, und dass daher die Bedeutung der Beweise nicht in einem angemessenen Verhältnis zum Zeitaufwand für ihre Erhebung steht. Doch in dem Teil muss der zu beweisende Umstand positiv erwiesen sein[39]. Das Gericht darf einen Antrag auf Beweisaufnahme nicht mit der Begründung ablehnen, dass das Gegenteil der Beweistatsache bereits erwiesen sei[40]. Der Beweisantrag darf nicht nach § 286¹ Abs. 2 Ziff. 1 mit der Begründung abgelehnt werden, dass der Gegenstand des Beweises bereits durch andere Beweismittel erschöpfend behandelt worden sei, ohne dass die behauptete Tatsache erwiesen sei[41].

Bei der Entscheidung über einen Beweisantrag nach § 286¹ Abs. 2 Ziff. 1 StVGB hat das Gericht zwischen der Bedeutung des Beweises einerseits und dem Zeitaufwand für seine Beschaffung oder sonstigen Schwierigkeiten bei seiner

---

37 Zu diesem Thema in anderem Zusammenhang siehe J. Habetha, G. Trüg. Erosion des Beweisantragsrechts, Aktuelle Entwicklungen in der Rechtsprechung des Bundesgerichtshofs. – GA, 2009, S. 411.
38 Zur Unzulässigkeit einer solchen Beweiswürdigung in einem anderen Zusammenhang siehe W. Beulke, S. Swoboda. Strafprozessrecht, 16., neu bearbeitete Auflage, 2022, Heidelberg, Randnr. 685; U. Eisenberg. Beweisrecht der StPO. Spezialkommentar, 7. Auflage, München, 2011, Rn 198.
39 Für eine ähnliche Auffassung in einem anderen Zusammenhang siehe W. Beulke, S. Swoboda. Strafprozessrecht, 16., neu bearbeitete Auflage, 2022, Heidelberg, Randnr. 685.
40 Siehe W. Beulke, S. Swoboda. Strafprozessrecht, 16., neu bearbeitete Auflage, 2022, Heidelberg, Randnr. 685.
41 Für eine etwas ähnliche Ansicht in einem anderen Zusammenhang siehe U. Eisenberg. Beweisrecht der StPO. Spezialkommentar, 7. Auflage, München, 2011, Rn 200.

Beschaffung andererseits abzuwägen. In gewisser Weise ist zu berücksichtigen, dass das Gericht gemäß § 15¹ der Strafprozessordnung verpflichtet ist, den Fall als Ganzes zu verhandeln und dafür zu sorgen, dass es so schnell wie möglich zu einer Entscheidung kommt. Dieser Grundsatz hat eine wichtige Bedeutung für die Berechnung und Abwägung der für die Beweisaufnahme erforderlichen Zeit. Nach § 273 Abs. 1 Ziff. 2 StVGB ist die Verhandlung einer Strafsache durch Beschluss zu vertagen, wenn die Erhebung zusätzlicher Beweise erforderlich ist. In diesem Zusammenhang ist es wichtig, die in § 273 Abs. 5 StVGB genannten Anforderungen zu berücksichtigen. So muss das Gericht im Falle einer Vertagung des Strafverfahrens nach Möglichkeit unverzüglich einen Termin für die Fortsetzung des Verfahrens anberaumen. Die Vertagung des Strafverfahrens muss für einen möglichst kurzen Zeitraum erfolgen (§ 273 Abs. 5 StVGB).

Bei der Entscheidung über einen Antrag auf Vorlage zusätzlicher Beweismittel nach § 286¹ Abs. 2 Ziff. 1 sind Informationen über die zur Beschaffung der Beweismittel benötigte Zeit und die Schwierigkeiten bei der Beschaffung von entscheidender Bedeutung. Daher sollte der Antragsteller dem Gericht die entsprechenden Informationen zur Verfügung stellen und sich auf der Grundlage dieser Informationen dazu äußern, wie viel Zeit für die Beschaffung der Beweismittel benötigt wird und ob es voraussichtlich Schwierigkeiten bei der Beschaffung der Beweismittel geben wird[42].

Bei der Beurteilung der Relevanz zusätzlicher Beweismittel könnten auch andere Faktoren berücksichtigt werden. Ein Aspekt, der vielleicht bis zu einem gewissen Grad berücksichtigt werden könnte, ist die Frage der Gewährleistung der Chancengleichheit der Verfahrensbeteiligten[43]. Artikel 6 Absatz 3 Buchstabe d der EMRK sieht vor, dass jede Person, die einer Straftat beschuldigt wird, das Recht hat, die Anwesenheit und Vernehmung von Zeugen unter den gleichen Bedingungen wie die Zeugen der Anklage zu erwirken[44]. Das Recht eines Angeklagten, Zeugen zur Unterstützung gegen die Klage zu benennen, ist kein absolutes Recht, eine unbegrenzte Anzahl von Zeugen zu benennen. Es

---

42 In diesem Zusammenhang ist darauf hinzuweisen, dass § 163¹ Abs. 1 StVGB vorsieht, dass in einem Strafverfahren vor dem Landgericht die Ladung eines Zeugen von dem Verfahrensbeteiligten zu veranlassen ist, der die Vernehmung des Zeugen vor Gericht beantragt.
43 Zum Erfordernis der Chancengleichheit im Zusammenhang mit dem Grundsatz des adversarischen Verfahrens siehe E. Kergandberg, M. Sillaots. Kriminaalmenetlus (Das Strafverfahren). Tallinn, Juura 2006, S. 74.
44 Konvention zum Schutze der Menschenrechte und Grundfreiheiten, Riigi Teataja II, 2000, 11, 57.

besteht die einschränkende Bedingung, dass die Ladung und Vernehmung des Zeugen tatsächlich vom Gericht durchgeführt werden muss. Was das Recht, Zeugen zu benennen, betrifft, so kann das nationale Recht Einschränkungen vorsehen. Es muss jedoch ein faires Verfahren gewährleistet sein[45]. Es ist nicht ausgeschlossen, dass ein Verfahrensbeteiligter einen unangemessenen Antrag auf Beweisaufnahme in Form der Aufnahme sehr vieler Beweise stellt[46]. In einem solchen Fall kann das Gericht zu dem Schluss kommen, dass die Bedeutung des Antrags in keinem Verhältnis zu der für die Beweiserhebung benötigten Zeit steht. Selbst wenn ein Verfahrensbeteiligter einen Antrag auf Vorlage zusätzlicher Beweise mit dem Ziel stellt, das Verfahren zu verlängern, ist es daher möglich, einen solchen Antrag auf der Grundlage von § 286^1 Abs. 2 Ziff. 1 abzulehnen.

Nach § 286^1 Abs. 2 Ziff. 4 StVGB kann das Gericht die Zulassung von Beweisen auch in einigen Fällen verweigern, die sich aus gesetzlichen Vorschriften ergeben, die nicht ausdrücklich in § 286^1 genannt sind. So kann das Gericht beispielsweise die Zulassung von Zeugen- und Opferaussagen im Ermittlungsverfahren verweigern, wenn diese Aussagen nicht den in § 289^1 genannten Anforderungen entsprechen. Das Gericht kann auch die Zulassung von vorprozessualen Aussagen von Zeugen und Geschädigten in einem einschlägigen Fall verweigern, wenn die in § 290^1 Abs. 1 oder § 291 genannten Umstände nicht vorliegen.

Der Beweisantrag ist zu begründen (§ 286^1 Abs. 2 Ziff. 3 StVGB). Um die Notwendigkeit einer Beweisaufnahme zu begründen, ist es unerlässlich, dass der Beweisantrag zunächst die Umstände der Beweisaufnahme angibt.

So sollte der Antragsteller, wenn er die Vernehmung eines Zeugen beantragt, in dem Antrag klar darlegen, welche für die Anklage relevanten Tatsachen die Vernehmung des Zeugen erfordern könnten[47].

In dem Beweisantrag müssen auch die konkreten Beweismittel angegeben werden[48]. In dem Antrag auf Zeugenvernehmung sollten der Name und die

---

45 W. Gollwitzer. Menschenrechte im Strafverfahren. MRK und IPBPR. Berlin, De Gruyter Recht, 2005, S. 401.
46 Zu einem verwandten Thema siehe J. Habetha, G. Trüg. Erosion des Beweisantragsrechts, Aktuelle Entwicklungen in der Rechtsprechung des Bundesgerichtshofs. – GA, 2009, S. 412.
47 Siehe das Urteil des Strafsenats des Staatsgerichtshofs in der Rechtssache Nr. 3-1-1-63-09.
48 Siehe W. Beulke, S. Swoboda. Strafprozessrecht, 16., neu bearbeitete Auflage, 2022, Heidelberg, Randnr. 678.

Anschrift des Zeugen angegeben werden. Ist die Identität des Zeugen nicht bekannt, kann das Gericht die Beweisaufnahme ablehnen (siehe § 286¹ Abs. 2 Ziff. 1). Im Falle eines Dokuments sollte der Ort, an dem sich das Dokument befindet, angegeben werden. Gibt der Antragsteller den Ort des Dokuments nicht an, kann das Gericht die Beweisaufnahme ablehnen (siehe § 286¹ Abs. 2 Ziff. 1).

Bei der Begründung des Beweisantrags ist zu beachten, dass die Beweisaufnahme über einen beweisrechtlich unerheblichen Umstand entbehrlich ist[49]. Daher muss sich aus der Begründung des Ersuchens zum Beispiel ableiten lassen, dass die vorzuladende und zu vernehmende Person über strafrechtlich relevante Tatsachen aussagen könnte (RKKKo 3-1-1-63-09).

Die Schilderung der Beweislage und auch die Nennung der konkreten Beweismittel sind wichtig, weil das Gericht nach § 286¹ Abs. 1 zu beurteilen hat, ob das zusätzliche Beweismittel für die Aufklärung der Strafsache von Bedeutung ist. Im Lichte von § 286¹ Abs. 1 ist es wichtig, dass der Antragsteller auch die Relevanz der fraglichen Beweismittel erläutert. Die Begründung des Beweisantrages muss jedoch nur die notwendigen Angaben enthalten.

4. Zulässigkeit von Aussagen, die bei einem früheren Kreuzverhör in derselben oder einer anderen Strafsache gemacht wurden (§ 286² StVGB).

§ 286² StVGB regelt, unter welchen Umständen die Verwendung von Aussagen, die eine Person zuvor in einer Verhandlung gemacht hat, zulässig ist. In Bezug auf § 286² Abs. 1 StVGB ist zu beachten, dass ein und dieselbe Strafsache keine eigenständige Strafsache ist[50].

Gemäß § 286² Abs. 2 StVGB sind Aussagen, die eine Person im Laufe eines Verfahrens in einer anderen Strafsache gemacht hat, unter den in den §§ 289¹ und 291 StVGB vorgesehenen Umständen als Beweismittel zulässig. Diese Paragrafen regeln die Bedingungen, unter denen eidesstattliche Aussagen als Beweismittel zugelassen werden können. Gemäß § 288 Abs. 9 Ziff. 3 StVGB kann ein Verfahrensbeteiligter einem Zeugen, der sich an den Sachverhalt nicht mehr erinnern kann, im Rahmen eines Kreuzverhörs die Einsichtnahme in

---

[49] Für eine einigermaßen ähnliche Ansicht in einem anderen Zusammenhang siehe U. Eisenberg. Beweisrecht der StPO. Spezialkommentar, 7. Auflage, München, 2011, Rn 209.

[50] Siehe Kriminaalmenetluse seadustik. Kommenteeritud väljaanne. Herausgegeben von Eerik Kergandberg und Priit Pikamäe. Kirjastus Juura 2012, § 15 Kommentar 10.

Aussagen gestatten, die er in einer anderen Strafsache gemacht hat und die ihm helfen können, sein Gedächtnis aufzufrischen. Auf der Grundlage von § 286² Abs. 2 und § 289¹ Abs. 1 Ziff. 1 StVGB können die auf diese Weise verwerteten Aussagen als Beweismittel für den Sachverhalt zugelassen werden. Aussagen, die im Rahmen eines Verfahrens in einer anderen Strafsache gemacht wurden, können zur Überprüfung der Zuverlässigkeit der Aussagen gemäß § 289 StVGB verwendet werden. Auf der Grundlage von § 286² Abs. 2 StVGB und § 289¹ Abs. 2 StVGB ist es zulässig, Aussagen zuzulassen, die zur Überprüfung der Glaubwürdigkeit eines Zeugen zum Zweck der Feststellung der beweiserheblichen Tatsachen gemacht werden. Die Verwendung von deponierten Zeugenaussagen ist auch in § 291 StVGB vorgesehen. Auch in diesen Fällen sind Aussagen, die eine Person in der Verhandlung einer anderen Strafsache gemacht hat, als Beweismittel zulässig.

Aussagen, die ein Beschuldigter in einem anderen Strafverfahren gemacht hat, sind unter den gleichen Umständen als Beweismittel zulässig wie in dem in § 294 StVGB genannten Fall. Folglich sind Aussagen zulässig, wenn der Angeklagte die Aussage in der Verhandlung verweigert oder die Verhandlung in Abwesenheit des Angeklagten stattfindet.

Der Strafsenat des Staatsgerichtshofs hat klargestellt, dass die Beschränkungen für die Verwendung von Aussagen, die während eines früheren Kreuzverhörs gemacht wurden, in § 286² StVGB festgelegt sind, die andere Strafsachen nicht auf eine bestimmte Art von *anderen Fällen* beschränken. Diese Bestimmung sieht vor, dass Aussagen, die bei einem früheren Kreuzverhör sowohl in derselben als auch in einer anderen Strafsache gemacht wurden, als Beweismittel zulässig sind, es sei denn, das höhere Gericht hat sie aufgrund eines Kreuzverhörs oder anderer Verfahrensfehler ausgeschlossen. Der Strafsenat des Staatsgerichtshofs ist der Auffassung, dass das Privileg des Angeklagten, sich nicht selbst belasten zu müssen, durch die Offenlegung von Aussagen, die er in einer früheren Strafsache gemacht hat, in der Regel nicht verletzt wird, wenn er in einem früheren Kreuzverhör ordnungsgemäß über sein Zeugnisverweigerungsrecht und über die Tatsache belehrt wurde, dass seine Aussagen gegen ihn verwendet werden können, und wenn er freiwillig auf sein Recht zu schweigen verzichtet hat. § 294 Ziff. 1 StVGB ist dahin auszulegen, dass in Fällen, in denen ein Angeklagter von seinem Recht Gebrauch macht, in einem gerichtlichen Untersuchungsverfahren nicht auszusagen, die Aussagen, die er in der Hauptverhandlung eines anderen Strafverfahrens gemacht hat, als Beweismittel verwendet werden können. Der Umstand, dass das frühere Strafverfahren in keinem sachlichen Zusammenhang mit der verhandelten Straftat stand, ist unerheblich. Entscheidend ist, ob die Aussagen, auf die man sich berufen will, möglicherweise unter Zwang oder gegen den Willen der Person erlangt wurden. Wurden die Aussagen von einer Person eingeholt, die über ihre Rechte belehrt wurde, unter Aufsicht des Gerichts und in Anwesenheit eines Anwalts, und konnte die Zuverlässigkeit der Aussagen durch ein Kreuzverhör überprüft werden, besteht in der Regel kein Grund zu der Annahme, dass die Aussagen unter Zwang gemacht wurden. (RKKKo 10.11.2022, 1-21-2039, Ziff. 16, 19, 20)

Aus § 286² Abs. 3 StVGB ergibt sich, dass Aussagen, die bei einer vorangegangenen Vernehmung gemacht wurden, nicht als Beweismittel zugelassen sind, wenn das höhere Gericht einen Verstoß gegen die Vernehmung oder andere Verfahrensvorschriften festgestellt hat, der ein Verwertungsverbot zur Folge hat.

5. Vernehmung von Zeugen (§ 287 StVGB)

Die Vernehmung eines Zeugen erfolgt nach den im Gesetzbuch in § 288 festgelegten Regeln für das Kreuzverhör. § 290 Abs. 1 StVGB sieht vor, dass ein Zeuge, der das vierzehnte Lebensjahr noch nicht vollendet hat, nicht ins Kreuzverhör genommen wird.

Zeugen, die noch nicht im Rahmen einer gerichtlichen Untersuchung vernommen wurden, dürfen bei der Vernehmung des Zeugen nicht anwesend sein (§ 287 Abs. 2 StVGB), da sie von den Aussagen der anderen Zeugen keine Kenntnis haben sollten. Es ist zu beachten, dass ein Zeuge, der noch nicht in der Hauptverhandlung vernommen wurde, gemäß § 266 Absatz 5 StVGB nur mit Erlaubnis des Gerichts im Gerichtssaal anwesend sein darf.

Die Vernehmung eines Zeugen unter einem Pseudonym erfolgt im Gerichtsverfahren telefonisch (§ 287 Abs. 4 StVGB). Ein pseudonymisierter Zeuge ist ein Zeuge, der gemäß § 67 StVGB anonymisiert wurde. Die Vernehmung eines pseudonymisierten Zeugen erfolgt in der Weise, dass die Verfahrensbeteiligten die Aussage des nicht im Gerichtssaal anwesenden Zeugen unmittelbar hören und über den Richter Fragen an ihn stellen können (§ 287 Abs. 4, § 69 Abs. 2 Ziff. 2 StVGB). Die Vorlage von Fragen durch den Richter ermöglicht es, Fragen, deren Beantwortung die Identifizierung des anonymen Zeugen ermöglichen würde, rechtzeitig auszuschließen. Bei der Entscheidung über den Ausschluss solcher Fragen sollten nicht alle Aspekte des § 288 Abs. 5 StVGB beachtet werden. Insbesondere sollte das Gericht auch die Möglichkeit haben, von Amts wegen eine Frage auszuschließen, deren Beantwortung die Identifizierung des anonymen Zeugen ermöglichen würde. In einem solchen Fall handelt es sich natürlich um eine unzulässige Frage. Der Ausschluss unzulässiger Fragen, wie er in § 288 Abs. 5 StVGB vorgesehen ist, kann im Allgemeinen nur auf Antrag eines Verfahrensbeteiligten erfolgen. Eine Ausnahme von dieser Regel ist die Vernehmung eines Zeugen unter einem Pseudonym. Es ist auch die Pflicht des Gerichts, die Sicherheit eines anonymen Zeugen zu schützen. Es lässt sich daher nicht rechtfertigen, dass das Gericht eine Frage, deren Beantwortung die Identifizierung des anonymen Zeugen ermöglichen würde, nicht von Amts wegen ausschließen darf. Es ist verständlich, dass es in einem solchen Fall Sache des Staatsanwalts ist, den Ausschluss der Frage zu beantragen. Erforderlichenfalls kann das Gericht jedoch auch von Amts wegen eine Frage unberücksichtigt lassen, deren Beantwortung die Identifizierung eines anonymen Zeugen ermöglichen würde.

Nach § 67 Abs. 5 StVGB können die Fragen auch schriftlich gestellt werden. Wird von der Möglichkeit des § 67 Abs. 5 StVGB Gebrauch gemacht, so werden die schriftlichen Fragen dem Gericht vorgelegt, und der Richter stellt sie dem Zeugen, der in der Verhandlung mit seinem Pseudonym identifiziert wird. Werden die Fragen jedoch schriftlich eingereicht, muss auch die andere Verfahrenspartei die Möglichkeit haben, den Ausschluss der Fragen auf der Grundlage von § 288 Abs. 5 StVGB zu beantragen. Hält der Fragesteller, der die Fragen schriftlich einreicht, ergänzende Fragen für erforderlich, so kann er diese Fragen über den Richter einreichen. Um die Identifizierung eines anonymen Zeugen zu vermeiden, ist gemäß § 67 Abs. 5 StVGB erforderlichenfalls auch die Verwendung von stimmverändernden Geräten zulässig.

Gemäß § 287 Abs. 5 StVGB kann das Gericht auf Antrag einer Partei oder von Amts wegen die Vernehmung eines Zeugen oder eines Opfers durch Fernvernehmung zulassen. Die Fernvernehmung darf nur zugelassen werden, wenn das Gericht über das Vorliegen der Umstände, die die Notwendigkeit der Fernvernehmung begründen, gemäß § 69 Abs. 1 StVGB unterrichtet wird. Gemäß § 69 Abs. 2 StVGB kann eine solche Vernehmung mittels audiovisueller Live-Übertragung oder per Telefon erfolgen (siehe § 69 Abs. 2 StVGB). Gemäß § 69 Abs. 2 Ziff. 1 StVGB ist eine Fernvernehmung eine Vernehmung mittels einer technischen Lösung, die es den Verfahrensbeteiligten ermöglicht, die Aussage eines Zeugen oder Geschädigten, der nicht unmittelbar vor Gericht anwesend ist, zu sehen und zu hören und ihm über den Verfahrensdurchführer Fragen zu stellen. Es ist darauf hinzuweisen, dass § 69 Abs. 2 Ziff. 1 zwar sicherstellen soll, dass die Verfahrensbeteiligten die Aussage eines nicht im Gerichtssaal anwesenden Zeugen unmittelbar und live sehen und hören können, dass aber auch das Gericht und die Staatsanwaltschaft die Möglichkeit haben müssen, dies zu tun. Es handelt sich um eine audiovisuelle Fernvernehmung. Die Vernehmung findet derart statt, dass der Zeuge oder der Geschädigte während der Verhandlung außerhalb des Gerichtssaals anwesend ist und seine Aussage gleichzeitig in Bild und Ton in den Gerichtssaal übertragen wird. Das Gericht, der Staatsanwalt und die Verfahrensbeteiligten sind im Gerichtssaal anwesend[51].

Die Fernvernehmung eines Zeugen oder eines Opfers stellt eine Ausnahme vom Grundsatz der Unmittelbarkeit dar. Die Fernvernehmung darf nur aus den im Gesetz vorgesehenen Gründen durchgeführt werden. Nach § 69 Abs. 1 StVGB kann das Gericht die Vernehmung eines Zeugen im Wege der Fernvernehmung anordnen, wenn die persönliche Vernehmung des Zeugen schwierig oder mit unverhältnismäßig hohem Aufwand verbunden wäre, auch zum Schutz des Zeugen oder des Geschädigten. Die unmittelbare Vernehmung eines Zeugen ist z. B. schwierig, wenn der Zeuge schwer krank oder gebrechlich ist. Ist ein Zeuge schwer erkrankt oder gebrechlich und wurde er bereits im Vorverfahren vernommen, kann es auf Antrag möglich sein, die Aussagen des Zeugen im Vorverfahren zu übernehmen. Die direkte Vernehmung eines Zeugen kann mit übermäßigen Kosten verbunden sein, z. B. wenn der Zeuge sehr weit entfernt ist. Die Vernehmung eines Zeugen, der sich im Ausland befindet, erfolgt nach den Bestimmungen des § 468 StVGB.

Die audiovisuelle Fernvernehmung ermöglicht es, den Zeugen und das Opfer zu schützen. Die audiovisuelle Vernehmung aus der Ferne ist zulässig, wenn eine Gefahr für die körperliche oder geistige Gesundheit des Zeugen besteht. Unter Berücksichtigung der Notwendigkeit, den Zeugen oder den Geschädigten zu schützen, muss die Rechtfertigung für die Durchführung einer audiovisuellen Fernvernehmung von Fall zu Fall geprüft werden. Der Einsatz einer Fernvernehmung könnte im Falle eines schwer traumatisierten Opfers, etwa eines Opfers eines Sexual- oder sonstigen Gewaltverbrechens, oder im Falle eines schwer traumatisierten Zeugen in Betracht gezogen werden.

Wenn die gesetzlichen Voraussetzungen erfüllt sind, liegt es im Ermessen des Gerichts, eine audiovisuelle Fernvernehmung zu organisieren. Dabei hat das Gericht die Interessen der Verteidigung des Zeugen und die Rechte des Beschuldigten, insbesondere sein Recht, den Zeugen zu befragen oder befragen zu lassen, zu berücksichtigen[52].

---

51   Zu dieser Art der Vernehmung in deutschen Strafverfahren siehe W. Beulke, S. Swoboda. Strafprozessrecht, 16., neu bearbeitete Auflage, 2022, Heidelberg, Randnr. 658.
52   Zum deutschen Strafverfahren siehe hierzu W. Beulke, S. Swoboda. Strafprozessrecht, 16., neu bearbeitete Auflage, 2022, Heidelberg, Randnr. 661.

Um eine Beeinflussung von Zeugen zu vermeiden, darf ein vernommener Zeuge den Gerichtssaal nur mit Erlaubnis des Gerichts verlassen (§ 287 Abs. 6 StVGB).

6. Durchführung der Vernehmung (§ 287^1 StVGB)

§ 287^1 StVGB regelt die Anforderungen an die Durchführung der Zeugenvernehmung. Die entsprechenden Verfahren müssen im Verfahrensstadium der gerichtlichen Untersuchung durchgeführt werden, bevor die Vernehmung des Zeugen beginnt. Die Identität des Zeugen ist vom Richter gemäß § 287^1 Abs. 1 StVGB bei der Vernehmung festzustellen. Gemäß § 287^1 Abs. 1 StVGB ist die Beziehung zwischen dem Opfer und dem Beschuldigten festzustellen. Verständlicherweise wird das Verhältnis zwischen Opfer und Beschuldigtem erst bei der Vernehmung des Opfers geklärt. Offenbar wurde die Einbeziehung des Opfers in die Bestimmung über die Zeugenvernehmung für notwendig erachtet, weil die Vernehmung des Opfers nach den Regeln für die Zeugenvernehmung erfolgt. Auf diese Weise wird deutlich, dass auch die relevanten Aspekte der Beziehung des Opfers bei der Vernehmung ermittelt werden müssen. Zu Beginn der Vernehmung unterrichtet das Gericht den Zeugen gemäß § 287^1 StVGB über die gesetzlichen Gründe für die Verweigerung der Aussage. Diese Gründe sind in den Paragrafen 71–73 StVGB aufgeführt. Der Richter weist den Zeugen, der mindestens vierzehn Jahre alt ist, darauf hin, dass die Verweigerung der Aussage ohne Rechtsgrundlage oder die wissentliche Falschaussage als Straftat nach den §§ 318 und 320 des Strafgesetzbuchs geahndet wird.

Obwohl § 287^1 Abs. 4 die Unterzeichnung der Warnung durch den Zeugen nicht vorschreibt, ist sie notwendig. § 287^1 Abs. 3 StVGB sieht die Unterschrift eines Zeugen vor, aber gemäß des Gesetzeswortlauts handelt es sich nicht um die Unterschrift über die Zeugenverwarnung. Wenn erklärt wird, dass der Zeuge die Wahrheit sagen muss, wie in § 287^1 Abs. 3 StVGB vorgesehen, ist das keine Verwarnung, obwohl einer solchen Erklärung eine Verwarnung folgen sollte, wenn der Zeuge volljährig ist. Es ist jedoch angebracht, die Unterschrift des Zeugen zu den in § 287^1 Abs. 3 und 4 StVGB vorgesehenen Handlungen einzuholen. In seinem Urteil 3-1-1-49-08 zu den Bestimmungen der früheren Fassung des StVGB hat der Strafsenat des Staatsgerichtshofs festgestellt, dass die Strafprozessordnung nicht ausdrücklich die Verpflichtung des Richters vorsieht, die Unterschrift des Zeugen auf der Verwarnung im Protokoll der Verhandlung oder auf einem gesonderten Verwarnungsblatt einzuholen. Der Strafsenat ist der Auffassung, dass es sich hierbei um einen Akt handelt, der sich aus Kapitel 3 des Gesetzbuches für Strafverfahren ergibt, in dem die allgemeinen Bedingungen für die Beweisaufnahme festgelegt sind. Im 2. Abschnitt des 3. Kapitels des Gesetzbuches für Strafverfahren sind die allgemeinen Regeln für die Vernehmung eines Zeugen als Beweismittel festgelegt. Das Erfordernis, die Unterschrift des Zeugen bei der Verwarnung einzuholen, ist in § 68 Abs. 2 StVGB (RKKK 3-1-1-49-08) festgelegt. Der Strafsenat des Staatsgerichtshofs ist der Auffassung, dass die Einholung der Unterschrift eines Zeugen auch im Rahmen der Vernehmung als Teil der Verwarnung des Zeugen anzusehen ist, um mögliche spätere Streitigkeiten darüber zu vermeiden, ob der Verwarnte die ihm für den Fall der Aussageverweigerung oder der wissentlichen Falschaussage angedrohte Strafe gehört und verstanden hat. Dies gibt dem Gericht die Möglichkeit, sich zu vergewissern, dass der Zeuge seine Rolle als Beweismittel in einem adversarischen Strafverfahren verstanden hat und bereit ist, wahrheitsgemäß auszusagen (RKKK 3-1-1-49-08). Dieser Standpunkt des Staatsgerichtshofs ist auch für die derzeitige Fassung des Gesetzbuchs von grundsätzlicher Bedeutung.

§ 287^1 Abs. 5 StVGB regelt, in welchen Fällen ein Zeuge nicht vor einer strafrechtlichen Sanktion gewarnt werden muss. Hier ist zu beachten, dass § 71 Abs. 2 Ziff. 2 vorsieht, dass ein Zeuge die Aussage verweigern kann, wenn er als Mittäter oder Teilnehmer derselben Straftat verurteilt oder freigesprochen worden ist. Gemäß § 287^1 Abs. 5 StVGB muss ein solcher Zeuge über sein Zeugnisverweigerungsrecht aufgeklärt werden.

7. Kreuzverhör (§ 288 StVGB)

Die Vernehmung eines Zeugen, eines Opfers[53] und eines Angeklagten im Rahmen eines gerichtlichen Ermittlungsverfahrens erfolgt in der Regel im Wege des Kreuzverhörs. Der Strafsenat des Staatsgerichtshofs hat in seinem Urteil in der Rechtssache 3-1-1-52-06 festgestellt, dass die Erlangung von Zeugenaussagen, die vor Gericht als Beweismittel verwendet werden sollen, bei einem Kreuzverhör im Wesentlichen das Ergebnis der gemeinsamen Tätigkeit der Verfahrensbeteiligten ist, die ihre Beweismittel ständig und aktiv gegenseitig überprüfen. Das Kreuzverhör gewährleistet eine effektivere Verteidigung des Angeklagten, indem es der Verteidigung die Möglichkeit gibt, die Glaubwürdigkeit der Aussage des belastenden Zeugen oder des Geschädigten in einem Zweitverhör zu überprüfen (RKKK 3-1-1-52-06).

---

53 Wie in § 37 Abs. 3 StVGB vorgesehen, erfolgt die Vernehmung des Opfers vor Gericht nach den Regeln für die Zeugenvernehmung.

Vernehmende im Kreuzverhör sind Verfahrensbeteiligte. Während des Kreuzverhörs darf das Gericht die zu verhörende Person nicht befragen. Die Befragung der zu vernehmenden Person durch die Verfahrensbeteiligten erfolgt in einer bestimmten Reihenfolge. Beim Kreuzverhör befragt der Verfahrensbeteiligte, auf dessen Antrag der Zeuge geladen wurde, den Zeugen als erster (§ 288 Abs. 1 StVGB). Der Verfahrensbeteiligte sollte die Ladung desjenigen Zeugen beantragen, dessen Erstbefragung es ihm ermöglicht, seine Tatsachenbehauptungen glaubhaft zu machen. Im gerichtlichen Verfahren hat die gegnerische Partei die Möglichkeit, diese Behauptungen und die Glaubwürdigkeit der Aussage des Beklagten durch ein Zweitverhör zu überprüfen. Die Ladung von Belastungszeugen sollte von der Staatsanwaltschaft beantragt werden. Bei einem Kreuzverhör ist die Staatsanwaltschaft die erste Partei, die den belastenden Zeugen befragt. Es ist jedoch Sache der Verteidigung, die Vernehmung nicht belastender Zeugen zu beantragen. Bei einem Kreuzverhör sollte die erste Befragung eines nicht belastenden Zeugen von der Verteidigung durchgeführt werden. Haben mehrere Verfahrensbeteiligte die Ladung eines Zeugen beantragt und kann keine Einigung über das Recht des Erstverhörs erzielt werden, bestimmt das Gericht den ersten Vernehmer (§ 288 Abs. 1 StVGB). Eine Situation, in der mehrere Verfahrensbeteiligte die Ladung eines Zeugen beantragt haben, kann z. B. dann eintreten, wenn nicht eindeutig festgestellt werden kann, ob der Zeuge belastend ist oder nicht. Es ist insbesondere nicht ausgeschlossen, dass ein Zeuge teils belastende, teils nicht belastende Aussagen macht. Die Kriterien, anhand derer das Gericht den Erstbefragenden bestimmt, sind im Gesetz nicht ausdrücklich festgelegt. Da das Gericht das Material in der Strafakte nicht kennt, kann es seine Entscheidung nur sehr schwer auf der Grundlage der Sachlage treffen. Das Gericht ist nicht in der Lage zu beurteilen, ob ein Zeuge eher belastend ist oder nicht. In diesem Zusammenhang darf nicht übersehen werden, dass das Gericht, wenn es einen Erstbefragenden ernennt, befangen erscheinen könnte. In einem solchen Fall könnte das Gericht nämlich den Eindruck erwecken, dass es einer der Verfahrensparteien einen Vorteil verschafft. Um die oben beschriebene Situation zu lösen, wäre es vielleicht möglich, sich auf die Bestimmungen des § 286 Absatz 1 StVGB zu stützen und in der Regel den Staatsanwalt zum ersten Vernehmer zu bestellen.

Eines der Ziele der ersten Vernehmung kann darin gesehen werden, ein möglichst vollständiges Bild des Sachverhalts zu vermitteln. Nach StVGB sollte die erste Vernehmung von Anfang an in Form von Fragen und Antworten erfolgen. Aus den gesetzlichen Bestimmungen ergibt sich, dass der Vernehmende nicht verpflichtet ist, dem Verhörten die Möglichkeit zu geben, seine Aussage in Form einer freien Erzählung zu machen. Dennoch muss der Fragesteller weder zu Beginn der Befragung noch im weiteren Verlauf der Befragung Fragen nur so stellen, dass sie in aller Kürze beantwortet werden sollen. Der Fragesteller kann offene Fragen stellen, die eine vollständige Antwort und eine freie erzählerische Beschreibung dessen, was er wahrgenommen hat, zulassen. Insbesondere könnte der Staatsanwalt dem Zeugen im Laufe der gerichtlichen Untersuchung eine solche Gelegenheit geben.

Beim Erstverhör dürfen Suggestivfragen nur mit Erlaubnis des Gerichts gestellt werden (§ 288 Abs. 2 StVGB). Gemäß § 288[1] Abs. 1 StVGB kann das Gericht Suggestivfragen bei der Erstbefragung zulassen, wenn der Zeuge dem Erstbefragenden offensichtlich feindlich gesinnt ist, offensichtlich die Wahrheit zu verbergen sucht oder sich der Beantwortung der Fragen entzieht. Auf das Erstverhör folgt das Zweitverhör der Gegenpartei (§ 288 Abs. 2 StVGB). Zweck des Zweitverhörs ist es, die Zuverlässigkeit der bei der Erstbefragung gemachten Aussagen zu überprüfen und gegebenenfalls Fragen zu neuen Tatsachen zu stellen. Im Zweitverhör können Suggestivfragen gestellt werden, um die bei dem Erstverhör gemachten Aussagen zu überprüfen. Die Erlaubnis des Gerichts ist für solche Fragen nicht erforderlich. Es ist jedoch nicht zulässig, beim Zweitverhör ohne Erlaubnis des Gerichts Suggestivfragen zu neuen Tatsachen zu stellen.

Der Strafsenat des Staatsgerichtshofs hat klargestellt, dass das Kreuzverhör unter anderem dazu dienen muss, festzustellen, ob die Aussage des Zeugen als zuverlässig angesehen werden kann, einschließlich der Frage, ob der Inhalt der Aussage beispielsweise durch in der Presse veröffentlichte Informationen über die Strafsache beeinflusst worden ist. Eine Änderung der zuvor gemachten Aussage kann ebenfalls als Hinweis auf eine solche Beeinflussung gewertet werden. Soweit das Kreuzverhör die Offenlegung früherer Aussagen einer Person unter den gesetzlich festgelegten Bedingungen ermöglicht, müssen insbesondere die Regeln für die Durchführung des Kreuzverhörs dazu beitragen, die Auswirkungen auszugleichen, die Informationen über eine Strafsache, die in der Öffentlichkeit verbreitet wurden, haben können (RKKo 3-1-1-74-16, Ziff. 17).

Zur Klärung der im Zweitverhör gegebenen Antworten ist eine erneute Befragung unerlässlich (§ 288 Abs. 4 StVGB).

Es ist auch möglich, bestimmte Fragen beim Verhör auszuschließen. Die Möglichkeiten, eine an einen Zeugen gestellte Frage auszuschließen, sind in § 288 Absatz 5 der des StVGB geregelt. Nur auf Antrag eines Verfahrensbeteiligten kann das Gericht eine Frage ausschließen, die unzulässig oder unerheblich ist. Ausgeschlossen werden können beispielsweise Fragen, die ohne Erlaubnis des Gerichts beim Erstverhör gestellt werden (§ 288 Abs. 2 StVGB). Beispiele für unzulässige Fragen sind Fragen, die ohne Erlaubnis des Gerichts

Kreuzverhör (§ 288 StVGB) 89

im Rahmen eines Zweitverhörs als Suggestivfragen zu neuen Tatsachen gestellt werden (§ 288 Abs. 3 StVGB). Unzulässige Fragen sind z. B. Fragen an einen Zeugen über die sittlichen Eigenschaften und Gewohnheiten des Verdächtigen, Angeklagte oder Geschädigten, wenn die Tat, die Gegenstand des Strafverfahrens ist, nicht in einem untrennbaren Zusammenhang mit ihrem früheren Verhalten zu beurteilen ist (siehe § 68 Abs. 6 StVGB). Unzulässig sind beispielsweise Fragen, deren Beantwortung die Identifizierung des anonymen Zeugen ermöglicht (siehe §§ 67, 287 Abs. 4 StVGB). Nicht sachdienliche Fragen sind z. B. Fragen, die sich nicht einmal mittelbar auf den beweiserheblichen Sachverhalt beziehen oder die für die Überprüfung der Glaubwürdigkeit des Zeugen nicht relevant sind. Nicht angemessene Fragen sind z. B. Fragen zu Meinungen, Schlussfolgerungen, Annahmen, Prognosen oder Werturteilen des Zeugen. Die Wiederholung einer Frage, die bereits beantwortet wurde, kann ebenfalls unangemessen sein[54]. Die Frage, wann eine Wiederholung einer bereits beantworteten Frage als unzulässig zu betrachten ist, ist wahrscheinlich ziemlich umstritten. Es sollte nicht übersehen werden, dass die Wiederholung einer bereits beantworteten Frage als Gelegenheit gesehen werden kann, die Glaubwürdigkeit des Zeugen zu überprüfen[55] und Ungereimtheiten aufzudecken. Insbesondere kann nicht ausgeschlossen werden, dass ein Zeuge auf gleiche oder ähnlich klingende Fragen, die ihm von verschiedenen Vernehmenden gestellt werden, unterschiedliche Antworten gibt. Es sei auch darauf hingewiesen, dass der Fragesteller durch Umformulierung der Frage überprüfen kann, ob der Zeuge die zuvor gestellte Frage richtig verstanden hat[56]. Im Falle einer Frage zur Glaubwürdigkeit eines Zeugen ist es wichtig zu wissen, ob er auf dieselbe Frage von verschiedenen Vernehmenden unterschiedlich antwortet[57].

Der Ausschluss von Fragen muss sich in der Mehrzahl der Fälle an den entsprechenden Anträgen an das Gerichts orientieren. In der Praxis ist nicht auszuschließen, dass das Verfahren durch die Vorlage irrelevanter Fragen in die Länge gezogen wird. In § 288 StVGB ist jedoch nicht geregelt, wie mit solchen Fällen umzugehen ist. Es ist möglich, dass ein Verfahrensbeteiligter aus

---

54 Zu einer ähnlichen Position im deutschen Strafverfahren siehe O. Klemke, H. Elbs. Einführung in die Praxis der Strafverteidigung. Heidelberg, 2007, Rn 1010.
55 Für eine ähnliche Position im deutschen Strafverfahren siehe O. Klemke, H. Elbs. Einführung in die Praxis der Strafverteidigung. Heidelberg, 2007, Rn 1010.
56 Siehe M. Traut, J. Burkhard. Verbot von Wiederholungsfragen contra Wahrheitsfindung? – Strafverteidiger Forum, 2003, Februar, S. 39.
57 Siehe M. Traut, J. Burkhard. Verbot von Wiederholungsfragen contra Wahrheitsfindung? – Strafverteidiger Forum, 2003, Februar, S. 39.

irgendeinem Grund nicht den Ausschluss unangemessener Fragen beantragt. In einem solchen Fall sollte es zulässig sein, sich auf die Befugnis zur Leitung der Verhandlung nach § 266 Abs. 1 StVGB zu berufen. In dem beschriebenen Fall würde das Gericht von Amts wegen nicht zunächst die unangemessenen Fragen ausschließen, sondern anordnen, dass nur relevante Fragen gestellt werden. § 266 Abs. 1 StVGB sieht vor, dass das Gericht nicht zulassen darf, dass die Verfahrensbeteiligten das Gericht irreführen oder Verfahrensrechte missbrauchen. Bei Nichteinhaltung der gerichtlichen Anordnung sollte das Gericht die Möglichkeit haben, unangemessene Fragen, die das Verfahren verzögern würden, auszuschließen. Der Strafsenat des Staatsgerichtshofs hat klargestellt, dass das Gericht, wenn offensichtlich ist, dass die Fragen eines Verfahrensbeteiligten darauf abzielen, das Verfahren in böser Absicht zu verzögern, auch von sich aus in das Kreuzverhör eingreifen oder den Parteien eine Frist zur Fragenstellung setzen kann (§ 266 Abs. 1 Ziff. 3 StVGB). (RKKKo 1-20-2143/156, Ziff. 26). Das Gesetz sieht vor, dass das Gericht von Amts wegen eine Frage ausschließen kann, die die Würde eines Zeugen beeinträchtigt (§ 288 Abs. 5 StVGB). Beispiele für Fragen, die die Würde eines Zeugen verletzen, sind solche, die den Zeugen demütigen oder beleidigen.

Gemäß § 288 Abs. 6 StVGB hat das Gericht die Möglichkeit, den Zeugen und den Geschädigten zu befragen, wenn dies erforderlich ist. Eine solche Vernehmung kann insbesondere dann erforderlich sein, wenn bestimmte Tatsachen unklar sind. Die Befragung ist erst nach dem Kreuzverhör zulässig. Das Gericht darf also nicht durch Fragen in das Kreuzverhör eines Zeugen eingreifen. Das Gericht kann auch Fragen zu neuen Tatsachen stellen, die von den Verfahrensbeteiligten im Kreuzverhör nicht vorgetragen wurden. Das Gericht sollte es vermeiden, Suggestivfragen zu stellen. Das Gericht ist nicht verpflichtet, von der Möglichkeit der Vernehmung Gebrauch zu machen.

Nach § 288 Abs. 7 StVGB kann das Gericht unter Berücksichtigung des geistigen oder körperlichen Zustands des Zeugen das Kreuzverhör untersagen und den Zeugen von sich aus oder auf der Grundlage von schriftlichen Fragen vernehmen, die von den Verfahrensbeteiligten vorbereitet wurden. Auf diese Weise kann die Gesundheit des Zeugen geschützt werden. Die Verfahrensbeteiligten haben die Möglichkeit, schriftliche Fragen zu formulieren. Diese Fragen werden dem Gericht vorgelegt. In der Regel sollte das Gericht den Zeugen auf der Grundlage dieser schriftlichen Fragen vernehmen. Unerhebliche und unzulässige Fragen werden auf Antrag eines Verfahrensbeteiligten oder auf eigene Initiative des Gerichts ausgeschlossen. Das Gericht kann den Zeugen auch von sich aus befragen. Eine Befragung von Amts wegen ist in der Regel nur dann wirksam, wenn das Gericht aufgrund vorangegangener richterlicher

Ermittlungen bereits über ausreichende Informationen verfügt, um eine solche Befragung durchzuführen.

§ 288 Abs. 8 StVGB sieht vor, dass das Kreuzverhör nach Maßgabe der §§ 66 und 68 Abs. 3 und 6 StVGB durchzuführen ist. Dementsprechend können nach § 68 Abs. 3 StVGB Notizen und andere Unterlagen von einem Zeugen verwendet werden, wenn er über Zahlen, Namen und andere schwer zu merkende Informationen aussagt. Bei der Zeugenvernehmung ist zu beachten, dass nach § 68 Abs. 6 StVGB Fragen nach den sittlichen Eigenschaften und Gewohnheiten des Verdächtigen, Angeklagten oder Verletzten nur dann gestellt werden dürfen, wenn die Tat, die Gegenstand des Strafverfahrens ist, in einem untrennbaren Zusammenhang mit ihrem bisherigen Verhalten zu beurteilen ist.

Verweigert ein Zeuge die Beantwortung einer von einem Verfahrensbeteiligten im Kreuzverhör gestellten Frage, so kann auf Antrag des Verfahrensbeteiligten gemäß § 288 Abs. 10 die Verwertung der früheren Aussage des Zeugen angeordnet werden. Aus dem Wortlaut des Gesetzes ergibt sich, dass im Falle der Verweigerung der Antwort auf eine Frage die früheren Aussagen des Zeugen in vollem Umfang zu verwerten sind. Also nicht nur die frühere Aussage zu einer bestimmten Frage oder einem bestimmten Sachverhalt. Die Zulässigkeit der Verwertung früherer Aussagen als Beweismittel ist nicht vom Inhalt der bisher im Kreuzverhör gemachten Aussagen abhängig, wie es das Gesetz vorsieht. Es ist unerheblich, ob die im Kreuzverhör gemachten Aussagen im Widerspruch zu früheren Aussagen stehen oder nicht. Für die Zulässigkeit der Verwertung früherer Aussagen ist es unerheblich, ob die Weigerung, die Frage zu beantworten, im Erst- oder Zweitverhör erfolgt ist. So kann beispielsweise auch die Verweigerung der Antwort auf nur eine Frage dazu führen, dass frühere Aussagen in vollem Umfang als Beweismittel verwertet werden. Aus § 288 Abs. 5 StVGB ergibt sich, dass ein Zeuge die Beantwortung einer Frage verweigern darf, die unzulässig oder unerheblich ist oder den Zeugen herabsetzen würde. Eine solche Verweigerung führt nicht zu der Möglichkeit, frühere Aussagen zu verwerten. Es ist unklar, ob in dem in § 288 Abs. 10 StVGB vorgesehenen Fall die Verwertung früherer Aussagen eines Zeugen als Beweismittel nach § 291 Abs. 1 Ziff. 2 StVGB auch den Bestimmungen des § 291 Abs. 2 und 3 StVGB entsprechen muss. Konkret geht es darum, ob z. B. nur die Verwertung hinterlegter früherer Aussagen generell zulässig ist und ob die Verwertung nicht hinterlegter Aussagen nur ausnahmsweise unter den gesetzlich festgelegten Voraussetzungen zulässig ist. § 288 Abs. 10 StVGB sieht vor, dass Aussagen, die während eines unterbrochenen Kreuzverhörs gemacht werden, nur mit Zustimmung der Verfahrensbeteiligten als Beweismittel zugelassen werden können. Aufgrund des Wortlauts des Gesetzes ist es etwas unklar, ob in einem solchen Fall mit Zustimmung der Parteien auch nur die während des Kreuzverhörs gemachten Aussagen verwertet werden dürfen. Insbesondere ist es nicht ausgeschlossen, dass ein Verfahrensbeteiligter die Verwendung früherer Aussagen als Beweismittel nicht beantragt. Gleichzeitig ist es nicht ausgeschlossen, dass die Verfahrensbeteiligten der Verwertung von Aussagen zustimmen, die während des unterbrochenen Kreuzverhörs gemacht wurden.

Erinnert sich der Zeuge nicht an die zu beweisenden Tatsachen, so kann der Verfahrensbeteiligte gemäß § 288 Abs. 9 Ziff. 3 StVGB dem Zeugen gestatten, ein Dokument oder einen anderen Gegenstand zur Auffrischung seines Gedächtnisses beizuziehen. Eine solche Auffrischung des Gedächtnisses, z. B. durch Einsichtnahme in die vorgerichtliche Niederschrift des Zeugen, sollte in den Fällen erfolgen, in denen sich der Zeuge nicht oder nur teilweise an den beweiserheblichen Sachverhalt erinnern kann. Siehe auch die in § 288[1] Abs. 2 Ziff. 5 StVGB vorgesehene Möglichkeit, Suggestivfragen zu stellen. Das Gesetz legt nicht genau fest, in welchem Umfang die Einsichtnahme in das Dokument zulässig ist. So gibt es beispielsweise kein ausdrückliches Verbot, die Niederschrift der Vernehmung in der Weise einzusehen, dass der Zeuge die Niederschrift in ihrer Gesamtheit liest. Es ist jedoch auch möglich, die Einsichtnahme nur in einen Teil des Protokolls zu gestatten. In jedem Fall sollte der Zeuge auch im Nachhinein vernommen werden, oder es sollte zumindest versucht werden, die Vernehmung durchzuführen.

Der Strafsenat des Staatsgerichtshofs hat klargestellt, dass sich aus dem Wortlaut des § 288 Abs. 9 Ziff. 3 StVGB ergibt, dass im Gegensatz zur Überprüfung der Zuverlässigkeit von Aussagen (§ 289 Abs. 1 StVGB) bei der Erinnerung an Aussagen frühere Aussagen nicht offengelegt werden, sondern der Verfahrensbeteiligte dem zu Vernehmenden Einsicht in das Schriftstück (oder einen Teil davon), das die frühere Aussage enthält, *gewährt* und dann weiter Fragen stellt. Während die Offenlegung bedeutet, dass etwas allen Anwesenden im Gerichtssaal, einschließlich des Gerichts, bekannt gemacht wird, richtet sich die Einführung (Einsichtnahme) nach dieser Vorschrift nur an die Person, die die Aussage macht. Um Missbrauch zu vermeiden, kann das betreffende Dokument jedoch auch der gegnerischen Partei offengelegt werden. § 288 Abs. 9 Ziff. 3 StVGB soll verhindern, dass das Gericht den Inhalt eines Dokuments erfährt, das nicht Gegenstand einer unmittelbaren richterlichen Untersuchung ist. Ebenso ist es nach § 155 Abs. 2 Ziff. 7 und 8 StVGB unzulässig, die im Rahmen der Beweisaufnahme eingeführten vorprozessualen Erklärungen in das Sitzungsprotokoll aufzunehmen, da dann der Inhalt eines nicht ordnungsgemäß offengelegten Dokuments, das nicht Gegenstand einer unmittelbaren richterlichen Untersuchung ist, protokolliert würde. Die Aufnahme früherer Erklärungen, die zur Auffrischung des Gedächtnisses dienen, in das Sitzungsprotokoll kann dazu führen, dass die vorprozessualen Erklärungen und die in der mündlichen Verhandlung abgegebenen Erklärungen vermischt werden und wie ein einziges Ganzes wirken. Dieser Eindruck ist irreführend, da er zur unzulässigen Verwertung der vorprozessualen Aussagen als Beweismittel führen kann. Die Grundlage für die Verwendung von vorprozessualen Aussagen als Beweismittel lässt sich nicht aus § 288 Abs. 9 Ziff. 3 StVGB ableiten. Nach dieser Vorschrift stellen nur solche Informationen ein Beweismittel dar, die die Quelle des Beweismittels im Kreuzverhör unmittelbar mitteilt, nachdem sie ihr Gedächtnis durch Einsichtnahme in das betreffende Dokument aufgefrischt hat. Der Strafsenat des Staatsgerichtshofs hat jedoch darauf hingewiesen, dass die Erinnerung an früher gemachte Aussagen nicht zu einem unzulässigen Einfluss auf die befragte Person werden darf. Wenn die Erinnerung der Person trotz aller Bemühungen nicht zurückkehrt, muss das Kreuzverhör abgebrochen werden, und in einem solchen Fall ist auch die Verwendung der von der Person im Vorverfahren gemachten Aussagen als Beweismittel ausgeschlossen (siehe Urteil 3-1-1-105-06, oben zitiert, Ziff. 7.3). Gemäß § 276³ StVGB können sowohl der Staatsanwalt als auch der Verteidiger bereits vor der Verhandlung sicherstellen, dass die Personen, deren Vernehmung in der Verhandlung sie beantragen, Gelegenheit hatten, sich rechtzeitig an die Ereignisse zu erinnern, über die sie zuvor ausgesagt haben. Um das Gedächtnis des zu Vernehmenden aufzufrischen und das Kreuzverhör zu erleichtern, kann ihm vor dem Verhör eine Verfahrensunterlage mit seinen früheren Aussagen ausgehändigt werden. Natürlich kann der Zweck einer solchen Maßnahme auch nur darin bestehen, die Person an das zu erinnern, was zuvor gesagt wurde, und nicht darin, ihr Informationen zu vermitteln, die sie nie kannte und an die sie sich daher in keiner Weise erinnern kann (siehe RKKK 21.12.2015, 3-1-1-100-15, Ziff. 1 und 12.1). Die Vorbereitung auf die Vernehmung ist besonders wichtig, wenn die Erinnerungen des Zeugen wahrscheinlich unvollständig oder sogar gelöscht sind (z. B. aufgrund des langen Zeitraums, der seit dem strafrechtlichen Ereignis vergangen ist) und es absehbare organisatorische Hindernisse für die Bekanntmachung mit den Aussagen gibt. Dies kann z. B. bei einer Fernvernehmung der Fall sein, bei der die unmittelbare Einsichtnahme in das Schriftstück problematisch sein kann, oder wenn der Zeuge (z. B. aus gesundheitlichen Gründen) nicht in der Lage ist, das Schriftstück selbst einzusehen. Wurde die zu vernehmende Person vor der Vernehmung nicht vorbereitet, können in der Vernehmung Pausen zum Zwecke des Rückrufs beantragt werden, wobei jedoch zu bedenken ist, dass häufige Pausen eine abschreckende Wirkung auf das Kreuzverhör haben können. Wie vor diesem Hintergrund im Einzelfall sichergestellt werden kann, dass das

Gedächtnis des zu Vernehmenden während des Kreuzverhörs frisch bleibt, ist letztlich Sache der antragstellenden Partei (RKKKo 1-17-11773 Ziff. 26–27).

§ 289¹ Abs. 1 Ziff. 1 StVGB sieht die Möglichkeit vor, hinterlegte Aussagen von Zeugen zum Zwecke der Beweisführung zu verwerten.

8. Suggestivfragen (§ 288¹ StVGB)

Die Frage der Zulässigkeit von Suggestivfragen bei der Vernehmung ist mit der Frage nach der Möglichkeit der Feststellung des tatsächlichen Sachverhalts verbunden. Unter Suggestivfragen können bestimmte Fragen verstanden werden, die eine suggestive Wirkung auf den Verhörten haben können. In der Fachliteratur wurde festgestellt, dass Suggestivfragen Fragen sind, die Hinweise auf die Antwort enthalten[58]. Am problematischsten ist wohl die Verwendung von Suggestivfragen im Kreuzverhör während des Erstverhörs. § 288 Abs. 2 StVGB sieht vor, dass Suggestivfragen beim Erstverhör nicht ohne Erlaubnis des Gerichts gestellt werden dürfen. § 288¹ StVGB regelt die Zulässigkeit von Suggestivfragen im Erstverhör. Die in § 288¹ Abs. 2 StVGB geregelten Fälle der Zulässigkeit von Suggestivfragen sind auch dann anwendbar, wenn im Zweitverhör Fragen zu neuen Tatsachen gestellt werden. § 288 Abs. 3 StVGB sieht vor, dass Suggestivfragen im Zweitverhör Suggestivfragen gestellt werden können, um die im Erstverhör gemachten Aussagen zu überprüfen. Diese Suggestivfragen unterliegen nicht den Bestimmungen des § 288¹ StVGB.

In § 288¹ Absatz 1 StVGB sind einige der Umstände aufgeführt, unter denen das Gericht das Stellen von Suggestivfragen im Erstverhör zulassen kann. Solche Fragen können vom Gericht auf der Grundlage eines begründeten Antrags des Vernehmenden zugelassen werden. Bei der Begründung des Antrags ist es wichtig, auf einige der in Absatz 1 genannten Umstände hinzuweisen. Der relevante Sachverhalt sollte normalerweise während der gerichtlichen Untersuchung aufgedeckt worden sein. In einem solchen Fall hatte das Gericht die Möglichkeit, den Eintritt dieser Tatsachen zu sehen und zu hören. Die bloße Behauptung des Antragstellers, es habe sich bereits bei der vorgerichtlichen Befragung, also noch vor der gerichtlichen Untersuchung, gezeigt, dass der Zeuge dem ersten Vernehmenden eindeutig feindlich gesinnt sei oder offensichtlich die Wahrheit verbergen wolle, sollte keine ausreichende Grundlage

---

58 Siehe R. Ackermann, in: Handbuch der Kriminalistik. Kriminaltaktik für Praxis und Ausbildung – von R. Ackermann, H. Clages, H. Roll. 4., aktualisierte und geänderte Auflage, Stuttgart, München, Hannover, Berlin, Weimar, Dresden, 2011, S. 542.

für die Zulässigkeit von Suggestivfragen sein. Es ist verständlich, dass solche Umstände bereits vor der gerichtlichen Untersuchung eingetreten sein können. Es kann jedoch nicht ausgeschlossen werden, dass sich der Zeuge während der gerichtlichen Untersuchung anders verhält.

Weniger umstritten dürfte die Notwendigkeit sein, in den festgelegten Fällen des § 288¹ Abs. 1 StVGB im Erstverhör mit Erlaubnis des Gerichts Suggestivfragen zu stellen. Zumindest einige der in § 288¹ Abs. 2 StVGB vorgesehenen Möglichkeiten erscheinen jedoch insbesondere unter dem Gesichtspunkt der Tatsachenfeststellung als eher problematisch. Das Ziel eines reibungslosen Ablaufs der Vernehmung ist ein wichtiger Aspekt, der bei der Entscheidung über die Zulässigkeit von Suggestivfragen nach § 288¹ Abs. 2 StVGB zu berücksichtigen ist. So darf das Stellen von Suggestivfragen insbesondere nicht dazu dienen, den zu Verhörenden suggestiv zu beeinflussen. Die Möglichkeit einer suggestiven Beeinflussung ist aber auch dann nicht ausgeschlossen, wenn die Suggestivfragen nicht unmittelbar auf eine suggestive Beeinflussung des Vernehmenden abzielen. In einem gerichtlichen Ermittlungsverfahren kann der reibungslose Ablauf der Vernehmung sicherlich nicht als wichtigeres Ziel angesehen werden als die Feststellung des wahren Sachverhalts durch eine bestätigende Zeugenaussage. Daher könnte nur das Stellen von Suggestivfragen, die nicht übermäßig suggestiv sind, gemäß § 288¹ Absatz 2 StVGB zulässig sein. Die Notwendigkeit, z. B. eine Vermutungsfrage zu stellen, ist wohl eher schwer zu begründen. Wenn zum Beispiel eine Frage gestellt wird: „Lag das Messer rechts oder links auf dem Tisch?", wird vorausgesetzt, dass das Messer überhaupt auf dem Tisch lag. Dies muss jedoch durch das Verhör des zu Vernehmenden festgestellt werden[59]. Problematisch sind auch Fragen, die z. B. rhetorische Bewertungen und Beschreibungen enthalten. Zum Beispiel: „Wie schnell ist der Mann gelaufen, als Sie ihn aus dem Laden fliehen sahen?" Die Formulierung einer solchen Frage lässt eine sehr hohe Geschwindigkeit erwarten und stellt zudem die Behauptung auf, er sei geflohen[60]. Die Begründung für die Zulässigkeit von Multiple-Choice-Fragen mit z. B. unvollständiger Zuordnung wäre ebenfalls etwas fragwürdig. Solche Fragen (z. B. „War das Auto rot oder blau?") lassen dem Vernommenen zwar einen gewissen Spielraum bei der Beantwortung,

---

59 G. Jansen. Zeuge und Aussagepsychologie. Heidelberg, 2004, S. 185.
60 J. Endres, O. Scholz, D. Summa. Aussagesuggestibilität bei Kindern. Vorstellung eines neuen diagnostischen Verfahrens und erste Ergebnisse. – in: Psychologie der Zeugenaussage. Ergebnisse der rechtspsychologischen Forschung. / Hrsg. L. Greuel, T. Fabian, M. Stadler. BELTZ, Psychologie VerlagsUnion, Weinheim, 1997, S. 196; G. Jansen. Zeuge und Aussagepsychologie. Heidelberg, 2004, S. 196.

setzen aber voraus, dass eine der Möglichkeiten richtig sein muss oder jedenfalls den Erwartungen des Vernehmers besser entspricht als die anderen denkbaren Möglichkeiten[61]. Problematisch sind auch Erwartungsfragen. Dies ist der Fall, wenn die Sprache oder der Kontext andeuten, welche bestimmte Antwort erwartet wird. Dies ist häufig bei Ja-oder-Nein-Fragen der Fall. Zum Beispiel: „Das Opfer muss also um Hilfe gerufen haben?"[62]

Das Gericht kann Suggestivfragen zulassen, wenn die Verfahrensbeteiligten zustimmen (§ 288^1 Abs. 2 Ziff. 1 StVGB). Der andere Verfahrensbeteiligte muss also sein Einverständnis mit der Stellung einer Suggestivfrage erklärt haben. Es ist also nicht ausgeschlossen, dass dieses Einverständnis vor der Stellung der Suggestivfrage ausdrücklich erklärt wird. Dies ist der Fall, wenn der Fragesteller das Gericht um Erlaubnis bittet, solche Fragen zu stellen, bevor er Suggestivfragen stellt. In einem solchen Fall gibt das Gericht der anderen Verfahrenspartei Gelegenheit, sich zur Vorlage der Suggestivfrage zu äußern. Stellt ein Verfahrensbeteiligter ohne vorherige Genehmigung des Gerichts eine Suggestivfrage, so sollte der andere Verfahrensbeteiligte im Falle einer Meinungsverschiedenheit den Ausschluss der Frage beantragen, bevor sie beantwortet wird. Wird der Antrag verspätet oder gar nicht gestellt, so wird davon ausgegangen, dass der Verfahrensbeteiligte der Frage zugestimmt hat, und das Gericht muss gemäß § 288^1 Abs. 3 StVGB keine gesonderte Genehmigung für eine Suggestivfrage erteilen.

Es ist natürlich nicht ausgeschlossen, dass ein Verfahrensbeteiligter zwar die streitige Tatsache oder die in der Frage enthaltene Behauptung nicht bestreitet, aber mit der Zulässigkeit einer Suggestivfrage nicht einverstanden ist. In einem solchen Fall ist es möglich, unter Berufung auf die in § 288^1 Abs. 2 Ziff. 2 StVGB genannten Umstände die Erlaubnis zur Stellung einer Suggestivfrage zu beantragen.

Das Gericht kann eine Suggestivfrage zulassen, wenn die Frage zur Einführung in den Gegenstand der Vernehmung erforderlich ist (§ 288^1 Abs. 2 Ziff. 3 StVGB). In einem solchen Fall erstreckt sich die Genehmigung des Gerichts nicht auf Suggestivfragen, die zur Einführung in den Gegenstand des Verhörs offensichtlich nicht erforderlich sind. Auf Antrag des anderen Verfahrensbeteiligten kann das Gericht eine solche Frage ausschließen. Die Person, die die

---

[61] J. Endres, O. Scholz, D. Summa. Aussagesuggestibilität, in: Psychologie der Zeugenaussage, S. 196.

[62] J. Endres, O. Scholz, D. Summa. Aussagesuggestibilität, in: Psychologie der Zeugenaussage., S. 195, 196; Siehe auch G. Jansen. Zeuge und Aussagepsychologie, S. 184.

Frage stellt, kann dann jedoch gegebenenfalls die Erlaubnis des Gerichts beantragen, eine Suggestivfrage auf einer anderen Grundlage zu stellen.

Besondere Aufmerksamkeit sollte dem Grad der Suggestivkraft gewidmet werden, den Suggestivfragen haben können, wenn die Bestimmungen von § 288¹ Abs. 2 Ziff. 5 StVGB geltend gemacht werden. Suggestivfragen können mit Erlaubnis des Gerichts gestellt werden, wenn der Zeuge behauptet, sich nur schlecht an den Sachverhalt zu erinnern, der Gegenstand des Verhörs ist. Ein Zeuge kann unmittelbar vor der Vernehmung oder während der Vernehmung von sich aus oder in Beantwortung einer Frage des Vernehmers erklären, dass er sich an die Tatsachen, die Gegenstand der Vernehmung sind, schlecht erinnern kann. Erinnert sich der Zeuge überhaupt nicht an den Sachverhalt, der Gegenstand der Vernehmung ist, so ist das Stellen von Suggestivfragen gemäß § 288¹ Abs. 2 Ziff. 5 StVGB unzulässig. Erinnert sich der Zeuge nicht an die zu beweisenden Tatsachen, so kann der Verfahrensbeteiligte gemäß § 288 Abs. 9 Ziff. 3 StVGB dem Zeugen gestatten, ein Dokument oder einen anderen Gegenstand zur Auffrischung seines Gedächtnisses beizuziehen. Eine solche Auffrischung des Gedächtnisses, z. B. durch Einsichtnahme in die vorgerichtliche Niederschrift des Zeugen, sollte in den Fällen erfolgen, in denen sich der Zeuge nicht oder nur teilweise an den beweiserheblichen Sachverhalt erinnern kann. Gemäß § 288¹ Abs. 2 Ziff. 5 StVGB sollten nur Suggestivfragen zugelassen werden, die nicht übermäßig suggestiv sind.

Auch im Verfahren nach § 288¹ Abs. 2 Ziff. 4 StVGB sind besondere Anstrengungen zu unternehmen, um eine suggestive Beeinflussung zu vermeiden, die die Zuverlässigkeit der Zeugenaussage erheblich gefährden könnte. Nach § 288¹ Abs. 2 Ziff. 4 StVGB ist es möglich, Suggestivfragen zuzulassen, wenn der Zeuge aufgrund seines Alters oder seines Gesundheitszustands Schwierigkeiten hat, nichtleitende Fragen zu verstehen. Bei der Formulierung und dem Stellen von Suggestivfragen auf dieser Grundlage ist ebenfalls darauf zu achten, dass keine allzu suggestiven Fragen gestellt werden.

Die Zulässigkeit von Suggestivfragen zur Erleichterung der Befragung bedeutet nicht, dass alle möglichen Suggestivfragen zulässig sind. Wird eine allzu suggestive Suggestivfrage gestellt, hat ein Verfahrensbeteiligter die Möglichkeit, den Ausschluss einer solchen Frage zu beantragen. Auf diese Weise lässt sich eine unzulässige Beeinflussung der verhörten Person bis zu einem gewissen Grad vermeiden. Das Gesetz scheint jedoch zu viele Möglichkeiten für Suggestivfragen vorzusehen, sowohl in der gerichtlichen Untersuchung als auch im vorgerichtlichen Ermittlungsverfahren.

In Anbetracht der potentiellen Suggestivwirkung von Suggestivfragen sind die in § 68 Abs. 4 StVGB vorgesehenen Möglichkeiten für Suggestivfragen im vorgerichtlichen Ermittlungsverfahren unter dem Gesichtspunkt der Tatsachenfeststellung sicherlich besonders umstritten. § 68 Abs. 4 StVGB bestimmt, dass Suggestivfragen nur in den in § 288¹ Abs. 2 Ziff. 2 bis 5 StVGB genannten Fällen gestellt werden dürfen. Bei der Auslegung dieser Bestimmung ist selbstverständlich zu berücksichtigen, dass das Gericht im Rahmen der gerichtlichen Ermittlungen auch in den in § 288¹ Abs. 1 und 2 Ziff. 1 StVGB genannten Fällen Suggestivfragen zulassen kann. Es ist jedoch bemerkenswert, dass nur einige der Möglichkeiten für das Stellen von Suggestivfragen als notwendig erachtet wurden, um in § 68 Abs. 4 StVGB erwähnt zu werden. Natürlich kann nicht ausgeschlossen werden, dass diese Möglichkeiten vorbehaltlich der einschlägigen Ausnahmen auch bei der Vernehmung im vorgerichtlichen Verfahren genutzt werden können. Doch selbst auf der Grundlage einer solchen Argumentation ist nicht klar, welche Bedeutung der in § 288¹ Abs. 2 Ziff. 2 StVGB vorgesehene Umstand im Zusammenhang mit einer Vernehmung im vorgerichtlichen Verfahren hätte. So geht aus den gesetzlichen Bestimmungen nicht hervor, was das Bestehen oder Nichtbestehen eines möglichen Streits in Bezug auf diese Bestimmung im Vorverfahren zu berücksichtigen ist. Generell ist das Stellen von Suggestivfragen im Rahmen eines vorgerichtlichen Verfahrens besonders problematisch, da das Gericht in einer solchen Vernehmung nicht über die Zulassung von Suggestivfragen entscheidet. Es gibt keine Person, die bei der vorgerichtlichen Anhörung anwesend ist, die in einem solchen Fall den Ausschluss einer Suggestivfrage beantragen würde[63]. Die Zulässigkeit von Suggestivfragen liegt in einem solchen Fall im Ermessen des Vernehmers. Die Zulässigkeit von Suggestivfragen kann unter solchen Umständen ein ernsthaftes Risiko für die Glaubwürdigkeit der Zeugenaussage darstellen. Es ist zu bedenken, dass diese im Vorverfahren gemachten Aussagen auch im gerichtlichen Ermittlungsverfahren verwendet werden können, wie in § 291 Abs. 3 StVGB vorgesehen. Die suggestive Befragung eines Zeugen im vorgerichtlichen Verfahren durch Suggestivfragen kann sich auf die Aussage desselben Zeugen in der Hauptverhandlung auswirken. Dies ist insbesondere dann der Fall, wenn der Zeuge versucht, die gleiche Aussage zu machen, die er im Vorverfahren abgelegt hat[64]. Es wäre daher gerechtfertigt, das Gesetz so zu regeln, dass das Stellen von Suggestivfragen anlässlich von Verhören während des

---

63 Eine Ausnahme wäre die in § 69¹ StVGB vorgesehene Vernehmung zur Hinterlegung der Aussage, bei der die Regeln des § 288¹ für Suggestivfragen gelten würden.
64 In einem etwas anderen Kontext zu diesem Thema, siehe G. Jansen. Zeuge und Aussagepsychologie. Heidelberg, 2004, S. 181.

vorgerichtlichen Verfahrens untersagt wird. Eine Ausnahme wäre eine Aussage zur Hinterlegung der Aussage.

Nach § 288[1] Abs. 3 StVGB muss das Gericht eine Suggestivfrage nicht gesondert zulassen, es sei denn, ein Verfahrensbeteiligter hat vor der Beantwortung beantragt, die Frage nicht zu berücksichtigen. Wird also eine Suggestivfrage ohne Erlaubnis des Gerichts gestellt, muss der Verfahrensbeteiligte rechtzeitig bei Gericht beantragen, dass die Frage ausgeschlossen wird. Ein solcher Antrag ist verspätet gestellt, wenn die zu vernehmende Person mit der Beantwortung begonnen hat. Wird der Antrag verspätet gestellt und wird er nicht gestellt, so wird davon ausgegangen, dass der Verfahrensbeteiligte der Frage zustimmt. Das Stellen von Suggestivfragen beim Erstverhör sollte jedoch nicht zur vorherrschenden Fragemethode im Sinne des § 288[1] Abs. 3 StVGB werden. Vielmehr könnten solche Suggestivfragen die Ausnahme sein. In der Regel sollte das Gericht bereits beim Erstverhör das Stellen einer Suggestivfrage zulassen, bevor diese gestellt wird. Stellt ein Verfahrensbeteiligter jedoch eine Suggestivfrage ohne vorherige Genehmigung des Gerichts, so hat der Verfahrensgegner die Möglichkeit, den Ausschluss einer solchen Frage zu beantragen. Ein solcher Antrag und der Ausschluss der Suggestivfrage lösen das potenzielle Problem jedoch nur teilweise. Denn die zu vernehmende Person hat die betreffende Suggestivfrage bereits gehört. Selbst wenn die Frage umformuliert wird, ist es daher nicht mehr möglich, die suggestive Wirkung der ausgelassenen Suggestivfrage auf die befragte Person auszuschließen.

9. Rechte des Opfers, eines zivilrechtlich Beklagten, Dritter und des Angeklagten im Kreuzverhör (§ 288[2] StVGB)

§ 288[2] StVGB reguliert die Rechte des Opfers, eines zivilrechtlich Beklagten, Dritter und des Angeklagten im Kreuzverhör. § 288[2] Abs. 1 StVGB regelt, in welchen Fällen diese Personen als Vernehmende in einem Erstverhör agieren können. Diese Personen haben diese Möglichkeit nur, wenn sie die einzigen sind, die die Vernehmung eines Zeugen beantragt haben. Aus § 288[2] Abs. 2 StVGB ergibt sich, dass diese Personen in den anderen Fällen in der Regel überhaupt nicht selbst vernehmen können. Es ist jedoch nicht ausgeschlossen, dass es diesen genannten Personen mit Erlaubnis des Gerichts gestattet wird, nach dem Kreuzverhör Fragen an den Zeugen zu stellen. Diese Möglichkeit wird diesen Personen nur dann eingeräumt, wenn die Ablehnung des Antrags auf Vernehmung die Interessen des Verfahrensbeteiligten erheblich beeinträchtigen würde. Es dürfte recht schwierig sein, in der Regel zu bestimmen, in welchen

Fällen eine solche Weigerung die Interessen des Verfahrensbeteiligten erheblich beeinträchtigen würde, bevor die Fragen gestellt werden.

10. Überprüfung der Glaubwürdigkeit eines Zeugen (§ 289 StVGB)

§ 289 Abs. 1 StVGB erlaubt, dass das Gericht zur Überprüfung der Zuverlässigkeit der Zeugenaussagen auf Antrag einer Partei anordnen kann, die im Ermittlungsverfahren gemachten Zeugenaussagen zu verlesen, soweit diese den im Kreuzverhör gemachten Aussagen widersprechen. Der Strafsenat des Staatsgerichtshofs ist der Auffassung, dass, wenn einige der von einer Person in einem Kreuzverhör gemachten Aussagen diametral zu den in der vorgerichtlichen Ermittlung gemachten Aussagen stehen und die Person nicht in der Lage war, dem Gericht die Gründe für die Diskrepanz zu erklären, die Aussagen nur insoweit von der Beweisaufnahme ausgeschlossen werden müssen, als sie diametral voneinander abweichen. Nach der bisherigen Praxis hätten diese Aussagen von der gesamten Beweisaufnahme ausgeschlossen werden müssen. Der Teil der Aussagen, bei dem keine Widersprüche vorliegen, ist jedoch vom Gericht gemäß § 61 Abs. 2 StVGB in der Gesamtheit mit den übrigen Beweismitteln nach seiner eigenen inneren Bewertung zu würdigen. Zugleich hält der Strafsenat an der in früheren Entscheidungen vertretenen Auffassung fest, dass die Berufung auf diejenigen Teile der Aussage einer Person, die diametrale Widersprüche aufweisen, als erheblicher Verstoß gegen das Strafprozessrecht im Sinne des § 339 Abs. 2 StVGB anzusehen ist (RKKKo 28.05.2014, 3-1-1-131-13, Ziff. 12; siehe auch RKKKo 20.04.2015, 3-1-1-25-15, Ziff. 7).

Der Strafsenat des Staatsgerichtshofs hat klargestellt, dass Aussagen eines Zeugen oder eines Beschuldigten im vorgerichtlichen Ermittlungsverfahren, die gemäß § 289 Abs. 1 (§ 293 Abs. 1) StVGB offengelegt wurden, außer in dem in § 289¹ Abs. 2 StVGB vorgesehenen Fall nicht als Beweismittel zur Feststellung beweiserheblicher Tatsachen verwendet werden können. Die Offenlegung von Aussagen, die im Vorverfahren im Kreuzverhör gemacht wurden, dient weiterhin nur dem Zweck, die Zuverlässigkeit der im Kreuzverhör gemachten Aussagen zu überprüfen. Die Möglichkeit, bei teilweiser Unstimmigkeit zwischen gemäß § 289 Abs. 1 (§ 293 Abs. 1) StVGB nicht hinterlegten Aussagen und Aussagen derselben Person im Kreuzverhör den Teil der Aussagen, bei dem keine Unstimmigkeit vorliegt, unter die Beweismittel aufzunehmen, betrifft nur die im Kreuzverhör gemachten Aussagen. Der Umstand, dass die im Kreuzverhör gemachten Aussagen in einigen Punkten den nicht hinterlegten Aussagen derselben Person im Vorverfahren widersprechen, gibt dem Gericht keinen

Anlass, die im Kreuzverhör gewonnenen Aussagen auszuschließen und die im Vorverfahren gemachten Aussagen als Beweismittel vorzuziehen (RKKKo 3-1-1-101-15, Ziff. 30).

Der Strafsenat des Staatsgerichtshofs hat klargestellt, dass die Offenlegung von Aussagen, die im vorgerichtlichen Ermittlungsverfahren während des Kreuzverhörs gemacht wurden, nicht nur dann auf § 289 StVGB zu stützen ist, wenn diese Aussagen im Vernehmungsprotokoll festgehalten wurden, sondern auch dann, wenn sie im Protokoll über die Gegenüberstellung, die Vorlage zur Vernehmung oder die Verknüpfung von Aussagen mit den Umständen festgehalten wurden. Daraus folgt wiederum, dass das Gericht auf Antrag Aussagen, die während des Kreuzverhörs gemacht wurden, offenlegen kann, um die Glaubwürdigkeit der gemachten Aussagen zu überprüfen, z. B. in der Niederschrift des Kreuzverhörs oder im Protokoll der Zeugenaussage, wenn sie im Widerspruch zu dem stehen, was vor Gericht gesagt wurde. Die Offenlegung dieser Aussagen im Kreuzverhör kann jedoch auch nur dazu dienen, die Glaubwürdigkeit des vor Gericht Gesagten zu überprüfen, und nach der Offenlegung kann das Ergebnis des Kreuzverhörs nicht automatisch aufgehoben und das Urteil stattdessen auf die im vorgerichtlichen Verfahren gemachten Aussagen gestützt werden. Der Strafsenat hat klargestellt, dass im Rahmen des Kreuzverhörs die Offenlegung von Aussagen, die während der vorgerichtlichen Untersuchung gemacht wurden, nur in jedem Einzelfall durch das Auftreten eines Widerspruchs in Bezug auf eine bestimmte Tatsache gerechtfertigt werden kann. Dies bedeutet, dass ein Verbot, die im vorgerichtlichen Verfahren gemachten Aussagen in Bezug auf eine bestimmte Tatsache vorzuziehen, nicht per se die Zulässigkeit des gesamten Ermittlungsprotokolls als Beweismittel ausschließt. Im Ermittlungsprotokoll festgehaltene Tatsachen, die nicht zu Widersprüchen zwischen den Aussagen im Ermittlungsverfahren einerseits und den Aussagen im Kreuzverhör andererseits führen, können vom Gericht bei der Urteilsfindung herangezogen werden, sofern die allgemeinen Voraussetzungen für die Offenlegung des Ermittlungsprotokolls und anderer Unterlagen in der Strafakte nach § 296 Abs. 2 und 3 StVGB erfüllt sind (RKKKo 12.11.2007, 3-1-1-62-07, Ziff. 12.3, 12.5; siehe auch RKKKo 26.06.2009, 3-1-1-52-09, Ziff. 9).

Zur Überprüfung der Glaubwürdigkeit eines Zeugen kann eine Person vernommen werden, wenn der Zeuge ihr zuvor eine Aussage gemacht hat, die den im Kreuzverhör gemachten Angaben widerspricht (§ 289 Abs. 4 StVGB). Nach § 66 Abs. 2 StVGB kann ein Beamter einer Ermittlungsbehörde oder ein Staatsanwalt, bei dem ein Strafverfahren anhängig war, in den Fällen des § 289 Abs. 4 StVGB als Zeuge in einem Gerichtsverfahren zur Überprüfung der Zuverlässigkeit von Beweismitteln auftreten. Kann zur Überprüfung der Glaubwürdigkeit der Zeugenaussage die Offenlegung von im vorgerichtlichen Ermittlungsverfahren abgegebenen Aussagen im Rahmen eines Kreuzverhörs nach § 289 Abs. 1 Strafprozessordnung angeordnet werden, so ist es nicht erforderlich, einen Beamten der Ermittlungsbehörde oder einen Staatsanwalt zu diesen Erklärungen zu vernehmen. Es sei darauf hingewiesen, dass die Vernehmung eines Beamten der Ermittlungsbehörde oder eines Staatsanwalts vor Gericht zur Überprüfung der Glaubwürdigkeit eines Zeugen nicht zulässig ist, um das mögliche Verbot der Verwendung von Zeugenaussagen im vorgerichtlichen Verfahren zu umgehen. Wenn also die Verwertung von Zeugenaussagen im Ermittlungsverfahren unzulässig wäre, beispielsweise weil die Aussagen erlangt wurden, ohne dass der Zeuge über seine Rechte belehrt wurde, oder weil verbotene Vernehmungsmethoden angewandt wurden, können die Aussagen des Zeugen nicht durch die Vernehmung eines Ermittlungsbeamten oder Staatsanwalts ersetzt werden. Insbesondere darf ein Beamter der Ermittlungsbehörde oder ein Staatsanwalt vor Gericht nicht zu den Aussagen des Zeugen in einer solchen Vernehmung während des Ermittlungsverfahrens befragt werden. Wurden die Aussagen eines Zeugen im Ermittlungsverfahren durch eine Rechtsverletzung erlangt, darf der Ermittlungsbeamte oder Staatsanwalt nicht zur Überprüfung der Zuverlässigkeit der Aussagen befragt werden. Der Ermittlungsbeamte oder Staatsanwalt kann vernommen werden, wenn er die Aussage des Zeugen außerhalb der Verhandlung gehört hat. Bei solchen Behauptungen kann es sich beispielsweise um spontane Aussagen handeln, die einem Ermittlungsbeamten oder Staatsanwalt vor Beginn der Vernehmung, insbesondere vor der Erläuterung der Rechte und Pflichten, gemacht wurden.

11. Frühere Aussagen eines Zeugen als Beweismittel vor Gericht im Falle eines Kreuzverhörs (§ 289^1 StVGB)

In den festgesetzten Fällen des § 289^1 StVGB ist es zulässig, frühere Aussagen eines Zeugen zum Beweis von Tatsachen zuzulassen, auch wenn der Zeuge im gerichtlichen Ermittlungsverfahren unmittelbar verhört wird. Bei einem Kreuzverhör kann ein Verfahrensbeteiligter einem Zeugen, der sich nicht an die Beweise erinnern kann, die Einsichtnahme in ein Dokument gestatten, die dem Zeugen helfen kann, sich an die Umstände zu erinnern (siehe § 288 Abs. 9 Ziff. 3 StVGB). Auf der Grundlage von § 289^1 Abs. 1 Ziff. 1 StVGB können auf diese Weise hinterlegte Aussagen als Beweismittel für den Sachverhalt zugelassen werden. Es ist vielleicht etwas umstritten, ob nach § 289^1 Abs. 1 Ziff. 1 auf diese Weise verwertete, hinterlegte Aussagen auch dann als Beweismittel zugelassen werden können, wenn das Gedächtnis des Zeugen angeblich auch nach Einsichtnahme in die Abschrift nicht wiederhergestellt ist. Es gibt kein ausdrückliches gesetzliches Verbot für die Zulassung solcher Aussagen. Nach § 289¹ Abs. 1 Ziff. 1 StVGB kommt es darauf an, dass die einschlägigen früheren Aussagen des Zeugen bei der Vernehmung im gerichtlichen Ermittlungsverfahren verwendet worden sind. Die Zulässigkeit dieser hinterlegten Aussagen wird nicht von der Bedingung abhängig gemacht, dass die Einsichtnahme in das betreffende Dokument im Hinblick auf die Ermöglichung des Verhörs nützlich war.

In Bezug auf § 289¹ Abs. 1 Ziff. 2 StVGB ist unklar, was mit der Schädigung eines Zeugen durch eine Straftat gemeint ist. Offensichtlich ist es wichtig, die Bestimmungen des § 37 Abs. 3 StVGB zu berücksichtigen, wonach die für das Opfer geltenden Bestimmungen auch für den Zeugen gelten. Es ist möglich, dass dem Opfer auf der Grundlage von § 288 Abs. 9 Ziff. 3 StVGB Zugang zu einem Dokument gewährt wird, das die Aussage des Opfers über den ihm durch die betreffende Straftat entstandenen Schaden enthält. Auf der Grundlage von § 289¹ Abs. 1 Ziff. 2 StVGB können die früheren Aussagen des Opfers in einem auf diese Weise im Rahmen der gerichtlichen Untersuchung verwendeten Dokument als Beweismittel zugelassen werden, auch wenn sie nicht hinterlegt wurden.

Nach § 289¹ Abs. 2 StVGB ist es auch zulässig, frühere Aussagen, die im Rahmen der Überprüfung der Glaubwürdigkeit eines Zeugen gemacht wurden, zur Feststellung der beweiserheblichen Tatsachen zuzulassen, wenn sie hinterlegt worden sind. Hinterlegte Aussagen nach § 289¹ Abs. 2 StVGB können vom Gericht als zuverlässig angesehen und bei der Entscheidungsfindung herangezogen werden. Frühere Aussagen, die zur Überprüfung der Glaubwürdigkeit eines Zeugen vorgelegt werden, können unter dem Gesichtspunkt der Beweisführung eine andere Bedeutung haben. Von einem Zeugen im Ermittlungsverfahren gemachte Aussagen, die nicht hinterlegt wurden, können ebenfalls zur Überprüfung der Glaubwürdigkeit eines Zeugen im Sinne von § 289 Abs. 1 StVGB verwendet werden. Das Gericht darf nicht hinterlegte Aussagen jedoch nicht zur Feststellung des Sachverhalts verwenden. Sind die im Ermittlungsverfahren gemachten Aussagen nicht hinterlegt worden, so dürfen sie nur zur Überprüfung der Zuverlässigkeit der vor Gericht gemachten Aussagen verwendet werden.

12. Mögliches Problem der Beweiskraft von hinterlegten Aussagen

Die Feststellung und der Nachweis des Sachverhalts in einem Strafverfahren hängen auch mit der Zulässigkeit der vorgerichtlichen Aussage eines Zeugen in der Hauptverhandlung zusammen. In der Regel kann die unmittelbare Vernehmung eines Zeugen oder eines Opfers nicht an die Stelle der Aussage und der Beweisaufnahme im Vorverfahren treten. Unter bestimmten Voraussetzungen ist die Zulassung von Aussagen aus dem Ermittlungsverfahren jedoch nicht ausgeschlossen. Die Zulassung von Zeugenaussagen im Ermittlungsverfahren zur Feststellung der Beweistatsachen in der Hauptverhandlung kann unter den Voraussetzungen und nach dem Verfahren der §§ 289^1 und 291 StVGB erfolgen. Aus diesen Bestimmungen ergibt sich, dass die Hinterlegung von Zeugenaussagen im Vorverfahren unerlässlich ist. Eine solche Möglichkeit ist in § 69^1 StVGB vorgesehen. Die Möglichkeit der Vernehmung bei der Hinterlegung von Aussagen ist im Hinblick auf die Rechte der Verteidigung und die Qualität der Beweismittel von erheblicher Bedeutung. Die Inanspruchnahme des Vernehmungsrechts bei einer solchen Vernehmung ermöglicht es, die Zuverlässigkeit der Aussagen zu überprüfen und auch die für die Lösung des Strafverfahrens relevanten Tatsachen besser zu ermitteln. Die Möglichkeit, die Aussage eines Zeugen als Beweismittel im Ermittlungsverfahren zu sichern, ist daher unerlässlich. Es darf jedoch nicht die Wahrscheinlichkeit übersehen werden, dass die Aussage eines Zeugen in einer Hinterlegung von Aussagen in vielen Fällen nicht die gleiche Beweiskraft hat wie eine Aussage in der Hauptverhandlung. Es ist wichtig zu bedenken, dass sich die Teilnahme eines Anwalts am Vorverfahren qualitativ von der Teilnahme eines Anwalts an der Hauptverhandlung unterscheidet[65]. In der Hauptverhandlung ist der Verteidiger besser informiert als in der Vorverhandlung[66]. Dies bedeutet, dass sich die Vernehmung eines Zeugen bei der eidesstattlichen Aussage von der Vernehmung eines Zeugen bei der Beweisaufnahme unterscheidet. Dieser Unterschied wird durch die Vorschrift, dass für die Vernehmung eines Zeugen im vorgerichtlichen Verfahren dieselben Regeln gelten wie für die Vernehmung eines Zeugen in der Hauptverhandlung, nicht aufgehoben. In bestimmten

---

65 Siehe S. Walther. Strafprozessuales Konfrontationsrecht – ade? – Juristenzeitung, 2004, H. 22, S. 1111.
66 Für eine Erörterung dieser Frage im Rahmen des deutschen Strafverfahrens, siehe S. Walther. Strafprozessuales Konfrontationsrecht – ade? – Juristenzeitung, 2004, H. 22, S. 1111.

Fällen ist eine wirksame Befragung bei eidesstattlichen Aussagen nur möglich, wenn die Fragesteller über ausreichende Informationen verfügen. Daher sollte der Verteidiger zur Vorbereitung der Vernehmung Zugang zu dem Material in der Strafakte haben. Wenn der Verteidiger das Material der Strafakte nicht kennt, wird er nicht in der Lage sein, der vernommenen Person die wichtigen Fragen zu stellen, die nur auf der Grundlage der Kenntnis des Materials der Strafakte formuliert werden können[67]. Wenn der Verteidiger die Strafakte nicht kennt, besteht also die Gefahr, dass das Kreuzverhör unvollständig ist[68]. Im vorgerichtlichen Ermittlungsverfahren kann die Wirksamkeit des Kreuzverhörs bei der Hinterlegung von Zeugenaussagen auch davon abhängen, in welchem Stadium des Ermittlungsverfahrens das Kreuzverhör durchgeführt wird. Es ist Sache des Antragstellers der Hinterlegung von Aussagen, zu entscheiden, in welchem Stadium des Ermittlungsverfahrens die Vernehmung eines solchen Zeugen aufgrund der besonderen Umstände und verfahrensrechtlichen Erwägungen erforderlich ist. Eine solche Vernehmung kann daher in einem frühen Stadium des Vorverfahrens erforderlich sein. § 43 Abs. 4 StVGB sieht vor, dass, wenn es in einer Strafsache keinen Verdächtigen oder Beschuldigten gibt, die Staatsanwaltschaft aber die Hinterlegung von einer Zeugenaussage beantragt hat, die Estnische Anwaltskammer auf Antrag des Ermittlungsrichters einen Rechtsanwalt bestellt, der die Interessen eines möglichen Verdächtigen bei der Vernehmung des Zeugen vertritt. Wenn zum Zeitpunkt der Hinterlegung einer Zeugenaussage nur wenige andere Beweise gesammelt wurden, ist eine Vernehmung auf der Grundlage ausreichender Informationen nicht möglich. Auch wenn die im Ermittlungsverfahren hinterlegten Aussagen im Laufe der gerichtlichen Untersuchung vorgebracht werden können, sollten die Umstände, die die Qualität der Beweise beeinflussen, berücksichtigt werden.

13. Besondere Regeln für die Vernehmung eines minderjährigen Zeugen (§ 290 StVGB)

Die Besonderheit der Vernehmung von Minderjährigen zeigt sich auch in der in § 290 Abs. 2 StVGB vorgesehenen Möglichkeit, einen Kinderschutzbeauftragten,

---

67 Für eine Diskussion dieses Themas im Rahmen des deutschen Strafverfahrens, siehe B. Schünemann. Wohin treibt der deutsche Strafprozess? – Zeitschrift für die gesamte Strafrechtswissenschaft, 114 (2002), H. 1, S. 42.
68 Siehe P. Großkopf. Beweissurrogate und Unmittelbarkeit der Hauptverhandlung. Zulässigkeit des Transfers von Vernehmungsergebnissen aus dem Ermittlungsverfahren in die Hauptverhandlung. Baden-Baden 2007, S. 99.

Sozialarbeiter, Pädagogen oder Psychologen an der Vernehmung eines Zeugen unter vierzehn Jahren zu beteiligen. Diese Möglichkeit verpflichtet das Gericht nicht dazu, in jedem Fall einen solchen Beistand bei der Vernehmung eines Zeugen unter vierzehn Jahren hinzuzuziehen. In Anbetracht der Tatsache, dass ein Kind unter vierzehn Jahren eine eingeschränktere Wahrnehmungs- und Kommunikationsfähigkeit haben kann als ein Erwachsener, sieht die Prozessordnung die Möglichkeit vor, einen Kinderschutzbeauftragten, Sozialarbeiter, Pädagogen oder Psychologen in die Vernehmung des Kindes einzubeziehen (siehe RKKKo 3-1-1-86-06, Ziff. 6). Das Gesetz legt nicht fest, in welchen Fällen die Hinzuziehung einer solchen Person bei der Anhörung eines Minderjährigen erforderlich sein könnte. Offensichtlich kann der geistige oder körperliche Zustand des Zeugen bei einer solchen Entscheidung berücksichtigt werden. Ein Kinderschutzbeauftragter, ein Sozialarbeiter, ein Pädagoge oder ein Psychologe kann mit Genehmigung des Richters Fragen an die befragte Person stellen. Dies kann beispielsweise erforderlich sein, um zu klären, ob der Minderjährige die gestellten Fragen richtig verstanden hat, oder um festzustellen, ob das, was der Minderjährige gesagt hat, den Sachverhalt so wiedergibt, wie er ihn wahrgenommen hat.

Der Strafsenat des Staatsgerichtshofs hat klargestellt, dass ein Zeuge unter vierzehn Jahren nicht verwarnt wird, wenn er ohne Rechtsgrundlage die Aussage verweigert und wissentlich eine falsche Aussage macht, dass ihm aber die Notwendigkeit, die Wahrheit zu sagen, zu Beginn der Vernehmung und auf jeden Fall vor der Aussage des Opfers über das strafbare Ereignis erläutert werden muss. Unabhängig vom Alter des Zeugen (Opfers) ergibt sich die Wahrheitspflicht aus § 66 Abs. 3 StVGB. Wenn die Schlussfolgerungen des Sachverständigengutachtens zeigen, dass das minderjährige Opfer keine größere Neigung zur Phantasie hat, erfordert die Vernehmung des minderjährigen Opfers eine eindeutige Erklärung, dass das Opfer die Wahrheit sagen muss, d. h. die Ereignisse, die tatsächlich stattgefunden haben. Auch wenn bei der Vernehmung zweifellos die Besonderheiten des Alters des Kindes zu berücksichtigen sind, die u. a. das Stellen von Suggestivfragen ermöglichen, darf die Klarstellung der Wahrheitspflicht als entscheidender Punkt für die Glaubwürdigkeit der Aussage nicht übersehen werden (RKKKo 3-1-1-73-15, Ziff. 18).

Nach § 290 Abs. 3 StVGB ist der Richter verpflichtet, einen minderjährigen Zeugen unter vierzehn Jahren aufzufordern, dem Gericht alles zu sagen, was er über die Strafsache weiß. Somit hat ein minderjähriger Zeuge unter vierzehn Jahren die Möglichkeit, seine Aussage frei zu machen. § 290 Abs. 4 StVGB sieht vor, dass ein minderjähriger Zeuge unter vierzehn Jahren nach seiner Aussage von der Staatsanwaltschaft und dem Verteidiger in der vom Gericht festgelegten Reihenfolge befragt werden muss. Es ist also Sache des Gerichts, zu bestimmen, wer den Zeugen zuerst befragen darf. In der Regel sollte jedoch die Person, auf deren Antrag der Zeuge geladen wurde, die Möglichkeit haben, zuerst zu befragen. Nach § 290 Abs. 4 StVGB hat der Beschuldigte die Möglichkeit, über seinen Anwalt Fragen zu stellen. Eine solche Regelung ist wichtig für den Schutz eines minderjährigen Zeugen.

Nach § 290 Abs. 5 Satz 2 StVGB dürfen bei der Vernehmung eines minderjährigen Zeugen Suggestivfragen gestellt werden, allerdings nur mit Erlaubnis des Gerichts. Die Erlaubnis des Gerichts, dem Minderjährigen eine Suggestivfrage zu stellen, muss der Fragestellung vorausgehen, da sonst die Glaubwürdigkeit der Aussage des Verhörten bereits untergraben werden kann – unabhängig davon, ob die Person erzählt, was sie über die beweiserheblichen Umstände weiß, oder ob sie stattdessen vom Fragesteller gewünschte Informationen weitergibt (RKKKo 3-1-1-50-13, Ziff. 15.1).

Nach § 290 Abs. 5 hat das Gericht unerhebliche und unzulässige Fragen auszuschließen. Der Ausschluss solcher Fragen kann von Amts wegen oder auf Antrag eines Verfahrensbeteiligten erfolgen. Gemäß § 290 Abs. 5 StVGB ist das Stellen von Suggestivfragen an einen Zeugen nur mit Erlaubnis des Gerichts zulässig. Das Stellen von Suggestivfragen muss begründet sein und sollte eine unzulässige Beeinflussung des Zeugen nach Möglichkeit vermeiden. Bei der Befragung eines minderjährigen Zeugen ist darauf zu achten, dass die geistige oder körperliche Verfassung des Minderjährigen nicht beeinträchtigt wird. Im Interesse des Schutzes der körperlichen oder geistigen Gesundheit des Zeugen kann das Gericht auf der Grundlage von § 290 Abs. 6 StVGB die Vernehmung durch die Verfahrensbeteiligten unterbrechen. In einem solchen Fall haben die Verfahrensbeteiligten die Möglichkeit, schriftliche Fragen vorzubereiten. Diese Fragen werden dem Gericht vorgelegt. Das Gericht befragt den Zeugen auf der Grundlage dieser schriftlichen Fragen nach Maßgabe des § 290 Abs. 6 StVGB. Unerhebliche und unzulässige Fragen sind auszuschließen. Auch der Verfahrensbeteiligte hat die Möglichkeit, den Ausschluss solcher Fragen zu beantragen. Das Gericht kann den Zeugen auch von sich aus befragen.

Der Strafsenat des Staatsgerichtshofs hat klargestellt, dass gemäß § 290 Abs. 1 StVGB die Vernehmung eines Zeugen im Kreuzverhör, der jünger als vierzehn Jahre ist, nicht zulässig ist. Nach Auffassung des Senats schließt dies jedoch nicht aus, dass Aussagen des Opfers im Vorverfahren offengelegt werden, um die Zuverlässigkeit der vor Gericht gemachten Aussagen zu überprüfen, soweit sie von den vor Gericht gemachten Aussagen abweichen. § 290 Abs. 1 StVGB sieht eine Form des Kreuzverhörs des Opfers vor, die das Opfer, das unter vierzehn Jahre alt ist, vor der psychischen Anspannung und den negativen Emotionen schützen soll, die ein Kreuzverhör mit sich bringen kann. Mit dieser Bestimmung soll nicht die Möglichkeit ausgeschlossen werden, die Glaubwürdigkeit der Aussage des Opfers zu überprüfen. Gemäß § 290 Abs. 4 StVGB wird ein minderjähriger Zeuge von der Staatsanwaltschaft und dem Verteidiger vernommen. Nach Absatz 6 desselben Paragrafen kann das Gericht unter Berücksichtigung des geistigen oder körperlichen Zustands und des Alters des Zeugen die Vernehmung unterbrechen und den Zeugen von sich aus oder auf der Grundlage von schriftlichen Fragen der Verfahrensbeteiligten befragen. Der Hauptunterschied bei der Vernehmung eines Zeugen, der noch keine vierzehn Jahre alt ist, besteht also in der Art und Weise, wie die Fragen gestellt werden. Der Senat sieht daher keinen überzeugenden Grund, die Vorschriften über die Vernehmung eines minderjährigen Zeugen so auszulegen, dass die Möglichkeit ausgeschlossen wird, die Glaubwürdigkeit der in § 289 StVGB vorgesehenen Aussage anhand der Aussage des Zeugen im Ermittlungsverfahren zu überprüfen (RKKKo 3-1-1-104-16, Ziff. 11).

14. Besonderheiten bei der Aussage eines minderjährigen Zeugen im Ermittlungsverfahren (§ 70, § 290^1 StVGB)

§ 290^1 Abs. 1 StVGB ist für den Schutz eines minderjährigen Zeugen oder eines Opfers von erheblicher Bedeutung, da in solchen Fällen die negativen Auswirkungen einer wiederholten Vernehmung auf den Minderjährigen vermieden werden können. Die Möglichkeit und das Erfordernis der Videoaufzeichnung der Vernehmung eines minderjährigen Zeugen im Ermittlungsverfahren ist in § 70 StVGB festgelegt.

Nach § 290^1 Abs. 1 StVGB kann das Gericht auf Antrag eines Verfahrensbeteiligten von der Ladung eines Minderjährigen absehen und dessen Aussagen im Ermittlungsverfahren als Beweismittel zulassen, wenn sie auf Video aufgezeichnet wurden und der Verteidiger Gelegenheit hatte, dem Zeugen im Ermittlungsverfahren Fragen zum Sachverhalt zu stellen, wenn: (1) der Zeuge unter zehn Jahren ist und wiederholte Vernehmungen die Psyche des Minderjährigen beeinträchtigen können; (2) der Zeuge unter vierzehn Jahren ist und die Vernehmung sich auf häusliche Gewalt oder sexuellen Missbrauch bezieht; (3) der Zeuge sprachbehindert, geistig behindert oder geistig zurückgeblieben ist oder eine psychische Störung aufweist. Besondere Regeln für die Vernehmung eines minderjährigen Zeugen sind in § 70 StVGB festgelegt, der in Absatz 2 vorsieht, dass in den oben genannten Fällen ein Kinderschutzbeauftragter, ein Sozialarbeiter, ein Lehrer oder ein Psychologe an der Vernehmung beteiligt werden muss, wenn der Verfahrensdurchführende nicht entsprechend geschult wurde. In § 70 Abs. 3 StVGB ist vorgesehen, dass die Vernehmung auf Video aufgezeichnet wird, wenn sie als Beweismittel in einem Gerichtsverfahren verwendet werden soll, da eine direkte Vernehmung des Minderjährigen vor Gericht aufgrund seines Alters oder seines geistigen Zustands nicht möglich ist. Absatz 4 desselben Paragrafen sieht das Recht des Verdächtigen auf Zugang zu der im Vorverfahren angefertigten Videoaufzeichnung und die Möglichkeit für den Verdächtigen und die Verteidigung vor, Fragen an den Zeugen zu stellen. Gemäß § 37 Abs. 3 StVGB gelten diese Bestimmungen auch für die Aussagen des Opfers (RKKKo 1-18-1247, Ziff. 47).

Der Strafsenat des Staatsgerichtshofs hat klargestellt, dass sich der Wortlaut des § 70 Abs. 4 Satz 2 StVGB und § 290¹ Abs. 1 StVGB hinsichtlich des Vernehmungsrechts teilweise widersprechen. § 70 Abs. 4 StVGB sieht vor, dass sowohl der Beschuldigte als auch sein Verteidiger das Recht haben, den Zeugen zu befragen. § 290¹ Abs. 1 StVGB sieht hingegen vor, dass es Voraussetzung für die Beweisführung ist, dass der Verteidiger die Möglichkeit hatte, den Zeugen im Vorverfahren zu befragen. Es ist jedoch zu beachten, dass die Beteiligung eines Rechtsanwalts am Ermittlungsverfahren in der Regel erst ab dem Zeitpunkt vorgeschrieben ist, zu dem die Strafakte gemäß dem in § 223 Abs. 3 StVGB vorgesehenen Verfahren vorgelegt wird. Fälle, in denen die Beteiligung eines Rechtsanwalts während des gesamten Strafverfahrens vorgeschrieben ist, sind nur in § 45 Abs. 2 StVGB vorgesehen. Aus dieser Vorschrift geht nicht hervor, dass die Mitwirkung eines Rechtsanwalts im gesamten Strafverfahren auch in den in § 290¹ Abs. 1 Ziff. 1 und 2 StVGB genannten Strafsachen vorgeschrieben ist. Folglich kann nicht ausgeschlossen werden, dass der Beschuldigte in den Fällen, in denen er die Bestellung eines Rechtsanwalts weder gewählt noch beantragt hat, das in § 290¹ Abs. 1 StVGB vorgesehene Recht auf Vernehmung eines Minderjährigen durch einen Rechtsanwalt nicht ausüben kann. Dieses Recht kann der Beschuldigte ausüben, indem er einen Rechtsanwalt wählt oder dessen Bestellung beantragt. Durch die Weigerung, einen Anwalt zu wählen oder zu bestellen, verzichtet der Verdächtige jedoch im Wesentlichen auf das in § 290¹ Abs. 1 StVGB vorgesehene Recht zu befragen. In der beschriebenen Situation hängt die Anwesenheit eines Anwalts nicht vom Tätigwerden oder Nichttätigwerden des Staatsanwalts ab, weshalb nicht von einem Verstoß gegen eine der in dieser Vorschrift genannten Voraussetzungen für die Beibringung von Beweismitteln gesprochen werden kann. Ein gegenteiliges Verständnis würde dazu führen, dass der Verzicht auf das Recht auf einen Rechtsbeistand missbraucht werden könnte, um den Ausschluss von im Vorverfahren erhobenen Beweismitteln von der Verhandlung zu erreichen. Die einzige Möglichkeit, dies zu vermeiden, bestünde jedoch darin, den Minderjährigen im Laufe des Verfahrens wiederholt zu vernehmen, was dem Zweck von § 290¹ StVGB offensichtlich zuwiderliefe. Um das Recht auf Vernehmung zu erlangen, muss der Beschuldigte daher nachweisen, dass er aktiv ist, und kann sich nicht allein aufgrund des Fehlens eines Anwalts darauf berufen, dass die in § 290¹ StVGB genannten Voraussetzungen für die Beweisführung nicht erfüllt sind. Unter Berücksichtigung des teilweisen Widerspruchs zwischen § 70 Abs. 4 und § 290¹ StVGB ist der Strafsenat der Auffassung, dass es in einem vergleichbaren Fall als ausreichend angesehen werden muss, die Voraussetzungen des § 290¹ Abs. 1 StVGB zu erfüllen, wenn nur der Beschuldigte die Möglichkeit hatte, im Ermittlungsverfahren zu vernehmen (RKKKo 3-1-1-109-16, Ziff. 14–15).

Nach § 290¹ Abs. 1 StVGB können nur videoaufgezeichnete Aussagen als Beweismittel vorgelegt werden. Etwas unklar ist jedoch, ob die Untersuchung von Aussagen im Ermittlungsverfahren vor Gericht durch Vorführung der Videoaufzeichnung erfolgen muss oder ob die Untersuchung dieser videoaufgezeichneten Aussagen auch durch die Vernehmungsniederschrift des Ermittlungsverfahrens erfolgen kann. Ein Verfahrensbeteiligter kann bei Gericht beantragen, dass die Videoaufzeichnung gezeigt wird. In einem solchen Fall ist es wichtig, die Videoaufzeichnung in der Verhandlung zu zeigen. Beantragen die Verfahrensbeteiligten nicht die Vorführung der Videoaufzeichnung, kann die Untersuchung der Zeugenaussage nur auf der Grundlage der Niederschrift der Verhandlung zugelassen werden. Wird die Zulassung von Aussagen eines minderjährigen Zeugen im Ermittlungsverfahren beantragt, kann das Gericht auch von Amts wegen beschließen, die Videoaufzeichnung während der gerichtlichen Untersuchung vorzuführen.

Die in § 290¹ Abs. 2 StVGB vorgesehene zusätzliche Vernehmung kann gemäß § 287 Abs. 5 StVGB im Wege der audiovisuellen Fernvernehmung erfolgen. Erforderlichenfalls kann der Zeuge auf der Grundlage von § 287 Abs. 5 StVGB durch eine Trennwand vom Beschuldigten abgeschirmt werden.

15. Frühere Zeugenaussagen vor Gericht ohne die Möglichkeit eines Kreuzverhörs (§§ 291 und 294 StVGB)

Ein wichtiger Grundsatz des Strafverfahrens ist der Grundsatz der Unmittelbarkeit § 15 Abs. 1 StVGB sieht vor, dass eine Entscheidung des Landgerichts nur auf Beweise gestützt werden darf, die in der Hauptverhandlung vorgetragen und unmittelbar geprüft wurden und die zu Protokoll genommen worden sind. Die Vernehmung eines persönlichen Beweismittels, wie eines Zeugen, eines Opfers oder eines Angeklagten, muss unmittelbar erfolgen. In der Regel ist das Kreuzverhör als Vernehmungsmethode in der Verhandlung anzuwenden (siehe § 288 StVGB). Die unmittelbare Vernehmung eines Zeugen oder eines Opfers darf in der Regel nicht durch eine Aussage im Ermittlungsverfahren ersetzt werden. Unter bestimmten Voraussetzungen ist jedoch die Zulassung von Aussagen aus dem Ermittlungsverfahren in der Hauptverhandlung nicht ausgeschlossen. In bestimmten Fällen ist es nicht möglich, einen Zeugen oder ein Opfer direkt in der Verhandlung zu vernehmen. Ausnahmen vom Grundsatz der Unmittelbarkeit in Gerichtsverfahren sind notwendig. Einige solcher Ausnahmen sind in § 291 StVGB vorgesehen. Werden die Aussagen eines Zeugen oder eines Opfers im Ermittlungsverfahren als Beweismittel nach § 291 StVGB zugelassen, dürfte es für die Verteidigung und den Angeklagten sehr schwierig oder unmöglich sein, sich wirksam an der Überprüfung der Zuverlässigkeit dieser Aussagen zu beteiligen. Dies liegt daran, dass die Verteidigung und der Beschuldigte in einem solchen Fall keine Gelegenheit haben, Fragen zu den für die Verteidigung relevanten Tatsachen zu stellen und sich somit an der Überprüfung der Zuverlässigkeit der Aussagen zu beteiligen. Nach Artikel 6 Absatz 3 Buchstabe d der EMRK hat jeder, der einer Straftat angeklagt ist, das Recht, sich selbst zu vernehmen oder Zeugen der Anklage vernehmen zu lassen[69]. Es sei jedoch darauf hingewiesen, dass es ausnahmsweise zulässig ist, das Protokoll einer Vernehmung offenzulegen, die in Ausübung des Rechts auf Vernehmung nicht hätte durchgeführt werden können, weil es nicht möglich ist, die betreffende Person zu befragen[70]. In den Fällen, in denen Grund zu der Annahme besteht, dass es nicht möglich sein wird, einen Zeugen und ein Opfer im Laufe der Hauptverhandlung zu befragen, sollte sichergestellt werden, dass der Verdächtige und der Verteidiger die Möglichkeit haben, den Zeugen und das Opfer bereits im Ermittlungsverfahren zu befragen. In § 69¹ StVGB ist die Hinterlegung von Aussagen vorgesehen. Dabei handelt es sich um eine Form der Vernehmung, die es dem Beschuldigten und seinem Verteidiger ermöglicht, den Zeugen und den Geschädigten bereits im Vorverfahren zu befragen. Nach § 276² StVGB können Aussagen auch nach Übermittlung der Anklageschrift an das Gericht hinterlegt werden. Auf diese Weise kann

---

69 Dieses Recht auf Vernehmung wurde vom Europäischen Gerichtshof für Menschenrechte in einer Reihe von Urteilen konkretisiert. Die wichtigsten in diesen Urteilen vertretenen Standpunkte wurden von dem Strafsenat des Staatsgerichtshofs in seinem Urteil in der Rechtssache Nr. 3-1-1-98-02 zitiert. Siehe auch das Urteil des Strafsenats des Staatsgerichtshofs in der Rechtssache Nr. 3-1-1-45-07, Ziff. 16.1.
70 Siehe W. Gollwitzer. Menschenrechte im Strafverfahren. MRK und IPBPR. Berlin, De Gruyter Recht, 2005, Rn 227.

den Anforderungen von Artikel 6 Absatz 3 Buchstabe d der Konvention zum Schutze der Menschenrechte und Grundfreiheiten Rechnung getragen werden. Es sei darauf hingewiesen, dass Zeugenaussagen auch auf Antrag des Beschuldigten oder der Verteidigung hinterlegt werden können. Diese Möglichkeit ist notwendig, da es auch unmöglich sein kann, einen Zeugen zu vernehmen, der in einem späteren Stadium des Verfahrens zur Unterstützung eines Verdächtigen oder Beschuldigten aussagt.

Nach § 291 Abs. 1 StVGB kann das Gericht auf Antrag eines Verfahrensbeteiligten die vorherige Aussage eines Zeugen als Beweismittel zulassen, wenn der Zeuge

1) verstorben ist;
2) in der Hauptverhandlung die Aussage verweigert
3) aufgrund seines Gesundheitszustands nicht in der Lage ist, auszusagen;
4) und sein Aufenthaltsort trotz angemessener Bemühungen nicht ermittelt werden konnte;
5) wegen eines anderen Hindernisses, das nicht beseitigt werden kann oder dessen Beseitigung unverhältnismäßige Kosten verursachen würde, nicht erscheinen kann und die ersuchende Partei alle zumutbaren Anstrengungen unternommen hat, um ihn vor das Gericht zu bringen.

Nach § 291 Abs. 2 StVGB kann ein Verfahrensbeteiligter in den Fällen des § 291 Abs. 1 StVGB beantragen, dass Aussagen, die ein Zeuge zuvor gemacht hat, als Beweismittel zugelassen werden, wenn die Aussagen hinterlegt worden sind oder wenn die frühere Vernehmung von einer zuständigen Behörde eines ausländischen Staates aufgrund eines Rechtshilfeersuchens durchgeführt worden ist und die Person nicht im Wege der Fernvernehmung vernommen werden kann.

Ausnahmsweise ist es nach § 291 Abs. 3 StVGB unter den gesetzlich festgelegten Voraussetzungen zulässig, nicht hinterlegte Aussagen einer Person entgegenzunehmen. In diesem Fall müssen alle in § 291 Abs. 3 StVGB genannten Voraussetzungen erfüllt sein. In Ziffer 1 wird als Voraussetzung genannt, dass die Umstände, unter denen die Aussagen gemacht wurden, und die Identität des Zeugen keinen Anlass zu Zweifeln an der Zuverlässigkeit des Beweismittels geben. Bei der Entscheidung, ob diese Voraussetzung erfüllt ist, kann das Vorbringen des Verfahrensbeteiligten zu der betreffenden Tatsache berücksichtigt werden, das Anlass zu Zweifeln an der Zuverlässigkeit des Beweises geben kann. Wenn der Verfahrensbeteiligte ein solches Argument vorbringt, sollte er auch die Grundlage erläutern, auf die er sich stützt. § 291 Abs. 3 Ziff. 2 StVGB setzt voraus, dass der Verfahrensbeteiligte die Zulassung von Aussagen als

Beweismittel zum Nachweis einer für die gesamte Strafsache erheblichen Tatsache beantragt hat. Das Gesetz sieht also die Möglichkeit vor, Beweismittel dieser Qualität nur zum Nachweis einer für die gesamte Strafsache relevanten Tatsache zu verwenden. Außerdem muss die Gegenpartei des Beweisantragstellers ausreichend Gelegenheit haben, Einspruch gegen das Beweismittel zu erheben. So muss die gegnerische Partei des Antragstellers die Möglichkeit haben, den Aussagen eines Zeugen oder eines Opfers im Vorverfahren zu widersprechen. Auf diese Weise kann die gegnerische Partei die Aussage des Zeugen in Frage stellen, indem sie zum Beispiel darauf hinweist, dass die Aussage des Zeugen widersprüchlich ist. Auch können beispielsweise die Umstände, unter denen die Aussage gemacht wurde, als Einwand geltend gemacht werden. Wichtig ist auch, dass die Zeugenaussage durch eine direkte oder audiovisuelle Fernvernehmung gewonnen wird.

Der Strafsenat des Staatsgerichtshofs hat klargestellt, dass das Gericht, wenn ein Zeuge die Beantwortung einer von einem Verfahrensbeteiligten im Kreuzverhör gestellten Frage verweigert, das Kreuzverhör gemäß § 288 Abs. 10 StVGB einstellt und auf Antrag der Partei über die Verwertung früherer Aussagen des Zeugen als Beweismittel gemäß § 291 Abs. 1 Ziff. 2 StVGB entscheidet, und zwar unabhängig vom Inhalt der bisher im Kreuzverhör gemachten Aussagen. Nach § 291 Abs. 1 Ziff. 2 StVGB kann das Gericht auf Antrag eines Verfahrensbeteiligten die Aussage eines Zeugen als Beweismittel zulassen, wenn der Zeuge die Aussage in der Hauptverhandlung verweigert. Grundsätzlich sind hinterlegte Aussagen als Beweismittel zulässig (§ 291 Abs. 2 StVGB), ausnahmsweise kann das Gericht aber auch frühere, nicht hinterlegte Aussagen einer Person als Beweismittel zulassen, sofern die Voraussetzungen des § 291 Abs. 3 StVGB erfüllt sind (siehe RKKKo vom 10.06.2022, 1-18-437, Ziff. 50; RKKKo vom 11.03.2013, 3-1-1-24-13, Ziff. 13). Der Staatsgerichtshof hat klargestellt, dass § 291 Abs. 3 Ziff. 3 StVGB nicht die Möglichkeit der Vernehmung voraussetzt. Nach der Rechtsprechung wird im Rahmen des § 291 Abs. 3 Ziff. 1 StVGB nicht der Inhalt der Aussage beurteilt, sondern allgemein die Umstände der Aussage und die Identität des Zeugen. In diesem Stadium ist es nicht erforderlich, dass die Glaubwürdigkeit der Zeugenaussage positiv festgestellt wird, sondern nur, dass es keine vorläufigen Gründe gibt, an der Zuverlässigkeit des Beweismittels zu zweifeln (RKKKo vom 15.06.2018, 1-16-7179, Ziff. 11).

Die Zulassung früherer nicht dokumentierter Zeugenaussagen ist in den Fällen des § 291 Abs. 1 Ziff. 4 und 5 StVGB nicht zulässig. Die Zulassung von Aussagen, die ein Zeuge im Rahmen eines Ermittlungsverfahrens gemacht hat, kann unter den Voraussetzungen und nach dem Verfahren des § 291 StVGB erfolgen. Hinterlegte Aussagen dürfen ebenfalls nur in den gesetzlich festgelegten Fällen verwendet werden.

Ein gesetzliches Verbot der Offenlegung und Beweisverwertung früherer Aussagen eines Zeugen, der nach § 71 StVGB ein Zeugnisverweigerungsrecht hat, besteht nicht. Der Staatsgerichtshof hat klargestellt, dass die in § 71 StVGB genannte Person die endgültige Entscheidung über die Aussageverweigerung bereits im Ermittlungsverfahren treffen muss. Nimmt er – aus welchen Gründen auch immer – das Selbstbelastungsverbot im Vorverfahren nicht in Anspruch und sagt aus, kann er sich nicht mehr darauf berufen, dass das Gericht seine frühere Aussage nicht als Beweismittel zulässt, wenn er sich später weigert, vor Gericht auszusagen (siehe RKKKo vom 10.06.2022, 1-18-437, Ziff. 50; RKKKo vom 11.03.2013, 3-1-1-24-13, Ziff. 13). Die Aussageverweigerung eines Zeugen (auch eines Opfers) im Sinne des § 291 Abs. 1 Ziff. 2 StVGB kann nur erfolgen, wenn der Zeuge vor Gericht erschienen ist und das Gericht ihn über seine Verfahrensrechte aufgeklärt und ihn davor gewarnt hat, die Aussage zu verweigern oder wissentlich falsch auszusagen (siehe RKKK 3-1-1-45-07).

Der Strafsenat des Staatsgerichtshofs ist der Auffassung, dass es keine gesetzliche Bestimmung gibt, die der Staatsanwaltschaft die Befugnis gegeben hätte oder geben würde, die Ladung eines wichtigen Zeugen mit der Begründung abzulehnen, dass der Zeuge Angst habe, und deshalb die Offenlegung früherer Aussagen des Zeugen in der Verhandlung zu verlangen. Der Strafsenat des Staatsgerichtshofs hat festgestellt, dass die Einschüchterung von Zeugen in Strafverfahren zweifellos vorkommt. Im Falle solcher Drohungen ist es jedoch in erster Linie Aufgabe der Staatsanwaltschaft als Vertreterin des Staates, alle ihr zur Verfügung stehenden rechtlichen Mittel einzusetzen, um solche Drohungen endgültig und entschlossen abzuwehren und das Sicherheitsgefühl der Zeugen bei der Erfüllung ihrer staatsbürgerlichen Pflichten zu gewährleisten (RKKKo 23.11.2012, 3-1-1-86-12, Ziff. 35).

Der Strafsenat des Staatsgerichtshofs hat festgestellt, dass im Falle der Trennung der Strafverfahren von Verdächtigen oder Beschuldigten in derselben Strafsache gemäß § 216 Abs. 2 Ziff. 3 StVGB die ehemaligen Mitverdächtigen, die im Rahmen des Abspracheverfahrens für schuldig befunden wurden, in der abgetrennten Strafsache keine Beschuldigten mehr sind, sondern Zeugen. Folglich kann die Offenlegung ihrer vorprozessualen Aussage nicht auf § 294 Ziff. 1 StVGB gestützt werden, sondern die Offenlegung ihrer Aussage ohne Kreuzverhör vor Gericht ist nur aus den in § 291 StVGB genannten Gründen möglich (RKKKo 3-1-1-41-13, Ziff. 8).

§ 294 StVGB sieht vor, dass das Gericht, wenn ein Kreuzverhör des Beschuldigten in der Hauptverhandlung nicht möglich ist, auf Antrag eines

Verfahrensbeteiligten Aussagen des Beschuldigten im Ermittlungsverfahren oder in einem früheren Verfahren in derselben oder einer anderen Strafsache als Beweismittel zulassen kann, wenn der Angeklagte die Aussage in der Hauptverhandlung verweigert oder die Hauptverhandlung in Abwesenheit des Angeklagten stattfindet.

Die Offenlegung früherer Aussagen einer Person, sei es nach § 291 oder 294 StVGB, entscheidet über die Zulässigkeit des Beweises. In beiden Fällen müssen sich die Gerichte bei der Bewertung dieser Aussagen jedoch auf die Bestimmungen des § 15 Abs. 3 StVGB stützen, wonach eine gerichtliche Entscheidung nicht ausschließlich oder überwiegend auf Beweismittel gestützt werden darf, deren unmittelbare Herkunft der Angeklagte oder die Verteidigung nicht in Frage stellen konnte. Der Strafsenat ist der Auffassung, dass sich eine gerichtliche Entscheidung auf Beweismittel „in überwiegendem Maße" im Sinne von § 15 Absatz 3 StVGB stützt, wenn diese Beweismittel für den Ausgang des Strafverfahrens von entscheidender oder ausschlaggebender Bedeutung sind. Werden die Aussagen durch andere Beweismittel erhärtet, so entscheidet sich die Erheblichkeit der Beweismittel nach dem Inhalt der anderen Beweismittel. Je mehr Beweise vorhanden sind, die den Inhalt der Zeugenaussage stützen oder bekräftigen, und je wichtiger sie sind, desto unwahrscheinlicher ist es, dass die Zeugenaussage als entscheidender Beweis angesehen wird, d. h. als Beweis, auf den sich das Urteil überwiegend stützt (EGMR vom 20.01.2009 Al-Khawaja und Tahery gegen Vereinigtes Königreich, Ziff. 131). Bei der Entscheidung über die Erheblichkeit von Beweismitteln ist daher stets der Inhalt anderer im Strafverfahren erhobener Beweismittel und deren Zusammenwirken mit der Zeugenaussage zu berücksichtigen (RKKKo 29.04.2013, 3-1-1-41-13, Ziff. 10).

16. Antrag auf erneute Vernehmung eines Zeugen im Rahmen einer gerichtlichen Untersuchung

Die Frage, ob die erneute Vernehmung eines Zeugen, der bereits im Rahmen einer gerichtlichen Untersuchung vernommen wurde, zulässig ist, kann unter dem Gesichtspunkt der Sachverhaltsermittlung im Strafverfahren in bestimmten Fällen von erheblicher Bedeutung sein. Man kann sagen, dass jeder Antrag auf eine zweite Vernehmung eines Zeugen nicht als gerechtfertigt angesehen werden kann. Als allgemeine Regel sollte gelten, dass der Antrag auf Beweisaufnahme mit der Durchführung der Beweisaufnahme hinfällig wird und dass ein Antrag auf erneute Vernehmung eines Zeugen, der bereits zu demselben Beweisthema vernommen worden ist, im Wesentlichen einen Antrag auf Wiederholung der Beweisaufnahme darstellt[71]. Die zweite Bedeutung eines solchen Antrags liegt vor, wenn die erneute Vernehmung eines Zeugen beantragt wird, um eine neue Tatsache zu beweisen.[72] Ein Antrag auf Beweisaufnahme ist von einem Antrag auf erneute Beweisaufnahme zu unterscheiden. Stellt ein Verfahrensbeteiligter einen Antrag auf Ladung und Vernehmung eines Zeugen, der bereits im Rahmen der gerichtlichen Untersuchung in der Strafsache vernommen worden ist, so ist zu prüfen, auf welcher tatsächlichen Grundlage der Antrag gestellt wird und inwiefern der Antragsteller die Vernehmung des Zeugen für erforderlich hält. Ein Antrag auf Vernehmung eines Zeugen kann nicht als begründet angesehen werden, wenn die Vernehmung des Zeugen bereits im Rahmen der gerichtlichen Untersuchung in Bezug auf den im Antrag genannten Sachverhalt durchgeführt worden ist. Die erneute Vernehmung eines Zeugen, der bereits vernommen worden ist, kann jedoch zur Feststellung neuer Tatsachen gerechtfertigt sein. Der Verfahrensbeteiligte müsste verständlicherweise begründen, warum es nicht möglich oder erforderlich war, den Zeugen im Rahmen der bereits durchgeführten Vernehmung zu dieser neuen Tatsache zu befragen. So kann beispielsweise nicht ausgeschlossen werden, dass sich erst nach der Vernehmung des Zeugen im Laufe der gerichtlichen Ermittlungen aufgrund zusätzlicher neuer Informationen die Notwendigkeit ergibt, den Zeugen zu einigen weiteren Tatsachen zu befragen.

17. Vernehmung eines Sachverständigen (§ 292^1 StVGB)

Die Vernehmung eines Sachverständigen vor Gericht richtet sich nach den Bestimmungen über die Vernehmung eines Zeugen (§ 292^1 Abs. 1 StVGB). Zum Sachverständigen siehe auch § 109^1 StVGB. Der Verweis auf § 291 StVGB im jetzigen Wortlaut des § 292^1 Abs. 1 StVGB ist etwas missverständlich, da diese Vorschrift die Zeugenvernehmung nicht regelt. Da ein und dieselbe Person in bestimmten Fällen in einem Strafverfahren sowohl als Sachverständiger als auch als Zeuge aussagen müsste, könnte der Verweis auf § 291 StVGB in Bezug auf die Frage der Zulässigkeit früherer Aussagen als Beweismittel gerechtfertigt

---

71 Für eine etwas ähnliche Ansicht in einem anderen Zusammenhang siehe U. Eisenberg. Beweisrecht der StPO. Spezialkommentar. 7. Aufl. München: Beck 2011, S. 60, Randnr. 158; siehe auch BGH, Urteil vom 2. 2. 1999 – 1 StR 590-9 (LG Ravensburg) – Neue Zeitschrift für Strafrecht 1999, H. 6, S. 312.

72 Zu dieser Ansicht im Zusammenhang mit dem Strafverfahren in Deutschland siehe U. Eisenberg. Beweisrecht der StPO. Spezialkommentar. 7. Aufl. München: Beck 2011, S. 60, Randnr. 158.

sein. Im Falle von Zeugenaussagen kann es zu einer Hinterlegung der Aussagen gekommen sein, und in diesem Fall ist es möglich, die Zulassung von Aussagen des Zeugen im Vorverfahren als Beweismittel zu beantragen. Eine Ausnahme kann auch gelten, wenn die Aussagen nicht hinterlegt worden sind.

18. Vernehmung des Angeklagten (§ 293 StVGB)

§ 293 Abs. 2 StVGB sieht vor, dass das Gericht bei der Vernehmung des Angeklagten die Identität des Angeklagten feststellt, den Angeklagten über die gesetzlichen Gründe für die Verweigerung der Aussage belehrt, ihm erklärt, dass er vor Gericht die Wahrheit sagen muss, und die Unterschrift des Angeklagten zu diesem Zweck einholt. Gemäß § 293 Abs. 3 StVGB befragt zunächst der Verteidiger den Angeklagten, sofern die Parteien nichts anderes vereinbart haben. Nach der Vernehmung des Angeklagten durch den Verteidiger und den Staatsanwalt können andere Angeklagte und deren Anwälte den Angeklagten befragen.

Bei der Vernehmung eines Angeklagten ist zu beachten, dass er gemäß § 293 Abs. 2, § 34 Abs. 1 Ziff. 1 und § 35 Abs. 2 StVGB das Recht hat, die Aussage zu verweigern. Der Angeklagte ist zwar nicht verpflichtet, seine Aussageverweigerung zu begründen, kann dies aber zweifelsfrei tun, indem er geltend macht, dass ein Kreuzverhör vor der Vernehmung der Zeugen seine Verteidigungsrechte verletzen könnte. Gemäß § 294 Ziff. 1 StVGB führt die Verweigerung der Aussage vor Gericht zur Offenlegung der zuvor gemachten Aussagen des Angeklagten, wenn dies von einer am Verfahren beteiligten Partei beantragt wird. Nach dieser Vorschrift können die Aussagen jedoch offengelegt werden, wenn der Angeklagte in der Verhandlung nicht ins Kreuzverhör genommen werden kann. Der Strafsenat ist der Auffassung, dass in dem Fall, in dem der Angeklagte die Aussage verweigert, sich aber gleichzeitig damit einverstanden erklärt, erst nach dem Kreuzverhör der Zeugen auszusagen, keine Grundlage für die Offenlegung der von ihm zuvor gemachten Aussagen gemäß § 294 Ziff. 1 StVGB besteht. Erst wenn der Angeklagte zu einem späteren Zeitpunkt, d. h. nach der Vernehmung der Zeugen, die Aussage verweigert, ergibt sich die Grundlage für den Antrag auf Zulassung seiner früheren Aussagen als Beweismittel (RKKKo 3-1-1-95-16, Ziff. 18).

Der Strafsenat des Staatsgerichtshofs ist der Auffassung, dass das Privileg des Angeklagten, sich nicht selbst belasten zu müssen, durch die Offenlegung von Aussagen, die er in einer früheren Strafsache gemacht hat, in der Regel nicht verletzt wird, wenn er in einem früheren Kreuzverhör ordnungsgemäß über sein Zeugnisverweigerungsrecht und über die Tatsache belehrt wurde, dass seine Aussagen gegen ihn verwendet werden können, und wenn er freiwillig auf sein Recht zu schweigen verzichtet hat. § 294 Ziff. 1 StVGB ist dahin auszulegen, dass in Fällen, in denen ein Angeklagter von seinem Recht Gebrauch macht, in einem gerichtlichen Ermittlungsverfahren nicht auszusagen, die Aussagen, die er in der Hauptverhandlung eines anderen Strafverfahrens gemacht hat, als Beweismittel verwendet werden können. Der Umstand, dass das frühere Strafverfahren in keinem sachlichen Zusammenhang mit der verhandelten Straftat stand, ist unerheblich. Entscheidend ist, ob die Aussagen, auf die man sich berufen will, möglicherweise unter Zwang oder gegen den Willen der Person erlangt wurden. Wurden die Aussagen von einer Person eingeholt, die über ihre Rechte belehrt wurde, unter Aufsicht des Gerichts und in Anwesenheit eines Anwalts, und konnte die Zuverlässigkeit der Aussagen durch ein Kreuzverhör überprüft werden, besteht in der Regel kein Grund zu der Annahme, dass die Aussagen unter Zwang gemacht wurden. Die Wahrscheinlichkeit eines Verstoßes gegen das Selbstbelastungsprivileg ist jedoch besonders gering, wenn die fraglichen Aussagen Teil der Verteidigungstaktik waren und der Angeklagte sie als Antwort auf Fragen der Verteidigung machte (RKKKo 1-21-2039, Ziff. 19–20).

19. Sachverständigenbeweis vor Gericht (§ 295 StVGB)

§ 295 StVGB regelt die Bestellung von Sachverständigen vor Gericht. Die Anordnung von Sachverständigengutachten auf Antrag des Gerichts sollte eine Ausnahme sein. Selbstverständlich sind die vom Strafsenat des Staatsgerichtshofs in seinen Urteilen Nr. 3-1-1-67-06 und Nr. 3-1-1-91-07 vertretenen Auffassungen zu den Bestimmungen des § 297 Abs. 1 StVGB auch bei der Erhebung zusätzlicher Beweise durch die Bestellung eines Sachverständigen zu berücksichtigen.

Die Verfahrensbeteiligten haben die Möglichkeit, über das Gericht schriftlich Fragen an den Sachverständigen zu stellen (§ 295 Abs. 2 StVGB). Die Auswahl und Formulierung der an den Sachverständigen zu stellenden Fragen ist jedoch grundsätzlich Sache des Gerichts (§ 295 Abs. 2 StVGB). Die Abfassung des Gutachtens erfolgt nach § 106 StVGB. Die an den Sachverständigen zu stellenden Fragen werden im Gutachten angegeben (§ 106 Abs. 2 Ziff. 5 StVGB). Hinsichtlich der Anforderungen an die Erstellung des Gutachtens sind auch die Bestimmungen des § 276 Abs. 2 StVGB zu beachten. Die Begutachtung des Sachverständigen richtet sich nach den §§ 99–104 und 107–108 StVGB.

20. Vorlage einer Aufzeichnung, eines Beweises oder eines Dokuments als Beweismittel (§ 296 StVGB).

Nach § 296 Abs. 1 StVGB sind bei der Beantragung der Zulassung eines Dokuments oder einer Aufzeichnung als Beweismittel bestimmte Einschränkungen zu beachten. Diese Einschränkungen sind in den §§ 289[1], 290[1], 291, 294 StVGB in Bezug auf die Zulässigkeit früherer Aussagen festgelegt. Es wird auch auf § 292 StVGB verwiesen, der das Verfahren für die Zulassung von Sachverständigengutachten als Beweismittel regelt. Es sei darauf hingewiesen, dass die Vorlage eines Sachverständigengutachtens als Beweismittel gemäß § 292 Abs. 1 StVGB den Bestimmungen des § 296 Abs. 2 bis 4 StVGB unterliegen muss.

Im Urteil des Strafsenats des Staatsgerichtshofs in der Rechtssache 3-1-1-62-07 wurde festgestellt, dass die Offenlegung von Aussagen, die in einem Vorverfahren im Rahmen eines Kreuzverhörs gemacht wurden, nicht nur dann auf § 289 StVGB zu stützen ist, wenn diese Aussagen im Vernehmungsprotokoll festgehalten wurden, sondern auch dann, wenn sie im Protokoll über die Gegenüberstellung, die Vorlage zur Vernehmung oder die Verknüpfung der Aussagen mit den Umständen festgehalten wurden (RKKK 3-1-1-62-07). In dem Urteil des Strafsenats des Staatsgerichtshofs in der Rechtssache 3-1-1-62-07 wurde erläutert, dass die Offenlegung von Aussagen, die im Rahmen einer vorgerichtlichen Untersuchung während eines Kreuzverhörs gemacht wurden, nur im Einzelfall durch das Auftreten eines Widerspruchs in Bezug auf eine bestimmte Tatsache gerechtfertigt werden kann. „Dies bedeutet, dass ein Verbot, die im vorgerichtlichen Verfahren gemachten Aussagen in Bezug auf eine bestimmte Tatsache vorzuziehen, nicht per se die Zulässigkeit des gesamten Ermittlungsprotokolls als Beweismittel ausschließt. Im Ermittlungsprotokoll festgehaltene Tatsachen, die nicht zu Widersprüchen zwischen den Aussagen im Ermittlungsverfahren einerseits und den Aussagen im Kreuzverhör andererseits führen, können vom Gericht bei der Urteilsfindung herangezogen werden, sofern die allgemeinen Voraussetzungen für die Offenlegung des Ermittlungsprotokolls und anderer Unterlagen in der Strafakte nach § 296 Abs. 2 und 3 StVGB erfüllt sind" (RKKK 3-1-1-62-07).

Aspekte der Anwendung von § 296 StVGB wurden vom Strafsenat des Staatsgerichtshofs in seinem Urteil 3-1-1-90-11 geklärt. In diesem Urteil wurde festgestellt, dass es nach § 296 StVGB nicht generell erforderlich ist, ein Dokument der Strafakte Wort für Wort vollständig zu verlesen, damit es vor Gericht offengelegt werden kann. Der Strafsenat des Staatsgerichtshofs hat auch klargestellt, dass bei der Offenlegung eines Dokuments die Informationen über dessen Inhalt ausreichen müssen, um den Zweck der Offenlegung zu erreichen.

Insbesondere muss aus der Offenlegung eines Dokuments klar hervorgehen, auf welche Informationen sich der Verfahrensbeteiligte stützt und welche beweiskräftigen Tatsachen er beweisen oder widerlegen will. Darüber hinaus hat der Strafsenat des Staatsgerichtshofs festgestellt, dass die vollständige Lektüre eines Dokuments in vielen Fällen das Verständnis der in dem Dokument enthaltenen Informationen, auf die sich der Verfahrensbeteiligte stützt, eher erschweren als erleichtern kann. Daher ist es häufig gerechtfertigt, dass der wesentliche Inhalt eines Schriftstücks oder eines Teils eines Schriftstücks (gegebenenfalls einschließlich der formalen Aspekte des Schriftstücks) im Wege eines Referierens offengelegt wird. Der Strafsenat des Staatsgerichtshofs hat festgestellt, dass es fast nie ausreicht, ein Schriftstück zu veröffentlichen, indem lediglich sein Titel oder seine Überschrift und die Seiten der Strafakte angegeben werden. Mit Ausnahme der in § 296 Abs. 3 Satz 2 StVGB vorgesehenen Ausnahme kann sich das Gericht bei seiner Entscheidung auf die in den in § 296 Abs. 1 StVGB genannten Beweismitteln enthaltenen Informationen nur insoweit stützen, als sie veröffentlicht worden sind. Wenn ein bestimmter Teil eines Dokuments in der Zusammenfassung des Inhalts des Dokuments zum Zeitpunkt der Offenlegung enthalten ist (d h. er kann als unmittelbare Quelle oder Detail der in der Offenlegung enthaltenen Informationen angesehen werden), kann dieser Teil des Dokuments als offengelegt angesehen werden. Ein inhaltlich selbständiger Teil eines Schriftstücks kann jedoch nicht allein deshalb als veröffentlicht angesehen werden, weil ein anderer Teil desselben Schriftstücks in der mündlichen Verhandlung in Bezug genommen oder zitiert wurde. Gemäß § 296 Abs. 1 StVGB werden Beweismittel erst dann veröffentlicht, wenn das Gericht die Beweismittel zugelassen hat, d. h. wenn es die Beweismittel gemäß § 286^1 Abs. 1 StVGB für erheblich erachtet hat (RKKK 3-1-1-90-11).

21. Erhebung zusätzlicher Beweise im Zuge einer gerichtlichen Untersuchung (§ 297 StVGB)

§ 297 StVGB sieht die Möglichkeit vor, nach Abschluss der Prüfung der von den Verfahrensbeteiligten vorgelegten Beweise zusätzliche Beweise zu erheben, bevor die Untersuchung der Beweise abgeschlossen wird. Ergänzende Beweismittel sind Beweismittel, die nicht in der Anklage- oder in der Verteidigungsschrift aufgeführt sind. Der Antrag auf ergänzende Beweiserhebung wird von einer Verfahrenspartei gestellt. Gemäß § 297 Abs. 2 StVGB muss der Verfahrensbeteiligte in dem Antrag die Gründe angeben, warum die Einholung zusätzlicher Beweise erforderlich ist und warum er sie nicht schon früher beantragt hat. Nach § 286^1 Abs. 2 StVGB kann das Gericht die Beweiserhebung ablehnen, wenn die Beweise nicht in der Anklageschrift oder in der Verteidigungsanzeige aufgeführt waren und der Verfahrensbeteiligte keine stichhaltigen Gründe angegeben hat, warum er den Antrag nicht früher hätte stellen können. Diese Möglichkeit muss bei der Stellung eines solchen Antrags berücksichtigt werden. In § 297 Abs. 3 StVGB sind die Gründe für die Ablehnung eines Antrags auf ergänzende Beweisaufnahme unter Bezugnahme auf § 286[1] StVGB festgelegt. Ein Verfahrensbeteiligter hat einen Beweisergänzungsantrag nicht hinreichend begründet, wenn er z. B. lediglich begründet, warum er die Beweise nicht in der Anklage- oder in der Verteidigungsschrift erwähnt hat. Insbesondere im Hinblick auf die Bestimmungen des § 297 Abs. 2 StVGB sollte der Verfahrensbeteiligte auch begründen, warum er die Vorlage der entsprechenden zusätzlichen Beweismittel nicht früher im Verfahren beantragt hat. Im Hinblick auf die Beschleunigung des Strafverfahrens sollte der Verfahrensbeteiligte den Antrag auf ergänzende Beweiserhebung im Verfahren so bald wie möglich stellen.

Nach § 297 Abs. 1 StVGB kann das Gericht von Amts wegen die Erhebung zusätzlicher Beweise anordnen, nachdem die Prüfung der von den Verfahrensbeteiligten vorgelegten Beweise abgeschlossen ist. Zu dieser gesetzlichen Bestimmung siehe in diesem Buch § 1 Ziff. 1. „Das Prinzip des adversarischen Hauptverfahrens".

§ 6. Prozessführung und letztes Wort des Beschuldigten

1. Ablauf der Hauptverhandlung (§ 299 StVGB)

Nach § 299 Abs. 1 StVGB beginnt die Hauptverhandlung mit der dem Plädoyer der Staatsanwaltschaft. Danach haben der Geschädigte, ein zivilrechtlich Beklagter und der Verteidiger das Wort. In Strafsachen, an denen mehrere Angeklagte beteiligt sind, bestimmt das Gericht die Reihenfolge, in der die Verteidiger auftreten. Gibt es mehr als einen Staatsanwalt oder Verteidiger, so können diese die Reihenfolge ihres Auftretens selbst bestimmen. § 299 Abs. 2 StVGB sieht vor, dass die Verfahrensbeteiligten das Recht auf eine Erwiderung haben. Nach § 299 Abs. 2 StVGB ist das Recht auf eine letzte Erwiderung der Verteidigung oder dem Angeklagten vorbehalten.

2. Inhalt der Hauptverhandlung (§ 300 StVGB)

§ 300 Abs. 1 StVGB sieht vor, dass sich die Verfahrensbeteiligten in der Gerichtsverhandlung nur auf die in gerichtlichen Untersuchung erhobenen Beweise stützen können. Der Staatsanwalt muss zusammenfassend beurteilen, welche der in der Anklageschrift genannten Tatsachen bewiesen sind. Der Staatsanwalt muss zu den Tatsachen und auch zu Rechtsfragen Stellung nehmen. Der Staatsanwalt muss auch konkrete Anträge stellen. Die Verteidigung kann sich auf die Tatsachen beziehen, die Zweifel an der Anklage aufkommen lassen, indem sie eine Bewertung der im Rahmen der gerichtlichen Untersuchung geprüften Beweise vorlegt. Da die Pflicht des Verteidigers gemäß § 47 Abs. 2 StVGB einseitig ist, kann der Verteidiger im Laufe der Verhandlung entlastende, nicht entlastende und strafmildernde Beweise vorlegen. § 300 Abs. 2 StVGB sieht vor, dass es keine zeitliche Begrenzung für die Dauer des Plädoyers gibt. Gemäß § 300 Abs. 2 StVGB ist eine Unterbrechung des Plädoyers zulässig, wenn das Plädoyer nicht strafrechtliche Angelegenheiten betrifft. Der Richter kann jedoch in Ausübung seiner Aufgabe, die Verhandlung zu leiten, durch eine entsprechende Bemerkung eingreifen, auch wenn das Recht, sich zu äußern, anderweitig missbraucht wird. Dies ist insbesondere dann der Fall, wenn beispielsweise bereits Gesagtes häufig ohne Begründung wiederholt wird. Ein Eingreifen in Form einer Bemerkung ist auch dann gerechtfertigt, wenn es sich um Beweismittel handelt, die nicht im Rahmen der gerichtlichen Untersuchung geprüft wurden.

3. Letztes Wort des Angeklagten (§ 303 StVGB)

Nach § 303 Abs. 1 StVGB hat der Angeklagte das Recht, das letzte Wort zu haben. In Strafsachen, an denen mehrere Angeklagte beteiligt sind, bestimmt der Richter die Reihenfolge, in der die Angeklagten ihr Recht auf das letzte Wort ausüben können. Der Angeklagte kann grundsätzlich frei entscheiden, was er im letzten Wort sagen möchte. § 303 Abs. 4 StVGB sieht vor, dass das Gericht die gerichtlichen Ermittlungen wieder aufnimmt, wenn der Angeklagte in seiner letzten Erklärung neue und wichtige Umstände in der Strafsache anführt. Nach der wiedereröffneten gerichtlichen Untersuchung und der Hauptverhandlung hat der Angeklagte erneut das Recht, das letzte Wort zu sprechen (§ 303 Abs. 4 StVGB). Der Angeklagte kann während der letzten Aussage schriftliche Notizen und Dokumente verwenden. Die Dauer des letzten Wortes ist nicht begrenzt (§ 303 Abs. 2 StVGB). Gemäß § 303 Abs. 2 StVGB kann der Richter die Rede des Angeklagten unterbrechen, wenn das letzte Wort Angelegenheiten außerhalb der Strafsache betrifft. § 303 Abs. 3 StVGB sieht vor, dass während des letzten Wortes keine Fragen an den Angeklagten gestellt werden dürfen. Missbraucht der Angeklagte das Recht auf das letzte Wort, indem er sich beispielsweise ständig wiederholt, kann der Richter den Angeklagten verwarnen. Der Richter kann dies in Ausübung seiner Funktion als Verhandlungsleiter auf der Grundlage von § 266 Abs. 1 StVGB tun. § 303 Abs. 5 StVGB sieht vor, dass das letzte Wort in dem in § 267 Abs. 3 StVGB genannten Fall nicht erteilt wird. Demnach erhält der Angeklagte, der wegen ordnungswidrigen Verhaltens für die Dauer der Verhandlung aus dem Gerichtssaal verwiesen worden ist, nicht das letzte Wort.

Nachdem der Angeklagte seine letzte Erklärung abgegeben hat, verkündet das Gericht den Zeitpunkt der Urteilsverkündung und verlässt den Gerichtssaal.

§ 7. Urteil auf der Grundlage der Entscheidungen des Strafsenats des Staatsgerichtshofs

Obwohl nach § 61 StVGB die Beweiswürdigung auf dem eigenen Urteil des Richters beruht, bedeutet dies nicht, dass der Richter über die Verlässlichkeit einer Beweisquelle nach einem bloßen Bauchgefühl entscheiden kann. Die Bildung einer inneren Überzeugung muss im Urteil überzeugend dargelegt werden, und zwar auf der Grundlage von Nachweisen, die sich sowohl in der Literatur als auch in der Rechtsprechung herausgebildet haben und die es ermöglichen, die Zuverlässigkeit einer persönlichen Beweisquelle im Lichte der besonderen Umstände des Falles zu beurteilen (RKKKo 1-20-9406, Ziff. 14). Der Begründungspflicht (§ 305^1 Abs. 1 StVGB) muss das Gericht so nachkommen, dass die innere Überzeugungsbildung des Gerichts für den Leser anhand der Urteilsgründe nachvollziehbar ist (RKKKo 3-1-1-61-12, Ziff. 10). Nach § 61 Abs. 1 und 2 StVGB hat das Gericht die Beweise im Lichte seiner eigenen inneren Wertung insgesamt zu würdigen. Das bedeutet, dass sich das Gericht auf der Grundlage der geprüften Beweise eine Überzeugung über das Vorliegen oder Nichtvorliegen von Beweistatsachen bildet. Zu den Beweistatbeständen gehören nach § 62 Ziff. 2 und 3 StVGB auch die Tatbestandsmerkmale der Straftat und die Schuld des Täters. Welche Tatsachen und Beweismittel das Gericht für erwiesen hält, muss gemäß § 312 Ziff. 1 StVGB im Hauptteil des Urteils wiedergegeben werden (RKKKo 3-1-1-41-12, Ziff. 8). Die bloße Tatsache, dass das Gericht in einer Verhandlung Beweise zugelassen hat, bedeutet nicht, dass es diese auch gewürdigt hat. Die Beweiswürdigung muss aus den Gründen des Urteils hervorgehen (RKKKo 3-1-1-109-15, Ziff. 93).

Der Staatsgerichtshof hat in seiner Rechtsprechung wiederholt betont, dass die Verurteilung einer Person auf der Grundlage auch nur eines einzigen Beweismittels, bei dem es sich auch um die Aussage des Opfers handeln kann, nicht ausgeschlossen ist (RKKKo 1-20-1301, Ziff. 10; siehe auch RKKKo 1-15-10967, Ziff. 6; RKKKo 3-1-1-104-16, Ziff. 10). Zwar muss in einer solchen eher außergewöhnlichen Beweissituation die innere Überzeugungsbildung des Gerichts hinsichtlich der Tatbestandsmerkmale für den Leser des Urteils besonders deutlich werden. Von besonderer Bedeutung ist, dass das Gericht alle möglichen Zweifel, die bei der Würdigung dieses einzigen Belastungsbeweises hätten aufkommen können, umfassend und unvoreingenommen geprüft und überzeugend widerlegt hat. Aus dem Urteil muss ersichtlich sein, dass das Gericht alle relevanten Tatsachen, die sowohl für als auch gegen die Begehung der Tat sprechen, festgestellt und in die Würdigung des einzigen belastenden Beweises einbezogen hat. So sind z. B. bei einem persönlichen Beweismittel die Entstehungsgeschichte der Aussage, die möglichen Motive für die Aussage, deren Detailliertheit, Glaubwürdigkeit usw. zu würdigen (RKKKo 1-20-1301, Ziff. 10; siehe auch RKKKo 3-1-1-100-15, Ziff. 16).

Es ist rechtlich nicht verboten, eine Person allein auf der Grundlage von Indizien zu verurteilen. Direkt- und Indizienbeweise unterscheiden sich nicht in der Beweiskraft der in ihnen enthaltenen Informationen, sondern in dem Ausmaß, in dem sie die Umstände, unter denen die Straftat begangen wurde, unmittelbar widerspiegeln (RKKKo 3-1-1-8-10, Ziff. 9).

In einer Situation, in der Wort gegen Wort steht, muss die Begründung eines Urteils besonders gründlich und überzeugend sein. In diesem Fall ist es auch besonders wichtig, dass das Gericht alle Zweifel, die durch die Würdigung der den Angeklagten belastenden Beweise aufgeworfen wurden, vollständig und unvoreingenommen geprüft und überzeugend widerlegt hat. Für die Würdigung der Aussage des Mitangeklagten, die grundsätzlich allen anderen Beweismitteln gleichgestellt ist, gibt es keine gesetzlichen Einschränkungen oder Ausnahmen. Es ist jedoch nachvollziehbar, dass das Gericht auch gesondert begründen muss, wenn es die Aussage eines Mitangeklagten für glaubwürdiger hält als z. B. die Aussage des Angeklagten, der seine Schuld bestreitet (RKKKo 3-1-1-26-13, Ziff. 12).

Die Umformulierung einer Rechtsvorschrift in einer gerichtlichen Entscheidung kann nicht als Sachargumentation angesehen werden (RKKKo 3-1-1-112-16, Ziff. 44).

Der Staatsgerichtshof hat in seiner bisherigen Rechtsprechung wiederholt klargestellt, dass das Urteil eindeutig und ohne Widersprüche sein muss, um die Rechtmäßigkeit des Urteils zu gewährleisten. Folglich muss das Gericht seine Ansichten sowohl im Hauptteil als auch im Tenor so klar wie möglich formulieren. Die Genauigkeit des Tenors ist besonders wichtig, da gemäß §§ 315 Abs. 4 und 343 Abs. 2 StVGB bei der Verkündung des Urteils nur der Tenor verkündet werden kann, unabhängig davon, ob es sich um das Landgericht oder das Bezirksgericht handelt. Da sich die Verfahrensbeteiligten bei der Ausübung ihres Rechts auf Berufung auf die Feststellungen im Tenor des Urteils stützen, müssen die im Tenor des Urteils geäußerten Ansichten auch ohne die im Hauptteil des Urteils dargelegten Gründe eindeutig sein. Ebenso ist ein Urteil, wenn es in Kraft tritt, entsprechend seinem Tenor zu vollstrecken. Die klare Formulierung des Tenors trägt dazu bei, Missverständnisse und unzulässige

Eingriffe in die Grundrechte des Einzelnen bei der Vollstreckung des Urteils zu vermeiden (RKKKo 3-1-1-20-14, Ziff. 11.1).

Gemäß § 306 Abs. 1 Ziff. 3 StVGB beschränkt sich die Zuständigkeit des Gerichts für die strafrechtliche Beurteilung des Verhaltens des Angeklagten nicht auf die Prüfung, ob das Verhalten mit der in der Anklageschrift genannten Strafvorschrift übereinstimmt, sondern umfasst auch eine aktive Rolle des Gerichts bei der Feststellung der materiellen Rechtslage. Nach § 268 Abs. 6 Satz 1 StVGB kann das Gericht auf der Grundlage der im Ermittlungsverfahren festgestellten Tatsachen die in der Anklageschrift dargelegte rechtliche Bewertung der Tat des Angeklagten ändern, wenn der Angeklagte ausreichend Gelegenheit hatte, sich gegen eine solche Qualifikation zu verteidigen. Ist das Gericht der Auffassung, dass die in der Anklageschrift angeführte Vorschrift nicht anwendbar ist, muss das Gericht in der Strafsache prüfen, ob das Verhalten des Angeklagten einem der anderen in einem besonderen Teil des Strafgesetzbuchs vorgesehenen Straftatbestände entsprechen könnte (RKKKo 1-17-1629, Ziff. 33). Stellt das Gericht fest, dass der in der Anklageschrift genannte Straftatbestand nicht angewendet werden kann, so hat es gemäß § 306 Abs. 1 Ziff. 3 StVGB zu prüfen, ob die Tat einem anderen Straftatbestand entsprechen kann und damit die Voraussetzungen des § 268 Abs. 6 StVGB erfüllt sind. Nach § 309 Abs. 2 StVGB ist ein Freispruch grundsätzlich ausgeschlossen, wenn das Gericht feststellt, dass die Tat einem der Tatbestände entspricht (RKKKo 1-18-158, Ziff. 84). Im Gegensatz zu den in der Anklageschrift geschilderten tatsächlichen Umständen ist die rechtliche Würdigung dieser Umstände durch die Staatsanwaltschaft für das Gericht jedoch nicht bindend. Nach § 268 Abs. 6 Satz 1 StVGB kann das Gericht auf der Grundlage der im in der gerichtlichen Untersuchung festgestellten Tatsachen die in der Anklageschrift dargelegte rechtliche Bewertung der Tat des Angeklagten ändern, wenn der Angeklagte ausreichend Gelegenheit hatte, sich gegen eine solche Qualifikation zu verteidigen. Die aktive Rolle des Gerichts bei der Feststellung der materiellen Rechtslage folgt nach dem Verständnis der Rechtsprechung auch aus § 306 Abs. 1 Ziff. 3 StVGB (RKKKo 3-1-1-12-16, Ziff. 10).

Das Fehlen einer Grundlage für die Verurteilung wegen einer vollendeten Straftat bedeutet nach ständiger Rechtsprechung des Staatsgerichtshofs nicht, dass der Angeklagte zwingend freizusprechen ist. Aus § 25 Abs. 1 und 2 StGB ergibt sich, dass nicht nur die Vollendung der Tat, sondern auch ihr unmittelbarer Beginn, d. h. der Versuch, nach dem Strafgesetzbuch strafbar ist. Vor einem Freispruch ist daher zu prüfen, ob die zu verantwortende Tat nicht als Versuch strafbar ist (RKKKo 1-22-1425, Ziff. 33; siehe z. B. RKKK 3-1-1-107-13, Ziff. 9).

Wird die Frage nach § 306 Abs. 1 Ziff. 1 StVGB verneint, muss das Gericht den Angeklagten mangels Vorliegens einer Straftat freisprechen (§ 309 Abs. 2 Ziff. 1 StVGB). Eine negative Antwort auf die Frage nach § 306 Abs. 1 Ziff. 2 StVGB bedeutet einen Freispruch des Angeklagten aufgrund der dritten Alternative des § 309 StVGB („Es ist nicht erwiesen, dass der Angeklagte die Straftat begangen hat."). Wenn das Gericht zu dem Schluss kommt, dass die Tat keinen Straftatbestand erfüllt (§ 306 Abs. 1 Ziff. 3 StVGB), wird der Angeklagte freigesprochen, weil die Tat nicht erwiesen ist (§ 309 Abs. 2, zweite Alternative StVGB). Sollte das Gericht jedoch alle Fragen in Ziff. 1 bis 3 des § 306 Abs. 1 StVGB bejahen, aber zu einem anderen Ergebnis kommen als in der Anklageschrift angegeben, nach welchem Paragrafen, Absatz und Ziffer des Strafgesetzbuches die Tat zu qualifizieren ist, so besteht keine Grundlage für einen gleichzeitigen Freispruch des Angeklagten. In diesem Fall muss der Angeklagte für schuldig befunden und nach der Vorschrift des Strafgesetzbuches bestraft werden, der das Gericht die Tat der Person zuordnet, ohne dass ein Freispruch nach der in der Anklageschrift angegebenen Qualifikation erfolgt (RKKKm 1-20-470, Ziff. 17–18).

In der Rechtsprechung wurde festgestellt, dass, wenn die Staatsanwaltschaft die Anklage so ändert, dass die Anklage teilweise fallen gelassen wird, der Angeklagte gemäß § 301 StVGB in den Punkten, in denen die Anklage fallen gelassen wurde, freizusprechen ist (RKKKo 1-15-3555, Ziff. 23). Die Entscheidung des Gerichts über den Teilfreispruch des Angeklagten muss auch im Tenor des Urteils wiedergegeben werden (RKKKo 3-1-1-133-13, Ziff. 18).

Hat sich die Rechtslage zwischen dem Zeitpunkt der Begehung der Tat und dem Zeitpunkt der Urteilsverkündung geändert, so ist im Urteil die Frage zu klären, ob und gegebenenfalls nach welcher Vorschrift die Tat des Betroffenen nach der neuen Fassung des Strafgesetzbuches strafbar ist (RKKKo 3-1-1-62-14, Ziff. 9; siehe auch RKKKo 3-1-1-18-14, Ziff. 6).

Nach der in der Rechtsprechung vertretenen Auffassung ist das Gericht bei der Entscheidung über die Frage der Bestrafung nicht an die diesbezüglichen Anträge des Staatsanwalts oder des Verteidigers gebunden und entscheidet die Frage auf der Grundlage des Gesetzes und seiner eigenen inneren Überzeugung (RKKKo 3-1-1-99-13, Ziff. 7; siehe RKKKo 3-1-1-91-07, Ziff. 6.6). Das Gesetz verbietet eine Strafe unterhalb der Durchschnittsstrafe nicht. Das Gericht ist lediglich an die allgemeine Begründungspflicht für die Strafzumessungsentscheidungen der Verfahrensbeteiligten gebunden (RKKKo 3-1-1-82-14, Ziff. 10).

Gemäß § 313 Abs. 1 Ziff. 3 StVGB sind im Tenor des Urteils Art und Höhe der für die einzelnen Straftaten verhängten Strafe sowie die zu verhängende Gesamtstrafe anzugeben (RKKKo 3-1-1-26-11, Ziff. 19).

Wenn das Gericht beschließt, die Strafe eines Angeklagten wegen Überschreitung einer angemessenen Frist zu verringern, muss aus dem Urteil klar hervorgehen, in welchem Umfang das Gericht dies tun wird. Das Gericht muss in seinem Urteil die Strafe sowohl vor als auch nach der Anwendung von § 306 Abs. 1 Ziff. 61 StVGB angeben (RKKKo 3-1-1-42-15, Ziff. 69).

Gemäß § 306 Abs. 1 Ziff. 13 StVGB hat das Gericht bei der Urteilsverkündung unter anderem die Frage zu klären, wie mit den im Strafverfahren sichergestellten, beschlagnahmten oder der Einziehung unterliegenden Beweismitteln und sonstigen Gegenständen zu verfahren ist. Die Entscheidung des Gerichts über das weitere Schicksal eines als Beweismittel sichergestellten Gegenstandes oder eines anderen im Strafverfahren beschlagnahmten Gegenstandes muss auf einer bestimmten Rechtsgrundlage beruhen und rechtlich und sachlich begründet sein (RKKKm 1-17-11182, Ziff. 26; siehe auch 3-1-1-51-13, Ziff. 8). Gemäß § 126 Abs. 3 Ziff. 2 StVGB sind Beweismittel grundsätzlich an den Eigentümer oder rechtmäßigen Halter zurückzugeben. Dies bedeutet u. a., dass das Gericht nicht die Vernichtung eines Beweismittels auf Grundlage von § 126 Abs. 2 Ziff. 4 StVGB anordnen kann, das nicht dem Staat gehört und dessen Eigentümer oder rechtmäßiger Halter bekannt ist (RKKKo 3-1-1-51-13, Ziff. 9).

Am 1. Januar 2017 sind Bestimmungen in der Strafprozessordnung in Kraft getreten, die die getrennte Erledigung von Teilurteilen und zivilrechtlichen Klagen und öffentlichen Forderungen vorsehen (§ 310 Abs. 3 bis 7 StVGB). In der Regel verhandelt das Gericht die Strafsache als Ganzes und entscheidet in einer einzigen Entscheidung über die Schuld des Angeklagten und den zivilrechtlichen Anspruch des Opfers im Strafverfahren sowie über die übrigen in § 306 Abs. 1 StVGB genannten Fragen. Nur in Ausnahmefällen kann das Gericht gemäß § 310 Abs. 3 StVGB in einer gesonderten Entscheidung über eine Klage entscheiden, wenn dies zur Sicherstellung der Erledigung der Anklage in angemessener Zeit erforderlich ist. Durch eine Teilentscheidung kann vermieden werden, dass die Erledigung der Anklage durch ein langwieriges oder komplexes Zivilverfahren verzögert wird (RKKKm 1-17-2291, Ziff. 18).

Die Rechtsprechung hat klargestellt, dass die Entscheidung über die Kosten des Verfahrens gemäß § 306 Abs. 1 Ziff. 14 StVGB gleichzeitig mit dem Urteil ergehen muss (RKKKo 1-16-4197, Ziff. 47; RKKKm 3-1-1-70-08, Ziff. 9). Die Kosten des Verfahrens sind der verurteilten Person in einer Summe aufzuerlegen. Die Entscheidung über die Verhängung einer Geldstrafe ist ausnahmsweise im Tenor des Urteils gesondert darzustellen (RKKKo 3-1-1-79-15, Ziff. 10).

Nach § 315 Abs. 4 StVGB haben die bei der Urteilsverkündung gegebenen Erläuterungen zu den wesentlichen Urteilsgründen keine eigenständige rechtliche Bedeutung. Die Rechtmäßigkeit eines Urteils kann nur durch die Gründe des Urteils als Ganzes beeinflusst werden (RKKKo 1-21-5033, Ziff. 12).

Spricht das Landgericht nur den Tenor des Urteils aus, muss es einen Haftbefehl für die Festnahme des eines in Freiheit befindlichen Angeklagten ausstellen, der den Anforderungen des § 132 StVGB entspricht. Dieser Beschluss, d. h. der Haftbefehl des Gerichts, kann getrennt vom Urteil nach dem in § 387 Abs. 2 StVGB festgelegten Verfahren angefochten werden (RKKKm 9171/1839, Ziff. 30).

Zum Gerichtsurteil siehe auch Kriminaalmenetluse seadustik. Kommenteeritud väljaanne. Herausgegeben von Eerik Kergandberg und Priit Pikamäe. Kirjastus Juura 2012,§ 305-§ 314 Kommentare.

§ 8. Abspracheverfahren

1. Grundlage für die Anwendung des Abspracheverfahrens

Das Abspracheverfahren ist eine Form des vereinfachten Verfahrens. Nach § 239 Absatz 1 StVGB[73] kann das Strafverfahren auf Antrag des Beschuldigten und der Staatsanwaltschaft im Wege des Abspracheverfahrens durchgeführt werden. § 239 Abs. 2 StVGB legt fest, in welchen Fällen die Anwendung des Abspracheverfahrens nicht zulässig ist. In § 239 Abs. 2 Ziff. 1 StVGB sind die Paragrafen des Strafgesetzbuchs aufgeführt, in denen ein Abspracheverfahren nicht angewandt werden darf. Die Anwendung des Abspracheverfahrens ist unzulässig, wenn der Beschuldigte oder sein Verteidiger oder die Staatsanwaltschaft oder das Opfer oder ein zivilrechtlich Beklagter oder Dritte mit der Anwendung dieser Verfahrensform nicht einverstanden sind. Die Anwendung des Abspracheverfahrens ist ebenfalls unzulässig, wenn in einer Strafsache mit mehreren Angeklagten mindestens einer der Angeklagten mit der Anwendung des Abspracheverfahrens nicht einverstanden ist. Allerdings ist die Anwendung des Abspracheverfahrens in einem solchen Fall möglich, wenn das Verfahren nach den Bestimmungen des § 216 Abs. 2 Ziff. 3 StVGB durchgeführt wird. Danach können Strafsachen, in denen Personen verdächtigt oder beschuldigt werden, gemeinsam eine Straftat begangen zu haben, von der Strafsache gegen einen Verdächtigen oder Beschuldigten abgetrennt oder nicht verbunden werden, wenn die Person nach Abschluss des vorgerichtlichen Ermittlungsverfahrens beantragt, dass die Strafsache im Wege eines Abspracheverfahrens entschieden wird, und die Anwendung des Abspracheverfahrens wegen der fehlenden Zustimmung nach § 239 Abs. 2 Ziff. 3 StVGB nicht möglich ist.

§ 239 Abs. 2¹ StVGB sieht vor, dass die Zustimmung des Geschädigten für die Anwendung des Abspracheverfahrens nicht erforderlich ist, wenn der Geschädigte der Staat, eine Gebietskörperschaft oder eine andere öffentliche Stelle ist und die Staatsanwaltschaft anstelle seines Vertreters eine Zivilklage oder eine öffentliche Klage eingereicht hat.

Ein Antrag auf Anwendung des Abspracheverfahrens ist während des gesamten Strafverfahrens vor Abschluss der gerichtlichen Untersuchung vor dem Landgericht zulässig (§ 239 Abs. 3 StVGB). Es ist jedoch zu beachten, dass alle Beweise, die für die Verurteilung eines Verdächtigen oder Beschuldigten in

---

73 StVGB – Strafverfahrensgesetzbuch.

einem Absprachverfahren erforderlich sind, stets vor Einleitung des Absprachverfahrens erhoben worden sein sollten.

2. Von der Staatsanwaltschaft eingeleitetes Absprachverfahren (§ 240 StVGB)

Die Möglichkeit der Beweiserhebung zu den Beweistatbeständen ist auf der gerichtlichen Sitzung im Absprachverfahren nicht vorgesehen. Nach der Logik der im Strafverfahrensgesetzbuch enthaltenen Regelung des Absprachverfahrens ist es daher für die Einleitung eines Absprachverfahrens unerlässlich, dass nach Auffassung der Staatsanwaltschaft ausreichende Beweise für eine Verurteilung des Beschuldigten erhoben worden sind. Die Staatsanwaltschaft muss berücksichtigen, dass im Falle der Anwendung eines Absprachverfahrens auch eine Verurteilung auf der Grundlage der in der Strafakte befindlichen Beweise möglich sein muss. Es ist verständlich, dass die Staatsanwaltschaft zunächst prüfen muss, ob nicht ein Umstand vorliegt, der der Anwendung eines Absprachverfahrens nach § 239 Abs. 2 Ziff. 1 StVGB ausschließt. Gemäß § 240 Ziff. 1 StVGB ist der Verdächtige oder Beschuldigte über die Möglichkeit der Anwendung des Absprachverfahrens, die Rechte des Verdächtigen oder Beschuldigten im Absprachverfahren und die Folgen der Anwendung dieses Verfahrens zu belehren. Gemäß § 244 Abs. 1 StVGB unterrichtet die Staatsanwaltschaft den Verdächtigen oder Beschuldigten zu Beginn der Verhandlung über seine Rechte im Absprachverfahren und die Folgen des Absprachverfahrens. § 240 Ziff. 1 StVGB sieht vor, dass die Staatsanwaltschaft, wenn sie die Anwendung des Absprachverfahrens für möglich hält, dem zivilrechtlich Beklagten die Möglichkeit der Anwendung des Absprachverfahrens, die Rechte in diesem Verfahren und die Folgen der Anwendung des Absprachverfahrens erläutert. Die Staatsanwaltschaft muss erläutern, dass ein zivilrechtlich Beklagter gemäß § 40 Abs. 1 Ziff. 7 StVGB das Recht hat, der Anwendung des Absprachverfahrens zuzustimmen oder sie abzulehnen, eine Stellungnahme zur Höhe des geltend gemachten Schadens und zur Zivilforderung abzugeben. Gemäß § 38 Abs. 1 Ziff. 9 StVGB hat das Opfer das Recht, der Anwendung des Absprachverfahrens zuzustimmen oder diese abzulehnen, eine Stellungnahme zur Anklage und zum Strafmaß, zur Höhe des Schadens und zur zivilrechtlichen oder öffentlichen Forderung abzugeben. Gemäß § 240 Ziff. 3 StVGB fragt die Staatsanwaltschaft den Geschädigten, ob er in das Absprachverfahren einwilligt und, im Falle einer natürlichen Person, ob er über den Termin der Verhandlung informiert werden möchte, wenn er sich nicht zuvor im Rahmen des Strafverfahrens zu diesen Fragen geäußert hat, und erklärt, dass der

Geschädigte nicht das Recht hat, seine Einwilligung in das Abspracheverfahren zurückzuziehen. Gemäß § 240 Ziff. 4 StVGB erkundigt sich die Staatsanwaltschaft nach der Meinung des Opfers zur Anklage und zum Strafmaß, wenn es sich nicht zuvor im Strafverfahren dazu geäußert hat, und setzt dem Opfer gegebenenfalls eine angemessene Frist, um eine Zivilklage, eine öffentlich-rechtliche Klage oder einen Antrag auf Erstattung der Verfahrenskosten einzureichen.

3. Einleitung des Abspracheverfahrens auf Antrag der verdächtigen oder beschuldigten Person (§ 242 StVGB)

§ 242 Abs. 1 StVGB sieht die Möglichkeit vor, dass ein Verdächtiger oder Beschuldigter die Durchführung eines Abspracheverfahrens beantragt. Der Verdächtige oder Beschuldigte kann die Anwendung des Abspracheverfahrens in der Phase des Abschlusses des Ermittlungsverfahrens beantragen. Gemäß § 225 Absatz 1 StVGB kann der Verdächtige einen solchen Antrag in der Regel innerhalb von zehn Tagen nach Vorlage der Strafakte stellen. Es ist wichtig, dass der Verdächtige die Möglichkeit hat, die Strafakte einzusehen, bevor er einen solchen Antrag stellt. Ein Verdächtiger kann jedoch bereits vor Abschluss des vorgerichtlichen Ermittlungsverfahrens sein Interesse an der Anwendung eines Abspracheverfahrens bekunden. Auch der Beschuldigte kann verständlicherweise die Eröffnung eines Abspracheverfahrens beantragen, doch gelten in diesem Fall nicht die in § 225 Absatz 1 StVGB festgelegten Fristen. Gemäß § 35 Abs. 1 StVGB ist Beschuldigter eine Person, gegen die die Staatsanwaltschaft eine Anklageschrift verfasst hat. Der Beschuldigte kann auch der Initiator des Abspracheverfahrens sein, wenn bereits eine Verhandlung im ordentlichen Verfahren stattfindet. Der Beschuldigte oder Angeklagte ist nicht berechtigt, die Durchführung des Abspracheverfahrens zu fordern.

4. Protokoll über die Zustimmung der zivilrechtlich Beklagten und Dritter zur Anwendung des Abspracheverfahrens (§ 243 StVGB)

§ 240 Ziff. 2 StVGB sieht vor, dass die Staatsanwaltschaft, wenn sie die Anwendung des Abspracheverfahrens für möglich hält, ein Protokoll über die Zustimmung des zivilrechtlich Beklagten zur Anwendung des Abspracheverfahrens gemäß § 243 StVGB anfertigt. In § 243 Abs. 1 StVGB sind die Angaben aufgeführt, die in das Protokoll über die Zustimmung des zivilrechtlich Beklagten oder Dritter einzutragen sind. Es ist zu betonen, dass zivilrechtlich Beklagte und Dritte nicht das Recht haben, ihre Zustimmung zu widerrufen (§ 243 Abs. 3 StVGB).

Der Strafsenat des Staatsgerichtshofs hat klargestellt, dass § 239 Abs. 2 Ziff. 4 StVGB vorsieht, dass das Abspracheverfahren u. a. dann nicht anwendbar ist, wenn der Dritte nicht zustimmt. Der Inhalt der Zustimmung ist in § 243 Abs. 1 Ziff. 7 StVGB geregelt. Nach dieser Vorschrift wird für die Anwendung des Abspracheverfahrens die Zustimmung des Dritten zu der zu treffenden Entscheidung über seine gesetzlich geschützten Rechte und Freiheiten in das Protokoll über die Zustimmung des Dritten eingetragen. Aus dem Text der Zustimmung nach § 243 Abs. 1 Ziff. 7 StVGB muss daher konkret hervorgehen, über welche Rechte und Freiheiten des Dritten in welcher Weise und in welchem Umfang im Abspracheverfahren entschieden werden darf. Sieht die vorgeschlagene Absprache beispielsweise die Einziehung von Vermögensgegenständen des Dritten oder die Zahlung von Geld anstelle der Einziehung an den Dritten vor, so muss die Staatsanwaltschaft die Zustimmung des Dritten nach dem Verfahren des § 243 StVGB einholen, in dem auch die dem Dritten zu entziehenden Gegenstände oder der von ihm gemäß § 84 des Strafgesetzbuches einzutreibende Geldbetrag angegeben werden. Soll jedoch das Vermögen des Dritten z. B. zur Sicherung einer Ersatzeinziehung oder einer Klage gegen den Beschuldigten verwendet werden, muss der Dritte neben der Anwendung einer Sicherungsmaßnahme (z. B. Pfändung oder Zwangshypothek) auf sein Vermögen auch die Verpflichtung haben, z. B. als Bürge für die Zahlung des einzuziehenden Betrages an den anderen zu bürgen und sein eigenes Vermögen zur Erfüllung dieser Verpflichtung einzusetzen (RKKKm 1-20-1149, Ziff. 21, 23).[74]

5. Verhandlung des Abspracheverfahrens (§ 244 StVGB)

Gemäß § 244 Abs. 1 StVGB ist der Verdächtige oder Beschuldigte zu Beginn der Verhandlung im Abspracheverfahren über seine Rechte im Abspracheverfahren und über die Folgen des Abspracheverfahrens zu belehren. Der Verdächtige oder Beschuldigte ist gemäß § 240 Ziff. 1 StVGB auch in einem früheren Stadium des Verfahrens über seine Rechte im Abspracheverfahren und die Folgen der Anwendung des Abspracheverfahrens zu belehren. Es kann argumentiert werden, dass es eine Reihe von Aspekten gibt, wo eine diesbezügliche Erklärung dem Verdächtigen oder Beschuldigten helfen würde, sich bei der Wahl der Verfahrensform eine Überzeugung zu bilden. Infolge der Aufklärung über

---

74 RKKKm – Entscheidung des Strafsenats des Staatsgerichtshofs (StGH).

die Folgen der Anwendung des Abspracheverfahrens sollte sich der Verdächtige oder Beschuldigte der grundlegenden Rechte bewusst sein, auf die er verzichtet, wenn er das Abspracheverfahren annimmt[75]. Es gibt eine Reihe von wichtigen Rechten, die in einem Abspracheverfahren nicht ausgeübt werden können. Die Staatsanwaltschaft sollte dem Verdächtigen oder Beschuldigten im Zusammenhang mit der Anwendung des Abspracheverfahrens unter anderem Folgendes erläutern:

(a) In einem Abspracheverfahren während der Gerichtsverhandlung findet keine Beweisaufnahme und keine Erörterung der Schuldfrage statt. Der Angeklagte hat nicht das Recht, sich selbst zu befragen oder Zeugen der Anklage zu vernehmen[76]. In einem Abspracheverfahren wird die Entscheidung auf der Grundlage des Aktenmaterials und der Absprache getroffen.

(b) Der Angeklagte und die Verteidigung haben kein Recht, die Anwesenheit ihrer Zeugen im Rahmen eines Abspracheverfahrens zu beantragen. Mit anderen Worten: In einem Abspracheverfahren ist der Verteidiger nicht dazu berechtigt, eine Liste der Personen vorzulegen, deren Erscheinen er beantragt.

Laut § 245 Abs. 1 Ziff. 6¹ StVGB muss die Absprache eine Erklärung enthalten, dass der Verdächtige oder Beschuldigte über seine Rechte im Abspracheverfahren und über die Folgen des Abspracheverfahrens belehrt worden ist.

In § 245 StVGB sind die wichtigsten möglichen Verhandlungsgegenstände des Abspracheverfahrens aufgeführt. Im Zuge der Verhandlungen des Abspracheverfahrens können bestimmte Zugeständnisse der Staatsanwaltschaft bei der Subsumtion der festgestellten Tatsachen unter die Strafnorm gemacht werden (siehe RKKK 3-1-1-96-09). Aus den Bestimmungen des § 245 Abs. 1 Ziff. 6 StVGB ergibt sich, dass Gegenstand der Einigung im Abspracheverfahren die Qualifizierung der Straftat ist. Obwohl das Gesetz keine ausdrücklichen

---

[75] Zu einer ähnlichen Frage, z. B. im Zusammenhang mit Schuldbekenntnissen in US-Strafverfahren, siehe G. Trüg. Lösungskonvergenzen trotz Systemdivergenzen im deutschen und US-amerikanischen Strafverfahren. Ein strukturanalytischer Vergleich am Beispiel der Wahrheitserforschung. Mohr Siebeck, 2003, S. 170; K. Dreher. Kontrollierbarkeit konsensualer Verfahrensweisen am Beispiel des US-amerikanischen Strafprozessrechts., Berlin, 2003, S. 123.

[76] Zu diesem Thema, z. B. im Zusammenhang mit Schuldbekenntnissen in amerikanischen Strafverfahren, siehe J. Bickel. Das förmliche Geständnis im US-amerikanischen Strafprozess als Beispiel der Verfahrenserledigung. – Berlin: Duncker und Humblot, 2001, S. 163.

Beschränkungen für die Einigung über die Qualifizierung der Straftat vorsieht, sollte die Staatsanwaltschaft dennoch davon ausgehen, dass die Anwendung von Zweckmäßigkeitserwägungen bei der Einigung über die Qualifizierung der Straftat nur in begrenztem Umfang zulässig ist. Dass das Gesetz den Parteien der Absprache bei der Festlegung der Qualifikation der Straftat keinen vollen Ermessensspielraum einräumt, zeigt die Vorschrift des § 248 Abs. 1 Ziff. 2 StVGB, wonach das Gericht die Rückgabe der Strafakte an die Staatsanwaltschaft anordnet, wenn es mit der Qualifikation der Straftat nicht einverstanden ist. Dabei ist zu beachten, dass das Gericht gesetzlich nicht befugt ist, seine Beurteilung der Richtigkeit der Einstufung der Straftat auf Zweckmäßigkeitserwägungen zu stützen. Nach dem StVGB ist die Qualifikation eines Straftatbestands Gegenstand von Verhandlungen, die Frage des Vorhandenseins oder Nichtvorhandenseins von Tatbestandsmerkmalen ist jedoch nicht Gegenstand von Verhandlungen in dem Sinne, dass einige Elemente außer Acht gelassen oder einige Elemente, für die es keine Beweise gibt, hinzugefügt werden könnten[77]. Der Strafsenat des Staatsgerichtshofs hat die Auffassung vertreten, dass die Besonderheit des Absprachverfahrens darin besteht, dass sich die Verfahrensbeteiligten sowohl über die tatsächlichen Umstände der Straftat (§ 306 Abs. 1 Ziff. 1 und 2 StVGB) als auch über die rechtliche Qualifikation der unter diesen Umständen begangenen Straftat (§ 306 Abs. 1 Ziff. 3 StVGB) einigen, bevor es zur Verhandlung kommt. Gemäß § 247 Abs. 2 StVGB wird im Gerichtsverfahren vorausgesetzt, dass die in der Absprache festgelegten Tatsachen bewiesen sind. Dies bedeutet jedoch nicht, dass die Angaben in der Absprache nicht mit den in der Strafsache erhobenen Beweisen übereinstimmen müssen (RKKKm 3-1-1-70-12, Ziff. 9). Gemäß § 245 Abs. 1 Ziff. 7 StVGB sind in der Absprache u. a. die Umstände der Straftat anzugeben. Die in der Absprache enthaltene Beschreibung des Tatbestandes muss denselben Anforderungen genügen wie der Inhalt der Anklage in der Anklageschrift (§ 154 Abs. 3 Ziff. 2 StVGB). (RKKKm 3-1-1-80-13, Ziff. 7.2.1).

Der Strafsenat des Staatsgerichtshofs hat festgestellt, dass es bei dem Absprachverfahren und dem Abschluss einer Absprache in erster Linie die Aufgabe des Verteidigers ist, die Rechtsauffassung des Staatsanwalts zu kritisieren. Gerade der Verteidiger, dessen Teilnahme an den Verhandlungen des Absprachverfahrens nach § 45 Abs. 3 und § 244 Abs. 1 Satz 1 StVGB stets zwingend vorgeschrieben ist, hat unter anderem zu prüfen, ob die Tat seines Mandanten

---

77 Siehe M. Sillaots. Kokkuleppemenetlus kriminaalmenetluses (Das Absprachefahren im Strafverfahren), Dissertation, Universität Tartu, 2004, S. 120.

Verhandlung des Abspracheverfahrens (§ 244 StVGB) 137

nicht als minder schwere Straftat zu qualifizieren ist als die, auf die die Staatsanwaltschaft ihre Rechtsauffassung stützt. Ist der Verteidiger der Auffassung, dass die von der Staatsanwaltschaft vorgeschlagene Einstufung falsch sein könnte, muss er dies seinem Mandanten erläutern. In einem solchen Fall haben der Verdächtige oder Beschuldigte und sein Anwalt die Möglichkeit, der Absprache zu widersprechen (RKKKo 3-1-1-44-12, Ziff. 7).

Ein wichtiger Gegenstand des Absprachverfahrens ist das Strafmaß (§ 245 Abs. 1 Ziff. 9 StVGB). Der Strafsenat des Staatsgerichtshofs hat in seiner Entscheidung in der Rechtssache 3-1-1-96-09 klargestellt, dass gemäß § 56 Absatz 1 Satz 1 des Strafgesetzbuchs die Grundlage der Strafe die Schuld der Person ist. Die Höhe der Schuld hängt nicht von der Art des Verfahrens ab, in dem über die Schuld der Person entschieden wird. In demselben Urteil hat der Strafsenat des Staatsgerichtshofs klargestellt, dass der Angeklagte durch die Annahme eines Absprachverfahrens auf mehrere wichtige Verfahrensrechte verzichtet. Es ist daher verständlich und entspricht der Natur des Absprachverfahrens, dass die Staatsanwaltschaft im Laufe des Absprachverfahrens bestimmte Zugeständnisse hinsichtlich der Art und des Umfangs der gegen den Angeklagten zu verhängenden Strafe machen kann. In diesem Zusammenhang stellt der Strafsenat jedoch fest, dass die von der Staatsanwaltschaft im Rahmen des Absprachverfahrens auf eine Straftat beantragte Strafe nicht wesentlich geringer ausfallen darf als die Strafe, die der Staatsanwalt unter Berücksichtigung der Umstände derselben Straftat im ordentlichen Verfahren beantragen würde. Andernfalls wäre die Grundlage für die Verurteilung nicht die Schuld der Person, sondern die Wahl der Verfahrensart. Eine solche Grundlage für die Verurteilung stünde jedoch im Widerspruch zu den Bestimmungen des § 56 des Strafgesetzbuches (RKKK 3-1-1-96-09).

§ 244 Abs. 4 StVGB sieht vor, dass eine Verurteilung zu einer höheren Freiheitsstrafe als bis zu 18 Jahren nicht vereinbart werden darf.

Der Strafsenat des Staatsgerichtshofs hat klargestellt, dass nach § 245 Abs. 1 Ziff. 12 StVGB zum Gegenstand der Absprache auch die vom Angeklagten zu erstattenden Kosten des Strafverfahrens gehören. Staatsanwaltschaft, Angeklagter und Verteidiger müssen sich daher im Rahmen der Verhandlungen über die Erstattung der im Ermittlungsverfahren entstandenen sowie der im Laufe der Hauptverhandlung möglicherweise anfallenden Verfahrenskosten sowie über die mögliche Ermäßigung der Verfahrenskosten und die teilweise Erstattung der Verfahrenskosten nach § 180 Abs. 3 StVGB verständigen. Um es dem Gericht zu ermöglichen, die Rechtmäßigkeit der Zuerkennung des vereinbarten Betrags zu überprüfen, muss im Falle der Anwendung von § 180 Abs. 3 StVGB in der Absprache auch der Betrag der vom Staat zu tragenden

Verfahrenskosten angegeben werden. Der Senat schließt sich damit der Auffassung des Bezirksgerichts an, dass die teilweise Erstattung der vom Beschuldigten zu erstattenden Verfahrenskosten zum Gegenstand der Absprache gehört (RKKKm 3-1-1-47-16, Ziff. 5; siehe auch RKKKm 3-1-1-7-16, Ziff. 5.2.).

In seinem Urteil in der Rechtssache 3-1-1-79-05 hat der Strafsenat des Staatsgerichtshofs festgestellt, dass die Annahme der Absprache durch den Angeklagten auch bedeutet, dass er die Qualifikation der ihm zur Last gelegten Straftat anerkennt und damit akzeptiert, dass er im Falle einer Verurteilung im Rahmen eines Abspracheverfahrens der in der Absprache genannten Straftat für schuldig befunden wird. Dabei kommt es nicht darauf an, dass sich der Beschuldigte in dem früheren Verfahren ausdrücklich schuldig bekannt hätte – eine Absprache ist auch dann möglich, wenn der Beschuldigte oder Verdächtige in einem früheren Verfahrensstadium seine Schuld an der Begehung der Straftat bestritten hat (RKKKo 3-1-1-79-05; siehe auch RKKKo 3-1-1-81-11, Ziff. 26.1). Zu anderen Gegenständen der Vereinbarung siehe § 245 Abs. 1 StVGB.

„Einvernehmliche Elemente" in Strafverfahren sollten nur dann zulässig sein, wenn die Freiwilligkeit des Konsenses gewährleistet ist. Im estnischen Abspracheverfahren muss nicht geprüft werden, ob das Schuldbekenntnis oder die Schuldanerkennung freiwillig erfolgt. Im estnischen Strafverfahren im Abspracheverfahren muss geprüft werden, ob der Angeklagte seine wahre Absicht zum Ausdruck gebracht hat, als er sich auf die Absprache einließ. Um den wahren Willen des Angeklagten beim Abspracheverfahren zu ermitteln, muss der Richter nach den estnischen Vorschriften über das Abspracheverfahren stets die Erklärungen des Angeklagten zu den Umständen der Absprache unmittelbar anhören. Die gesetzliche Regelung des StVGB zum Abspracheverfahren steht im Einklang mit dem Grundsatz *nemo tenetur se ipsum accusare*. Wenn die Staatsanwaltschaft gemäß § 240 Ziff. 1 StVGB den Verdächtigen oder Beschuldigten über die Möglichkeit der Anwendung des Abspracheverfahrens, seine Rechte im Abspracheverfahren und die Folgen des Abspracheverfahrens aufklärt und anschließend fragt, ob der Verdächtige oder Beschuldigte mit der Anwendung des Abspracheverfahrens einverstanden ist, handelt sie nach dem Grundsatz *nemo tenetur se ipsum accusare*, indem sie den Verdächtigen oder Beschuldigten nicht zwingt, gegen sich selbst auszusagen. Der Vorschlag der Staatsanwaltschaft, das Abspracheverfahren anzuwenden, beinhaltet nicht einmal implizit den Vorschlag, gegen sich selbst auszusagen. Die Anwendung des Abspracheverfahrens kann auch in der Weise erfolgen, dass der Verdächtige oder Beschuldigte kein als Beweismittel zulässiges Schuldbekenntnis abgibt.

In diesem Zusammenhang ist zu betonen, dass die gesetzlichen Vorschriften über das Abspracheverfahren das konkludente Schuldeingeständnis nicht erfassen. Das StVGB sieht nicht vor, dass die Staatsanwaltschaft ein Schuldbekenntnis zur Voraussetzung für die Anwendung des Abspracheverfahrens macht. Es könnte jedoch die Frage aufgeworfen werden, ob es grundsätzlich möglich wäre, ein Schuldbekenntnis auszuhandeln und im Rahmen eines Abspracheverfahrens ein Schuldbekenntnis abzulegen, gemäß dem Grundsatz *nemo tenetur se ipsum accusare*.

Vor der Beantwortung der obigen Frage ist darauf hinzuweisen, dass es im Ermessen der Staatsanwaltschaft liegt, ob sie das Abspracheverfahren anwendet oder nicht (§ 240 StVGB). Natürlich ist es für die Staatsanwaltschaft nur dann sinnvoll, der Anwendung des Abspracheverfahrens und dem Abschluss einer Absprachevereinbarung zuzustimmen, wenn sie davon überzeugt ist, dass die in der Akte enthaltenen Beweise beim Richter keine Zweifel am Wahrheitsgehalt der Beweistatsachen wecken würden. Wenn die Staatsanwaltschaft also ein Schuldbekenntnis nicht zur Bedingung für die Anwendung des Abspracheverfahrens machen kann, ist die Anwendung des Abspracheverfahrens nur dann möglich, wenn andere Beweismittel die Schuld des Angeklagten zweifelsfrei belegen würden. In einem solchen Fall kann das Abspracheverfahren jedoch nicht wirksam eingesetzt werden, um die Beweisschwierigkeiten zu überwinden. Folglich ist der Spielraum für die Anwendung des Abspracheverfahrens relativ begrenzt. Da die Frage des Geständnisses mit der Frage der Zeugenaussage zusammenhängt, ist es wichtig zu betonen, dass gemäß § 22 der Verfassung der Republik Estland niemand gezwungen werden darf, gegen sich selbst auszusagen. Dementsprechend hat ein Verdächtiger oder Beschuldigter nach § 34 Abs. 1 Ziff. 1 und § 35 Abs. 2 StVGB das Recht, eine Aussage zu machen oder zu verweigern. In gewisser Weise könnte dieser Grundsatz als eines der wichtigsten Argumente dafür angesehen werden, dass die Staatsanwaltschaft ein Schuldeingeständnis nicht von der Anwendung des Abspracheverfahrens abhängig machen darf. Wenn die Staatsanwaltschaft ein Schuldeingeständnis in Form von Beweisen von der Anwendung des Abspracheverfahrens abhängig macht, könnte der Verdächtige oder Beschuldigte in eine Zwangslage geraten, in der er zwischen dem Verzicht auf das Zeugnisverweigerungsrecht oder dem Verzicht auf das Abspracheverfahren und folglich der Möglichkeit einer milderen Strafe wählen müsste. Das Gewicht dieses Arguments wird jedoch durch die Tatsache geschmälert, dass nicht alle Verdächtigen und Beschuldigten die Möglichkeit haben, sich auf ein Abspracheverfahren im Rahmen des Strafverfahrens einzulassen. Es handelt sich lediglich um eine alternative Verfahrensweise in einer Strafsache, die der Verdächtige oder Beschuldigte mit Zustimmung der Staatsanwaltschaft frei wählen kann. Diese vereinfachte Art des Verfahrens in einer Strafsache setzt naturgemäß einen Konsens zwischen den Parteien voraus, der gegebenenfalls auf gegenseitigen Zugeständnissen beruhen sollte. Dieses Zugeständnis könnte auch darin bestehen, dass einerseits der Verdächtige oder Beschuldigte auf sein Zeugnisverweigerungsrecht verzichtet und andererseits die Staatsanwaltschaft im Gegenzug einer milderen Strafe oder einem milderen Urteil zustimmt. Der Verzicht einer verdächtigen oder beschuldigten Person auf dieses Recht ist jedoch im Laufe des Strafverfahrens nicht unerlässlich, da sie weiterhin die Möglichkeit hat, sich für das ordentliche Verfahren zu entscheiden, um ihre Rechte in vollem Umfang wahrnehmen zu können. Zieht eine verdächtige oder beschuldigte Person also das Abspracheverfahren dem ordentlichen Verfahren vor, so sollte sie berücksichtigen, dass die vollständige Verwirklichung einiger ihrer Rechte im Abspracheverfahren nicht unbedingt möglich ist. So sollte die verdächtige oder beschuldigte Person berücksichtigen, dass in bestimmten Fällen die Anwendung des Abspracheverfahrens nicht möglich ist, wenn sie von ihrem Recht auf Aussageverweigerung Gebrauch macht. Auf der Grundlage dieses Verständnisses sollte die Staatsanwaltschaft dem Verdächtigen oder Beschuldigten die grundsätzliche Möglichkeit der Anwendung des Abspracheverfahrens erläutern können. Gleichzeitig sollte die Staatsanwaltschaft dem Verdächtigen oder Beschuldigten ohne jeglichen Druck erklären dürfen, dass die Aussage des Verdächtigen oder Beschuldigten zur Klärung des beweiserheblichen Sachverhalts beitragen würde und dass die Klarheit des beweiserheblichen Sachverhalts die Anwendung des Abspracheverfahrens ermöglichen könnte. In einem solchen Fall würde die Staatsanwaltschaft ein Schuldeingeständnis nicht zur unabdingbaren und unmittelbaren Voraussetzung für die Anwendung des Abspracheverfahrens machen, sondern insbesondere auf die Möglichkeit verweisen, dass die Aussage des Verdächtigen oder Beschuldigten zur Klärung der Beweistatsachen beitragen könnte. Im vorliegenden Fall wäre das Abspracheverfahren auch dann nicht ausgeschlossen, wenn der Verdächtige oder Beschuldigte nicht bereit ist, sich schuldig zu bekennen, aber dennoch Klarheit über die Beweistatsachen geschaffen wird.

Der Strafsenat des Staatsgerichtshofs hat festgestellt, dass sich aus § 245 Abs. 5 StVGB ergibt, dass die Staatsanwaltschaft nach Abschluss einer Absprache Kopien dieser Absprache an den Beschuldigten und die Verteidigung weiterleitet und die Strafakte an das Gericht übersendet. Aufgrund des zwingenden Wortlauts der genannten Bestimmung lässt sich daraus grammatikalisch nicht die Befugnis der Staatsanwaltschaft ableiten, auf eine bereits im Vorverfahren geschlossene Absprache zu verzichten, indem sie die Strafsache nicht zusammen mit der Vereinbarung an das Gericht übermittelt. Eine solche Schlussfolgerung wird auch durch eine Analyse der Regelung des Abspracheverfahrens insgesamt in Kapitel 9 Abschnitt 2 StVGB bestätigt, aus der hervorgeht, dass der Gesetzgeber in § 247 Abs. 3 StVGB die Möglichkeit vorgesehen hat, dass die Parteien von einer im Laufe des Verfahrens geschlossenen Absprache zurücktreten können. Da das Strafprozessrecht keine vergleichbare Bestimmung über den Verzicht auf eine im Vorverfahren getroffene Absprache enthält, ist davon auszugehen, dass ein Verzicht auf eine bereits im Vorverfahren getroffene Absprache nicht möglich ist. Letzteres ist auch deshalb gerechtfertigt, weil die Beilegung einer Strafsache im Wege des Abspracheverfahrens zwar für die Verfahrensbeteiligten freiwillig ist und eine einvernehmliche Entscheidung aller Beteiligten voraussetzt, die bereits geschlossene Absprache aber ein gemeinsamer Antrag der Parteien ist, die Strafsache im Wege des Abspracheverfahrens zu erörtern. Nach Abschluss einer Absprache haben die Verfahrensbeteiligten Anspruch darauf, dass die Sache im Wege eines Abspracheverfahrens verhandelt wird. Da der Gesetzgeber in § 245 Abs. 5 StVGB den Abschluss einer Absprache im vorgerichtlichen Ermittlungsverfahren nur an eine Rechtsfolge – die Übermittlung von Abschriften der Absprache durch die Staatsanwaltschaft an den Beschuldigten und die Verteidigung sowie die Übersendung der Strafakte an das Gericht – geknüpft hat, kann die Nichtübersendung der Strafsache an das Gericht nach ordnungsgemäßem Abschluss der Absprache nur als Verletzung des Strafverfahrensrechts angesehen werden (RKKKm 3-1-1-8-12, Ziff. 7.1 und 7.2).

6. Übergabe zur Hauptverhandlung im Abspracheverfahren (§ 245¹ StVGB)

Nach § 245¹ Abs. 1 StVGB prüft der Richter, der die Strafsachenakte erhält, die Zuständigkeit des Gerichts und trifft eine Anordnung: 1) die Überstellung des Angeklagten an das Gericht; 2) die Rückgabe der Strafakte an die Staatsanwaltschaft, wenn keine Gründe für die Anwendung des Abspracheverfahrens vorliegen; 3) die Rückgabe der Strafakte an die Staatsanwaltschaft mit der Möglichkeit, eine neue Absprache zu treffen, wenn das Gericht mit der Qualifizierung der Straftat oder der Art oder Höhe der Strafe nicht einverstanden ist. Das Gericht ordnet auf der Grundlage von § 245¹ Abs. 1 Ziff. 2 StVGB die Rückgabe der Strafakte an die Staatsanwaltschaft an, wenn das Gericht mit der Erledigung der Strafsache im Wege eines Abspracheverfahrens nicht einverstanden ist. Eine solche Lösung ist zum Beispiel dann erforderlich, wenn das Material in der Strafakte keine Feststellung der Schuld zulässt. Nach § 245¹ Abs. 1 Ziff. 2 StVGB kann eine Anordnung auch dann erforderlich sein, wenn sich aus dem Material der Strafakte ergibt, dass bei der Durchführung des

Abspracheverfahrens die Vorschriften des Gesetzes nicht beachtet worden sind oder wenn die für die Durchführung des Abspracheverfahrens erforderlichen Unterlagen nicht den Vorschriften des Gesetzes entsprechen. Dies ist z. B. der Fall, wenn die Absprache nicht den Anforderungen des Gesetzes entspricht.

7. Teilnehmer an der Verhandlung (§ 246 StVGB)

§ 246 Abs. 1 StVGB sieht vor, dass der Staatsanwalt, der Beschuldigte und sein Verteidiger zur Verhandlung zu laden sind. Gemäß § 246 Abs. 1[1] StVGB teilt das Gericht dem Geschädigten, einer natürlichen Person, auf der Grundlage der vom Geschädigten angegebenen Kontaktdaten oder über das E-Filing-System den Zeitpunkt der Verhandlung mit, wenn der Geschädigte dies beantragt hat. Das Nichterscheinen des Opfers zur Anhörung verhindert nicht, dass die Strafsache vor Gericht verhandelt wird. § 45 Abs. 4 Ziff. 1 StVGB sieht vor, dass die Teilnahme eines Anwalts am Gerichtsverfahren obligatorisch ist, außer im Abspracheverfahren, falls der Verdächtige oder Beschuldigte keinen Antrag auf Teilnahme eines Anwalts am Gerichtsverfahren gestellt hat und die Teilnahme eines Anwalts nach Ansicht des Staatsanwalts im Interesse der Justiz nicht erforderlich ist. Es ist natürlich sehr schwierig nachzuweisen, dass ein Beschuldigter ausreichend in der Lage ist, seine eigenen Interessen zu vertreten. In Bezug auf die Bestimmungen von § 45 Abs. 4 Ziff. 1 StVGB ist zu beachten, dass die Mitwirkung eines Verteidigers in der Regel auch in der Hauptverhandlung eines Abspracheverfahrens erforderlich ist. Auf diese Weise können die rechtlichen Interessen des Beschuldigten besser gewahrt werden. Aus den Bestimmungen des § 247 Abs. 3 und des § 239 Abs. 2 Ziff. 2 StVGB ergibt sich, dass die Verteidigung auch von der Absprache zurücktreten kann. Auch wenn der Angeklagte in der Hauptverhandlung im Abspracheverfahren nicht ausdrücklich auf das Geständnis verzichtet, kann der Verteidiger im Interesse der Verteidigung des Angeklagten auf die Absprache verzichten, wenn die entsprechenden Umstände vorliegen. Ein solcher Verzicht auf die Absprache kann beispielsweise erforderlich sein, wenn der Angeklagte in der Hauptverhandlung an der Absprache festhält, die Erklärungen des Angeklagten in der Hauptverhandlung jedoch einen Umstand offenbaren, der Zweifel daran aufkommen lässt, ob der Angeklagte mit dem Abschluss der Absprache seine wahre Absicht zum Ausdruck gebracht hat. Gemäß § 246 Abs. 2 StVGB ist es zulässig, die Teilnahme der Verfahrensbeteiligten an der Hauptverhandlung im Abspracheverfahren durch eine technische Lösung zu organisieren, die auch eine audiovisuelle Fernvernehmung ermöglicht. § 246 Abs. 3 StVGB sieht vor, dass die

Staatsanwaltschaft nicht verpflichtet ist, an der Urteilsverkündung teilzunehmen.

8. Anhörung in einem Abspracheverfahren (§ 247 StVGB)

In einem Abspracheverfahren findet ebenfalls eine Anhörung statt. Allerdings findet im Abspracheverfahren keine unmittelbare Beweisaufnahme zu den Beweistatsachen der Verhandlung statt. Das Gericht entscheidet über die Frage der Zulässigkeit der Beweismittel auf der Grundlage der in der Strafakte enthaltenen Beweismittel. Das Abspracheverfahren ist eine der Ausnahmen vom Erfordernis der unmittelbaren Beweisaufnahme in der Hauptverhandlung. Der Grundsatz der Unmittelbarkeit gilt im Abspracheverfahren weitgehend für die Prüfung einer Reihe von strafprozessualen Tatsachen.

Die im § 247 Abs. 1 StVGB vorgesehene Übersicht über die Absprache in der Hauptverhandlung bedeutet nicht, dass die Absprache vollständig verlesen wird, sondern dass eine Zusammenfassung gegeben wird. Diese Zusammenfassung sollte sich insbesondere auf den Tatbestand in Kurzform, die Qualifikation der Straftat, die Art und Höhe des durch die Straftat verursachten Schadens sowie die Art und Höhe der Strafe konzentrieren.

Nach § 247 Abs. 2 StVGB hat der Richter die Ausführungen des Angeklagten zu den verfahrenserheblichen Tatsachen unmittelbar zu hören. Entscheidend ist die Überzeugung des Richters von diesen Tatsachen, die er sich auf der Grundlage der Hauptverhandlung gebildet hat. Der Grundsatz des rechtlichen Gehörs im Abspracheverfahren wird dadurch gewährleistet, dass es im Abspracheverfahren eine Anhörung gibt, in der der Angeklagte die Möglichkeit erhält, Fragen zu beantworten, ob er die Absprache versteht und akzeptiert. Der Angeklagte erhält auch Gelegenheit, die Umstände zu erläutern, unter denen die Absprache zustande gekommen ist, und darzulegen, ob er mit dem Abschluss der Absprache seinen wahren Willen zum Ausdruck gebracht hat (§ 247 Abs. 2 und 4). Der Strafsenat des Staatsgerichtshofs hat klargestellt, dass der Abschluss einer Absprache zwischen Staatsanwaltschaft, Angeklagtem und Verteidiger aufgrund der Art des Abspracheverfahrens nur möglich ist, wenn alle Parteien damit einverstanden sind. Es ist wichtig, dass der Angeklagte die Absprache versteht und seinen wirklichen Willen beim Abschluss der Absprache zum Ausdruck bringt. Diese Umstände sind gemäß § 247 Abs. 2 StVGB vom Gericht zu prüfen. Gerade die Organisation der gerichtlichen Anhörung im Abspracheverfahren ist durch die Notwendigkeit motiviert, eine Situation zu vermeiden, in der der Angeklagte eine Absprache gegen seinen wirklichen Willen oder ohne deren Inhalt zu verstehen, eingeht. Bei der Anhörung muss das Gericht bei der unmittelbaren Prüfung der Absprache feststellen, ob diese dem wahren Willen des Angeklagten in Bezug auf seine Verurteilung und die Strafe für die Straftat sowie die anderen in der Absprache enthaltenen Bedingungen entspricht (siehe RKKKo 3-1-1-8-12, Ziff. 8–9). Darüber hinaus stellt der Senat fest, dass das Gericht im Rahmen des Abspracheverfahrens besonders sorgfältig prüfen muss, ob der Angeklagte auch die geänderte Absprache verstanden und seinen wahren Willen zum Ausdruck gebracht hat, als er sie geschlossen hat, wenn die Absprache vom Staatsanwalt handschriftlich ergänzt oder geändert wurde (RKKKo 3-1-1-120-16, Ziff. 11).

Die Wahl des Abspracheverfahrens und der Abschluss der Absprache müssen dem wahren Willen des Angeklagten im Abspracheverfahren entsprechen. Die gesetzliche Regelung des Abspracheverfahrens im Strafverfahren legt keine Kriterien fest, anhand derer das Gericht gemäß § 247 Abs. 2 StVGB feststellen soll, ob der Angeklagte beim Abschluss der Absprache seinen wahren Willen zum Ausdruck gebracht hat. Im Zusammenhang mit der Ermittlung des wahren Willens des Angeklagten im Rahmen des Abspracheverfahrens könnte jedoch auf die allgemeinen Voraussetzungen für die Beweisaufnahme nach § 64 Abs. 1 StVGB hingewiesen werden. Diese Vorschrift besagt nämlich, dass die Beweiserhebung so zu erfolgen hat, dass die Ehre und Würde des Betroffenen nicht verletzt, sein Leben oder seine Gesundheit nicht gefährdet und kein ungerechtfertigter finanzieller Schaden verursacht wird. Gleichzeitig ist es verboten, Beweise durch Folter oder andere Formen der Gewalt gegen eine Person oder durch Mittel, die das Erinnerungsvermögen der Person beeinträchtigen, oder durch Mittel, die die Menschenwürde herabsetzen, zu erlangen. Diese Ge- und Verbote sind für die Beweisaufnahme zwingend vorgeschrieben, könnten aber grundsätzlich auch Ausgangspunkt für die Feststellung sein, ob die Zustimmung des Beschuldigten zum Abspracheverfahren und der Abschluss der Absprache seinem wirklichen Willen entsprach. So bringt ein Angeklagter beispielsweise offensichtlich nicht seinen wahren Willen zum Ausdruck, wenn er sich auf ein Abspracheverfahren einlässt, wenn er zur Erlangung seiner Zustimmung zu dem Abspracheverfahren und zum Abschluss einer Absprache gefoltert oder anderweitig misshandelt wurde oder wenn Mittel eingesetzt wurden, die sein Gedächtnis beeinträchtigen oder seine Menschenwürde herabsetzen. Neben den oben genannten Ge- und Verboten sind natürlich eine Reihe weiterer Kriterien und Grundsätze wichtig, um den wirklichen Willen des Angeklagten in einem Abspracheverfahren zu ermitteln. So hat ein Angeklagter beispielsweise nicht seinen wahren Willen zum Ausdruck gebracht, als er sich auf eine Absprache eingelassen hat, wenn er der Absprache zugestimmt hat, weil ihm Vorteile gewährt wurden, die im Gesetz nicht vorgesehen sind.

In seinem Urteil 3-1-1-81-11 hat der Strafsenat des Staatsgerichtshofs festgestellt, dass der Wille des Angeklagten, eine Absprache zu treffen, nicht als echt im Sinne von § 247 Abs. 2 Satz 2 StVGB angesehen werden kann, insbesondere wenn sich der Angeklagte über den Inhalt der Vereinbarung oder deren Rechtsfolgen irrt, wenn der Angeklagte durch Betrug, Drohungen oder sonstige Gewalt zum Abschluss der Absprache beeinflusst wurde oder wenn der Angeklagte (Verdächtige) bei Abschluss der Absprache nicht entscheidungsfähig war. In anderen Fällen ist es unerheblich, aus welchen inneren Gründen der Beschuldigte dem Abschluss der Absprache zustimmt. Die Furcht des Beschuldigten vor der Fortsetzung des allgemeinen Verfahrens und den damit verbundenen Unannehmlichkeiten ist sicherlich kein Faktor, der die Aufrichtigkeit des zum Zeitpunkt der Absprache geäußerten Willens in Frage stellen könnte. Denn die Annahme des Absprachverfahrens ist in der Regel durch den Wunsch des Angeklagten motiviert, die belastenden Auswirkungen des allgemeinen Verfahrens (z. B. die höheren zeitlichen und finanziellen Kosten als im vereinfachten Verfahren) zu vermeiden (RKKK 3-1-1-81-11, Ziff. 26.1).

Der Angeklagte hat das Recht, von einer bereits während der Verhandlung geschlossenen Absprache zurückzutreten (siehe RKKK 3-1-1-79-05). Der Strafsenat des Staatsgerichtshofs hat festgestellt, dass das Gesetz keine formellen Anforderungen an den Verzicht des Angeklagten auf die Absprache stellt, weshalb auch das Nichteingeständnis der Schuld durch den Angeklagten gegenüber dem Gericht während der Vernehmung als Verzicht auf die Absprache angesehen werden kann (siehe RKKK 3-1-1-79-05). Nach den Ausführungen im Urteil des Strafsenats des Staatsgerichtshofs in der Rechtssache 3-1-1-81-11 steht der Umstand, dass der Angeklagte in seiner Berufung ausdrücklich auf die Absprache verzichtet hat, der Anwendung des Absprachverfahrens nicht entgegen. Der Strafsenat des Staatsgerichtshofs hat klargestellt, dass der Angeklagte gemäß § 247 Abs. 2 StVGB von der getroffenen Absprache spätestens bei der Verhandlung der Absprache vor dem Landgericht zurücktreten kann. Ein Rücktritt von einer Absprache im Rechtsmittelverfahren ist nicht mehr möglich. Dies ergibt sich eindeutig aus § 318 Abs. 3 Ziff. 4 und Abs. 4 StVGB, die den Umstand, dass der Beschuldigte nach der Anhörung zur Absprache vor dem Landgericht seinen Standpunkt zur Absprache geändert hat, nicht als möglichen Revisionsgrund nennen (RKKK 3-1-1-81-11, Ziff. 27).

Die Notwendigkeit, die Verfahrensbeteiligten zu befragen (§ 247 Abs. 4 StVGB), kann sich insbesondere dann ergeben, wenn der Beschuldigte die Umstände des Abschlusses der Absprache unklar dargelegt hat. Das Gericht kann daher Zweifel an der wahren Absicht des Angeklagten haben.

9. Urteile in einem Abspracheverfahren (§ 248 StVGB)

Wird eine Absprache nicht angenommen, verwirft das Gericht sie in ihrer Gesamtheit. Das Gericht hat im Abspracheverfahren keinen Ermessensspielraum, um bei seiner Entscheidung von den Bedingungen der Absprache abzuweichen. Eine solche Lösung gibt dem Angeklagten die Gewissheit, dass das Gericht im Rahmen eines Abspracheverfahrens keine strengere Strafe verhängen kann als die, die zwischen der Staatsanwaltschaft einerseits und dem Angeklagten und seiner Verteidigung andererseits vereinbart wurde.

Liegen keine Gründe für die Anwendung des Abspracheverfahrens vor, ordnet das Gericht die Rückgabe der Strafakte an die Staatsanwaltschaft an (§ 248 Abs. 1 Ziff. 1). Zu den Gründen für die Anwendung des Abspracheverfahrens siehe § 239 Abs. 2 StVGB. Ein Verstoß gegen die Vorschriften des Abspracheverfahrens – konkret gegen § 248 Abs. 1 Ziff. 1 und § 239 StVGB – liegt auch dann vor, wenn das Gericht die Strafakte im Abspracheverfahren nicht an die Staatsanwaltschaft zurückgibt, obwohl in der Sache eine der in § 239 StVGB vorgesehenen Grundlagen für die Anwendung des Abspracheverfahrens fehlt. Einer der Gründe für die Anwendung des Abspracheverfahrens ist in § 239 Abs. 2 Ziff. 4 StVGB festgelegt, wonach das Abspracheverfahren nicht anwendbar ist, wenn das Opfer, der zivilrechtlich Beklagte oder ein Dritter dem nicht zustimmt (RKKKm 1-19-9575, Ziff. 52).

Hat das Gericht in einem solchen Fall Zweifel daran, dass der Abschluss der Absprache im Abspracheverfahren Ausdruck des echten Willens des Angeklagten war, sollte es die Ablehnung des Abspracheverfahrens und die Rückgabe der Strafakte an die Staatsanwaltschaft anordnen. Im Abspracheverfahren besteht der Sinn der Verhandlung darin, festzustellen, ob der Angeklagte seinen wahren Willen zum Ausdruck gebracht hat, als er sich auf die Absprache einließ, und zu überprüfen, ob sich die Parteien der Absprache an die Absprache halten. Eine solche Verhandlung wäre sinnlos, wenn das Gericht nicht die Möglichkeit hätte, je nach Ausgang der Verhandlung entweder das Absprachevrfahren abzulehnen oder das Absprachevrfahren fortzusetzen.

Ist das Gericht mit der Einstufung der Straftat, der Höhe der zivilrechtlichen Forderung oder der Art oder Höhe der Strafe oder der Verpflichtung des Ausländers abgeleitet aus der Absprache, die Republik Estland mit einem Einreiseverbot von fünf bis zehn Jahren in Richtung auf das Aufnahmeland zu verlassen, nicht einverstanden, trifft das Gericht keine Entscheidung im Absprachevrfahren, sondern weist an, die Strafakte an die Staatsanwaltschaft zurückzugeben, was die Möglichkeit gibt, eine neue Absprache zu schließen (§ 248 Abs. 1 Ziff. 2 StVGB).

Hat das Gericht bei seiner Entscheidung sonstige Zweifel, so lehnt es das Abspracheverfahren ab und ordnet die Rückgabe der Strafakte an die Staatsanwaltschaft an (§ 248 Abs. 1 Ziff. 3).

Gemäß § 248 Abs. 1 Ziff. 3 StVGB verweigert das Gericht das Abspracheverfahren und gibt die Strafakte an die Staatsanwaltschaft zurück, wenn das Gericht Zweifel gemäß § 306 hat. Der Strafsenat des Staatsgerichtshofs hat jedoch in seinem Urteil in der Strafsache 3-1-1-52-07 klargestellt, dass solche Zweifel im Rahmen eines Abspracheverfahrens verständlicherweise nur dann auftreten können, wenn das Gericht neben der Analyse des Verhältnisses zwischen dem tatsächlichen Willen des Angeklagten und der Absprache auch prüft, ob die Absprache nicht einen der in § 306 StVGB aufgeführten Punkte, die sich im Urteil als Ergebnis des Abspracheverfahrens widerspiegeln sollten, inhaltlich nicht erfasst hat.

Der Strafsenat des Staatsgerichtshofs hat erläutert, dass gemäß § 306 Abs. 1 Ziff. 13 StVGB das Gericht bei der Urteilsverkündung unter anderem die Frage zu klären hat, wie mit den im Strafverfahren sichergestellten, beschlagnahmten oder der Einziehung unterliegenden Beweismitteln und sonstigen Gegenständen zu verfahren ist. Nach dem Wortlaut des § 245 StVGB muss sich die im Rahmen des Abspracheverfahrens geschlossene Absprache zwar nicht mit den im Strafverfahren beschlagnahmten Beweismitteln und Gegenständen befassen, Gegenstand der Vereinbarung ist aber nach Abs. 1 Ziff. 10 derselben Vorschrift der Abschluss einer Absprache über die der Einziehung unterliegenden Gegenstände. Bei der Entscheidung über die Verurteilung eines Angeklagten und die gemäß der Absprache zu verhängende Strafe (§ 248 Abs. 1 Ziff. 5 StVGB) darf das Gericht den Gegenstand der Absprache, einschließlich der Einziehung von Beweismitteln, nicht von Amts wegen ändern. Die Änderung der Absprache durch eine gerichtliche Entscheidung, ohne den Angeklagten und den Verteidiger zu informieren und ohne deren Zustimmung einzuholen, verletzt das Recht des Angeklagten auf ein Urteil im Einklang mit der Absprache, was als wesentlicher Verstoß gegen die Verfahrensvorschriften für das Abspracheverfahren zu werten ist (RKKKo 3-1-1-103-15, Ziff. 7).

In seinem Urteil in der Rechtssache 3-1-1-79-05 stellte der Strafsenat des Staatsgerichtshofs fest, dass der Abschluss einer Absprache zwischen dem Staatsanwalt, dem Angeklagten und seinem Verteidiger die Rolle des Gerichts in der Rechtspflege in keiner Weise schmälere, ganz zu schweigen von der Tatsache, dass sich die Tätigkeit des Gerichts im Abspracheverfahren auf die bloße „technische" Bestätigung der geschlossenen Absprache beschränke. Auch wenn sich der Hauptteil der Verurteilung im Falle eines Abspracheverfahrens darauf beschränkt, den Vorwurf, dessen das Gericht den Angeklagten für schuldig hält, und den Inhalt der Absprache zu nennen, muss das Gericht auch in diesem Verfahren zunächst feststellen, ob die dem Angeklagten vorgeworfene Handlung stattgefunden hat, ob sie vom Angeklagten begangen wurde, ob sie eine Straftat darstellt und unter welchem Paragrafen, Absatz oder welcher Ziffer des Strafgesetzbuches sie zu qualifizieren ist. Das Gericht hat neben anderen im Rahmen der Urteilsfindung zu klärenden Fragen (§ 306 StVGB) auch darüber zu entscheiden, ob der Angeklagte der ihm vorgeworfenen Straftat schuldig ist (RKKK 3-1-1-79-05).

Auch im Abspracheverfahren hat sich das Gericht bei seiner Beweiswürdigung von dem Grundsatz leiten zu lassen, dass kein Beweismittel von vornherein feststeht (§ 61 Abs. 1 StVGB) und dass das Gericht die Beweise in ihrer Gesamtheit nach seiner eigenen inneren Überzeugung würdigt (§ 61 Abs. 2 StVGB). Im Falle eines Abspracheverfahrens ist das Gericht jedoch nicht verpflichtet, in seinem Urteil eine Begründung über die Feststellung des Tatbestands anzugeben. Der Strafsenat des Staatsgerichtshofs hat in der Rechtssache 3-1-1-81-11 klargestellt, dass die Verpflichtung des Gerichts, die in § 306 StVGB genannten Fragen auch in einem Abspracheverfahren zu klären, nicht bedeutet, dass der Hauptteil des Urteils in einem Abspracheverfahren vollständig den Bestimmungen des § 312 StVGB entsprechen muss. Die Anforderungen an den Hauptteil des Urteils im Abspracheverfahren sind in einer besonderen Vorschrift, nämlich in § 249 StVGB, geregelt, wonach im Hauptteil des Urteils die Anklagepunkte, derer das Gericht den Angeklagten überführt (Punkt 1), und der Inhalt der Absprache (Punkt 2) anzugeben sind (RKKK 3-1-1-81-11; siehe auch RKKKo 1-20-3298, Ziff. 8).

10. Beginn des Abspracheverfahrens bei der Gerichtsverhandlung (§ 250 StVGB)

Es ist auch möglich, die Anwendung des Abspracheverfahrens in der Hauptverhandlung zu beantragen. Gemäß § 239 Abs. 3 StVGB können der Angeklagte und der Staatsanwalt die Anwendung des Abspracheverfahrens vor Abschluss der gerichtlichen Untersuchung beim Landgericht beantragen. Bei der Beantragung eines Abspracheverfahrens sollte die Staatsanwaltschaft das Protokoll über die Zustimmung der zivilrechtlich Beklagten und Dritter (§ 243 StVGB) zur Anwendung des Abspracheverfahrens, die Stellungnahme des Opfers zur Möglichkeit eines Abspracheverfahrens und zur Zivilklage (§ 240 Ziff. 3 StVGB) vorlegen. Die Staatsanwaltschaft sollte dem Gericht auch eine Absprache vorlegen, die den Anforderungen des § 245 StVGB entspricht. Nach § 250 Abs. 2 StVGB kann das Gericht die Rückgabe der Strafakte an die Staatsanwaltschaft anordnen, wenn keine Gründe für die Anwendung des Abspracheverfahrens vorliegen. Es ist möglich, eine Anordnung zur Rückgabe der Strafakte an die Staatsanwaltschaft zu erlassen, die die Möglichkeit bietet, eine neue Absprache zu treffen, wenn das Gericht mit der Qualifizierung der Straftat, der Höhe der Zivilforderung oder der Art oder Höhe der Strafe nicht einverstanden ist.

§ 9. Abgekürztes Verfahren

1. Grundlage für die Anwendung des abgekürzten Verfahrens (§ 233 StVGB)

Das abgekürzte Verfahren ist eine Form des vereinfachten Verfahrens, bei dem die Strafsache überwiegend auf der Grundlage des Materials der Strafakte entschieden wird. Zeugen, Sachverständige und Spezialisten werden nicht geladen (§ 233 Abs. 1 StVGB). Über die Anwendung des abgekürzten Verfahrens sollte in der Regel im Vorverfahren entschieden werden, bevor die Anklageschrift verfasst und dem Gericht übermittelt wird. § 233 Absatz 1^1 StVGB sieht die Möglichkeit vor, ein abgekürztes Verfahren in einem späteren Stadium des Verfahrens einzuleiten, bis die Beweisaufnahme vor dem Landgericht abgeschlossen ist. Antragsteller für das abgekürzte Verfahren sind der Beschuldigte und die Staatsanwaltschaft. § 233 Abs. 2 StVGB legt fest, in welchen Fällen die Anwendung des abgekürzten Verfahrens nicht zulässig ist. Das abgekürzte Verfahren gilt nicht für Straftaten, für die das Strafgesetzbuch eine lebenslange Freiheitsstrafe vorsieht. Nach § 233 Abs. 2 Ziff. 2 StVGB darf das abgekürzte Verfahren in einer Strafsache mit mehreren Beschuldigten nicht angewendet werden, wenn mindestens einer der Beschuldigten mit der Anwendung des abgekürzten Verfahrens nicht einverstanden ist. § 216 Abs. 2 Ziff. 3 StVGB sieht vor, dass Strafsachen, in denen Personen verdächtigt oder beschuldigt werden, gemeinsam eine Straftat begangen zu haben, von der Strafsache gegen einen Verdächtigen oder Beschuldigten abgetrennt oder nicht verbunden werden können, wenn die Person nach Abschluss des Ermittlungsverfahrens beantragt, die Strafsache im abgekürzten Verfahren zu entscheiden und die Anwendung des abgekürzten Verfahrens nach § 233 Abs. 2 Ziff. 2 StVGB nicht möglich ist.

Gemäß § 233 Absatz 3 StVGB gelten für die Anwendung des abgekürzten Verfahrens die Bestimmungen der Abschnitte 2, 3, 5 und 6 des Kapitels 10 des StVGB, vorbehaltlich der besonderen Bestimmungen dieses Abschnitts. Es ist wichtig, darauf hinzuweisen, dass beispielsweise im allgemeinen Verfahren des Kapitels 10 Abschnitt 4 kein Verweis auf die Vorschriften über die gerichtlichen Untersuchung enthalten ist.

Der Strafsenat des Staatsgerichtshofs hat in seinem Urteil in der Rechtssache Nr. 3-1-1-79-10 festgestellt, dass der Staatsanwalt gemäß § 268 Absatz 2 StVGB die Anklage im Laufe der Verhandlung einer Strafsache vor Abschluss der gerichtlichen Untersuchung ändern oder ergänzen kann. Nach § 233 Abs. 3 StVGB gilt dieser Grundsatz auch für das abgekürzte Verfahren, da Kapitel 9

Abschnitt 1 StVGB, das das abgekürzte Verfahren regelt, insoweit keine Sonderregelung vorsieht. Daher kann die Änderung der Anklage im abgekürzten Verfahren nach dem in § 268 Abs. 2 und 3 StVGB genannten Verfahren für sich genommen nicht als Verletzung des Rechts auf ein Strafverfahren angesehen werden (RKKK 3-1-1-79-10).

2. Antrag auf Anwendung des abgekürzten Verfahrens (§ 234 StVGB)

§ 234 Abs. 1 StVGB sieht vor, dass ein Verdächtiger oder Beschuldigter bei der Staatsanwaltschaft einen Antrag auf Durchführung eines abgekürzten Verfahrens stellen kann. In solchen Fällen sollte der Verteidiger den Verdächtigen über die Möglichkeit der Anwendung des abgekürzten Verfahrens informieren. Auf der Grundlage einer Bewertung des Materials in der Strafakte ist es wichtig, dem Verdächtigen zu erklären, ob und inwieweit es zweckmäßig ist, die Anwendung eines abgekürzten Verfahrens zu beantragen. Im Allgemeinen könnte das abgekürzte Verfahren die bevorzugte Verfahrensform für einen Verdächtigen sein, wenn eindeutige Beweise für seine Schuld vorliegen oder der Verdächtige ein Schuldgeständnis abgelegt hat. Der Antrag muss schriftlich gestellt werden. Der Beschuldigte sollte in der Regel nach Einsichtnahme in die Strafakte bei der Staatsanwaltschaft einen Antrag auf Anwendung des abgekürzten Verfahrens im Ermittlungsverfahren stellen. Nach § 225 Abs. 5 StVGB richtet sich die Prüfung des Antrags des Verdächtigen oder Beschuldigten auf Durchführung eines abgekürzten Verfahrens nach § 234 StVGB. Bei der Prüfung eines Antrags auf Durchführung eines abgekürzten Verfahrens wird kein Beschluss gefasst. Die Weigerung der Staatsanwaltschaft, ein abgekürztes Verfahren durchzuführen, kann nicht angefochten werden.

Lehnt die Staatsanwaltschaft die Anwendung des abgekürzten Verfahrens ab, wird das Strafverfahren nach dem allgemeinen Verfahren fortgesetzt (§ 234 Abs. 2 StVGB). Die Ablehnung des abgekürzten Verfahrens ist z. B. dann zu begründen, wenn ein Umstand vorliegt, der die Anwendung des abgekürzten Verfahrens ausschließt, oder wenn die Staatsanwaltschaft es für erforderlich hält, das Verfahren im allgemeinen Verfahren fortzusetzen, weil die Strafsache nach Auffassung der Staatsanwaltschaft auf der Grundlage des Materials in der Strafakte nicht gelöst werden kann.

Eine im abgekürzten Verfahren erhobene Anklageschrift muss grundsätzlich denselben Anforderungen genügen wie eine im ordentlichen Verfahren erhobene Anklageschrift. In einer im abgekürzten Verfahren erstellten Anklageschrift muss angegeben werden, dass die Anwendung des abgekürzten

Verfahrens in der Strafsache beantragt wird (§ 234 Abs. 3 StVGB). Ein solches Erfordernis gilt, wenn die Anwendung eines abgekürzten Verfahrens vereinbart wird, bevor die Anklageschrift erstellt und dem Gericht vorgelegt wird. Der Antrag des Beschuldigten und die Anklageschrift werden in die Strafakte aufgenommen.

Aus § 234 Abs. 4 StVGB ergibt sich, dass auch die Zustimmung des Verteidigers zur Anwendung des abgekürzten Verfahrens erforderlich ist.

In Bezug auf § 234 Abs. 4 StVGB ist nicht klar, unter welchen Umständen ein Beschuldigter der Anwendung eines abgekürzten Verfahrens im Laufe der Verhandlung zustimmen kann. Schließlich befindet sich die Person während der Hauptverhandlung in der verfahrensrechtlichen Stellung des Beschuldigten. Die Anwendung des abgekürzten Verfahrens kann nur erfolgen, wenn der Beschuldigte durch einen entsprechenden Antrag sein Einverständnis mit der Anwendung dieser Verfahrensform zum Ausdruck bringt. Spätestens vor Abschluss der gerichtlichen Untersuchung kann der Beschuldigte den Antrag auf Anwendung des abgekürzten Verfahrens zurückziehen (§ 234 Abs. 5 StVGB). Zieht der Beschuldigte den Antrag auf Anwendung des abgekürzten Verfahrens in der Hauptverhandlung zurück, so ordnet das Gericht die Rückgabe der Strafakte an die Staatsanwaltschaft an, da keine Grundlage für die Anwendung des abgekürzten Verfahrens besteht (§ 234 Abs. 5 StVGB).

3. Übergabe zur Hauptverhandlung im abgekürzten Verfahren (§ 235[1] StVGB)

Bei der Anordnung der Verfolgung eines Beschuldigten im abgekürzten Verfahren nach § 235[1] Abs. 1 Ziff. 1 StVGB sind die Vorschriften des § 263 StVGB zu beachten. Es ist jedoch zu beachten, dass aufgrund der Besonderheiten des abgekürzten Verfahrens die Bestimmungen des § 263 Ziff. 6 StVGB nicht anwendbar sind. Der Richter ordnet die Rückgabe der Strafakte an die Staatsanwaltschaft gemäß § 235[1] Abs. 1 Ziff. 2 StVGB an, wenn z. B. kein Antrag des Beschuldigten auf Anwendung des abgekürzten Verfahrens vorliegt oder wenn andere Umstände der Anwendung des abgekürzten Verfahrens entgegenstehen.

In § 235[1] Abs. 2 der Strafprozessordnung ist festgelegt, in welchen Fällen eine Vorverhandlung im abgekürzten Verfahren erforderlich ist. In den im Gesetz vorgesehenen Fällen muss eine Vorverhandlung stattfinden. Um über die Strafverfolgung eines Beschuldigten zu entscheiden, findet eine Vorverhandlung statt, wenn über die Rückgabe der Anklageschrift an die Staatsanwaltschaft zu entscheiden ist, wenn die Anklageschrift nicht den Anforderungen des § 154 StVGB entspricht (§ 235[1] Abs. 2 StVGB). Eine Vorverhandlung ist auch erforderlich, wenn über die Einstellung des Verfahrens in einer Strafsache aufgrund von Ausschlusstatbeständen nach § 199 Abs. 1 Ziff. 2 bis 6 der StVGB zu entscheiden ist (§ 235^1 Abs. 2 StVGB). Im abgekürzten Verfahren wird eine Vorverhandlung durchgeführt, um über die Änderung oder Aufhebung einer Haftanordnung zu entscheiden oder einen Antrag auf Anwendung einer Haftanordnung zu prüfen (§ 235^1 Abs. 2 StVGB). Eine Vorverhandlung kann auch erforderlich sein, um über andere Angelegenheiten zu entscheiden, wenn der Richter die Durchführung einer Vorverhandlung für notwendig hält (§ 235^1 Abs. 2 StVGB).

4. Teilnehmer an der Verhandlung (§ 236 StVGB)

§ 236 Abs. 1 StVGB sieht vor, dass der Staatsanwalt, der Angeklagte, die Verteidigung, das Opfer und der zivilrechtlich Beklage zur Verhandlung zu laden sind. § 45 Abs. 4 Ziff. 2 StVGB sieht vor, dass die Anwesenheit eines Rechtsanwalts zwingend vorgeschrieben ist, es sei denn, es handelt sich um ein Verfahren wegen einer Straftat zweiten Grades im abgekürzten Verfahren, bei dem der Beschuldigte auf einen Rechtsanwalt verzichtet hat und die Anwesenheit eines Rechtsanwalts im Interesse der Gerechtigkeit nicht für erforderlich gehalten wird.

§ 236 Abs. 2 StVGB legt fest, dass das Nichterscheinen des Opfers und des zivilrechtlich Beklagten die Verhandlung des Strafverfahrens oder die Prüfung einer Zivilklage oder einer öffentlich-rechtlichen Forderung nicht verhindert. In seinem Urteil in der Rechtssache Nr. 3-1-1-42-11 stellte der Strafsenat des Staatsgerichtshofs fest, dass die Abwesenheit des Opfers und des zivilrechtlich Beklagten jedoch nur dann kein Hindernis für die Verhandlung des Falles gemäß § 236 Abs. 1 StVGB darstellt, wenn diese Personen ordnungsgemäß zur Verhandlung geladen worden sind. Die Ladung des Opfers muss den Anforderungen des § 163 Abs. 1 StVGB genügen.

Gemäß § 236 Abs. 3 StVGB ist es zulässig, die Teilnahme der Verfahrensbeteiligten an der Hauptverhandlung im abgekürzten Verfahren durch eine technische Lösung zu organisieren, die auch eine audiovisuelle Fernvernehmung ermöglicht.

5. Gerichtliche Untersuchung im abgekürzten Verfahren (§ 237 StVGB)

§ 237 StVGB regelt die Voraussetzungen für die Durchführung der richterlichen Untersuchung im abgekürzten Verfahren. Die in § 237 Abs. 1 StVGB vorgesehene Zusammenfassung der Anklage bedeutet keine Verlesung der Anklageschrift, sondern eine Zusammenfassung der wesentlichen Teile. Aus der vom Staatsanwalt vorgelegten Kurzdarstellung sollte klar hervorgehen, welche Beweismittel der Staatsanwalt zur Prüfung beantragt und welche Tatsache er mit welchen Beweismitteln aus der Strafakte beweisen will. Die entsprechenden Angaben sind gemäß § 154 Abs. 2 Ziff. 4 StVGB im Hauptteil der Anklageschrift zu machen. Das Vorlegen des Inhalts der Beweismittel in der Strafakte sollte vermieden werden, da die Prüfung der Beweismittel etwas später erfolgt. Natürlich muss der Staatsanwalt berücksichtigen, dass im abgekürzten Verfahren nur die Möglichkeit besteht, die Prüfung der im Ermittlungsverfahren erhobenen Beweismittel in der Strafakte zu beantragen.

Nach § 268 Abs. 2 StVGB kann der Staatsanwalt im Laufe der Verhandlung einer Strafsache die Anklage vor Abschluss der gerichtlichen Untersuchung ändern oder ergänzen. Nach § 233 Abs. 3 StVGB gilt dieser Grundsatz auch für das abgekürzte Verfahren, da Kapitel 9 Abschnitt 1 StVGB, das das abgekürzte Verfahren regelt, insoweit keine Sonderregelung vorsieht (RKKKo 3-1-1-79-10, Ziff. 8).

Die Überprüfung des Einverständnisses des Beschuldigten gemäß § 237 Abs. 2 StVGB ist wichtig, weil der Beschuldigte gemäß § 234 Abs. 5 StVGB auf die Anwendung des abgekürzten Verfahrens verzichten kann. Aus der Stellungnahme des Verteidigers sollte hervorgehen, inwieweit er beabsichtigt, Einspruch gegen die Anklage zu erheben. In der Stellungnahme hat der Verteidiger die Möglichkeit, die Beweise zusammenzufassen, die der Beschuldigung widersprechen oder sie in Zweifel ziehen und die er im Rahmen der gerichtlichen Untersuchung prüfen lassen will.

Der Strafsenat des Staatsgerichtshofs hat klargestellt, dass das Opfer und der zivilrechtliche Beklagte oder ihre Vertreter zwar auch im abgekürzten Verfahren nach der Stellungnahme des Verteidigers sprechen können (§ 237 Abs. 3 Satz 2 StVGB), sich aber auch bei ihrer Aussage nur auf das Aktenmaterial stützen dürfen (§ 237 Abs. 4 Satz 1 StVGB). Die Aussage dieser Personen darf also nicht dazu führen, dass Beweistatsachen hinzugefügt werden, die von den in der Strafakte enthaltenen Beweisen abweichen (RKKKo 1-17-105, Ziff. 17; siehe auch RKKKo 3-1-1-98-13, Ziff. 11; RKKKo 3-1-1-79-10, Ziff. 10–10.2). Die Anwendung des abgekürzten Verfahrens, das nach dem Gesetz nicht von der Zustimmung des Opfers abhängt, darf nicht dazu führen, dass dem Opfer die Möglichkeit eines fairen und gerechten Verfahrens und eines wirksamen Rechtsschutzes vorenthalten wird. So hat der Senat in seiner Rechtsprechung die Auffassung vertreten, dass das Gericht, wenn sich bei einer Verhandlung im abgekürzten Verfahren herausstellt, dass zur Erledigung einer zivilrechtlichen

Forderung zusätzliche Beweise erhoben werden müssen, die in § 238 Abs. 1 Ziff. 2 StVGB genannte Entscheidung treffen muss, d. h. die Strafakte an die Staatsanwaltschaft zurückgeben muss, weil das Material in der Strafakte nicht ausreicht, um die Strafsache im abgekürzten Verfahren zu erledigen. Das Opfer kann auch eine Entscheidung nach § 238 Abs. 1 Ziff. 2 StVGB beantragen, wenn es im Laufe des Gerichtsverfahrens zusätzliche Beweismittel vorlegen muss, um seine Interessen zu wahren (RKKKo 3-1-1-67-16, Ziff. 16; siehe auch RKKKo 3-1-1-90-15, Ziff. 21).

Der Strafsenat des Staatsgerichtshofs hat festgestellt, dass der Angeklagte, der Verteidiger und der zivilrechtlich Beklagte vor Gericht zwar keine neuen Beweise zu dem der Zivilklage zugrunde liegenden Sachverhalt vorlegen können, dass aber die vorherige Unterrichtung der Verfahrensbeteiligten über die Zivilklage notwendig ist, um ihnen eine reale Möglichkeit zu geben, sich auf die Beweise in der Strafakte zu beziehen, die ihren Standpunkt zur Erledigung der Zivilklage stützen, sowie eine eigene rechtliche Bewertung der Forderung des Opfers vorzunehmen. Die Bedeutung des § 226 Abs. 7 Satz 2 StVGB beschränkt sich jedoch nicht darauf im Rahmen des abgekürzten Verfahrens. Auch der Beschuldigte, die Verteidigung und der zivilrechtlich Beklagte müssen rechtzeitig vor der Verhandlung von der Zivilklage unterrichtet werden, um beurteilen zu können, ob die Klage auf der Grundlage des Materials in der Strafakte erledigt werden kann oder ob sie weitere Beweise zur Unterstützung der Zivilklage vorlegen wollen. In letzterem Fall kann der Beschuldigte auf den Antrag auf ein abgekürztes Verfahren gemäß § 234 Abs. 5 StVGB verzichten (RKKKm 3-1-1-1-14, Ziff. 20).

Es ist nicht möglich, die Vernehmung von Personen auf der Verhandlung im abgekürzten Verfahren zu beantragen (siehe RKKK 3-1-1-105-10). Es ist auch nicht möglich, in der Hauptverhandlung weitere Beweise zu erheben (siehe RKKK 3-1-1-91-07, Ziff. 7). Lediglich die Vernehmung des Beschuldigten auf dessen eigenen Antrag ist zulässig (§ 237 Abs. 5 StVGB). Im Rahmen einer gerichtlichen Untersuchung im abgekürzten Verfahren ist es wichtig, die im Vorverfahren gesammelten Beweise in der Strafakte zu prüfen. Dabei ist jedoch zu beachten, dass in den kurzen Verfahrensvorschriften für das abgekürzte Verfahren kein Verweis auf die Vorschriften über die gerichtliche Untersuchung in Kapitel 10, Abschnitt 4, enthalten ist. Es ist daher etwas unklar, wie in einem abgekürzten Verfahren vorzugehen ist, wenn die Vorschriften über die gerichtliche Untersuchung im abgekürzten Verfahren in irgendeiner Hinsicht mangelhaft sind. So ist beispielsweise fraglich, wie es rechtlich möglich sein soll, die Nichtprüfung von Beweismitteln aus der Strafakte im abgekürzten Verfahren durch eine Absprache der Parteien im Rahmen der gerichtlichen Untersuchung

Gerichtliche Untersuchung (§ 237 StVGB) 157

zu rechtfertigen. Es sei darauf hingewiesen, dass nach der allgemeinen Logik der Vorschriften über das abgekürzte Verfahren im abgekürzten Verfahren eine unmittelbare Prüfung der Beweismittel in der Strafakte während der gerichtlichen Untersuchung erfolgen sollte. So gibt der Staatsanwalt gemäß § 237 Abs. 1 StVGB im Eröffnungsplädoyer einen Überblick über die Beweismittel, die den Vorwurf erhärten und deren Prüfung er in der Hauptverhandlung beantragt. Ein solches Vorgehen ist sinnvoll, wenn die Prüfung dieser Beweismittel im Rahmen der gerichtlichen Untersuchung tatsächlich stattfindet. Hinsichtlich der Reihenfolge, in der die Beweismittel geprüft werden, muss die allgemeine Logik des Gerichtsverfahrens beachtet werden. Wie bei der Beweisaufnahme in der Hauptverhandlung in einem ordentlichen Verfahren sollte die Beweisaufnahme in einem abgekürzten Verfahren mit der Prüfung der von der Staatsanwaltschaft vorgelegten Beweise beginnen und mit der Prüfung der von der Verteidigung und anderen Verfahrensbeteiligten vorgelegten Beweise fortgesetzt werden. Die Offenlegung und Prüfung von Beweismitteln sollte auf der Grundlage von Anträgen der Verfahrensbeteiligten erfolgen. Die Offenlegung von Beweisen, die im Vorverfahren während der gerichtlichen Untersuchung erhoben wurden, wird in das Protokoll der Verhandlung aufgenommen. Bei nicht strafrechtlichen Angelegenheiten schreitet das Gericht von Amts wegen oder auf Antrag einer Verfahrenspartei ein. Das Gericht stellt klar, dass im abgekürzten Verfahren nur Material aus der Strafakte herangezogen werden kann. Nicht strafrechtliche Tatsachen sind Tatsachen, die nicht durch Beweise aus der Strafakte belegt sind.

Der Strafsenat des Staatsgerichtshofs hat festgestellt, dass die Erteilung der Zustimmung zum abgekürzten Verfahren und damit der Verzicht auf das Recht, Zeugen zu vernehmen, auch einen Verzicht auf die Bestimmungen von § 15 Abs. 3 StVGB impliziert. Mit anderen Worten kann eine im abgekürzten Verfahren ergangene Verurteilung ausschließlich oder überwiegend auf der Aussage eines als zuverlässig erachteten Zeugen beruhen, der bei einer Entscheidung im ordentlichen Verfahren nicht für eine Vernehmung durch die Verteidigung oder den Angeklagten zur Verfügung stehen würde. Insoweit misst der Senat dem Umstand, dass sich § 15 Abs. 3 StVGB im Kapitel über die allgemeinen Vorschriften des Gesetzbuches befindet, keine entscheidende Bedeutung bei. Auch § 15 Abs. 1 StVGB (Stützung des Urteils durch Rückgriff auf die in der Hauptverhandlung vorgelegten, unmittelbar geprüften und protokollierten Beweismittel) gilt nicht für die Erledigung einer Strafsache im Rahmen eines Strafbefehlsverfahrens (§§ 251–256 StVGB) oder im Rahmen eines Absprachverfahrens (§§ 239–250 StVGB). Der Verzicht auf die Verfahrensgarantie im abgekürzten Verfahren nach § 15 Abs. 3 StVGB ist unter dem

Gesichtspunkt der Wahrnehmung der Verteidigungsrechte hinreichend ausgewogen und kann nicht als Verstoß gegen den Grundsatz des fairen Verfahrens angesehen werden (RKKKo 1-19-10054, Ziff. 14).

Eine beschuldigte Person kann beantragen, im abgekürzten Verfahren verhört zu werden (§ 237 Abs. 5 StVGB). Im Rahmen eines gerichtlichen Ermittlungsverfahrens im abgekürzten Verfahren ist es wichtig zu klären, ob der Beschuldigte einen Antrag auf Anhörung stellt. Bei der Vernehmung eines Beschuldigten im abgekürzten Verfahren gelten die Regeln des allgemeinen Verfahrens zur Vernehmung einer Person (§ 237 Abs. 5 und § 293 StVGB; siehe auch RKKK 3-1-1-68-06). Der Strafsenat des Staatsgerichtshofs hat klargestellt, dass der Beschuldigte ausnahmsweise im Rahmen eines abgekürzten Verfahrens in einem gerichtlichen Ermittlungsverfahren einen Antrag auf Vernehmung auf der Grundlage des § 237 Abs. 5 Satz 1 StVGB stellen kann. Nach Satz 2 dieser Vorschrift richtet sich die Vernehmung des Beschuldigten im abgekürzten Verfahren nach den Vorschriften des § 293 StVGB, was bedeutet, dass für die Vernehmung des Beschuldigten im abgekürzten Verfahren der § 286² und die §§ 288 bis 289¹ StVGB in gleicher Weise zu gelten haben wie im allgemeinen Verfahren (§ 293 Abs. 1 StVGB). Daraus folgt insbesondere, dass der Beschuldigte durch ein Kreuzverhör vernommen wird (§ 288 StVGB), was gegebenenfalls dazu führen kann, dass die Glaubwürdigkeit seiner Aussage vor Gericht geprüft wird (§ 289 StVGB) und damit die Möglichkeit besteht, dass der Beschuldigte zur unzuverlässigen Beweisquelle erklärt und seine Aussage ganz oder teilweise von den im Strafverfahren zulässigen Beweisen ausgeschlossen wird (RKKKo 1-17-1629, Ziff. 9).

Hat der Beschuldigte im abgekürzten Verfahren auf einen Rechtsanwalt verzichtet, so hat der Staatsanwalt zunächst den Beschuldigten zu vernehmen (§ 237 Abs. 5 StVGB). Das Recht des Beschuldigten, einen Antrag auf rechtliches Gehör zu stellen, dient in erster Linie der Gewährleistung des Rechts auf Verteidigung. Es ermöglicht dem Beschuldigten auch, sein Recht auf Anhörung durch das Gericht wahrzunehmen. Gleichzeitig führt die Befragung des Beschuldigten in einem abgekürzten Ermittlungsverfahren auch zu einem Beweismittel (Aussage des Beschuldigten), das zusammen mit dem Material in der Strafakte verwertet werden kann. Nach § 237 Abs. 6 StVGB kann der Richter die Parteien des Verfahrens befragen. Diese Vernehmung darf nicht auf die Erhebung von Beweisen in Form von Aussagen gerichtet sein, es sei denn, es handelt sich um die Vernehmung des Beschuldigten nach den Vernehmungsregeln des § 293 StVGB. Beantragt der Beschuldigte nicht, gehört zu werden, so hat das Gericht keine Möglichkeit, die Vernehmung durchzuführen.

6. Einleitung des abgekürzten Verfahrens im gerichtlichen Verfahren (§ 237¹ StVGB)

Bei einem Antrag auf Durchführung eines abgekürzten Verfahrens richtet sich das Verfahren nach § 237¹ StVGB. § 234 Abs. 4 StVGB sieht vor, dass die Staatsanwaltschaft, wenn der Verdächtige oder Beschuldigte, der Verteidiger und der Staatsanwalt der Durchführung des abgekürzten Verfahrens in der Hauptverhandlung zustimmen, dem Gericht den Antrag des Beschuldigten und die Strafakte in der Hauptverhandlung vorlegt. Gemäß § 233 Abs. 1¹ StVGB können der Beschuldigte und der Staatsanwalt beim Gericht die Anwendung des abgekürzten Verfahrens beantragen, bis die Beweisaufnahme vor dem Landgericht begonnen hat. Nach Eingang eines solchen Antrags führt der Richter die Verhandlung nach den Vorschriften für die Verhandlung im abgekürzten Verfahren durch. Wird die Anwendung des abgekürzten Verfahrens gemäß § 237¹ Abs. 2 StVGB abgelehnt, setzt das Gericht das Verfahren nach dem allgemeinen Verfahren fort. Folglich ist es möglich, die Ablehnung eines abgekürzten Verfahrens und die Rückgabe der Strafakte an die Staatsanwaltschaft anzuordnen, wenn keine Gründe für die Anwendung eines abgekürzten Verfahrens vorliegen. Eine solche Anordnung ist auch dann zulässig, wenn das Gericht mit der Entscheidung der Strafsache im abgekürzten Verfahren nicht einverstanden ist.

Die Fortführung des Verfahrens im allgemeinen Verfahren sollte die Fortführung des Verfahrens nach den allgemeinen Verfahrensvorschriften des Kapitels 10 StVGB bedeuten. Eine solche Fortsetzung des Verfahrens im Rahmen des allgemeinen Verfahrens ist jedoch etwas problematisch, da die Strafakte auch dem Gericht vorgelegt wird, wie in § 234 Abs. 4 StVGB vorgesehen. Es ist nicht auszuschließen, dass der Richter vor der Entscheidung über den Antrag auf ein abgekürztes Verfahren keine Einsicht in die Strafakte nehmen muss. Eine solche Einsichtnahme in die Strafakte kann jedoch erforderlich sein, um zu entscheiden, ob das abgekürzte Verfahren anzuwenden ist oder nicht. Aus den Bestimmungen der allgemeinen Verfahrensordnung ergibt sich, dass das Gericht keine Einsicht in die Strafakte nehmen darf, bevor es auf Antrag eines Verfahrensbeteiligten eine Beweisaufnahme durchführt.

7. Urteil in einem abgekürzten Verfahren (§ 238 StVGB)

In § 238 StVGB werden die mögliche Erledigung des Verfahrens im abgekürzten Verfahren und die Regeln für die Strafmilderung im Zusammenhang mit einer Verurteilung angegeben. In Fällen, in denen keine Gründe für die Anwendung des abgekürzten Verfahrens vorliegen, ordnet das Gericht die Rückgabe der Strafakte an die Staatsanwaltschaft gemäß § 238 Abs. 1 Ziff. 1 StVGB an. In der Regel sollte das Fehlen von Gründen für die Anwendung des abgekürzten Verfahrens im Voraus festgestellt werden; in diesem Fall lehnt das Gericht das abgekürzte Verfahren ab (§ 235¹ Abs. 1 Ziff. 2 StVGB). Eine Anordnung nach § 238 Abs. 1 Ziff. 1 StVGB kann jedoch z. b. dann erforderlich sein, wenn der Beschuldigte seinen Antrag auf ein abgekürztes Verfahren in der Hauptverhandlung zurückzieht. Eine solche Anordnung ist auch dann erforderlich, wenn sich das Fehlen einer Grundlage für das abgekürzte Verfahren aus einem anderen Grund erst in der Hauptverhandlung herausstellt.

Das Gericht ordnet in einem solchen Fall die Rückgabe der Strafakte an die Staatsanwaltschaft gemäß § 238 Abs. 1 Ziff. 2 StVGB an, wenn das Material der Strafakte für die Erledigung der Strafsache im abgekürzten Verfahren nicht ausreicht. In der Entscheidung des Strafsenats des Staatsgerichts in der Rechtssache Nr. 3-1-1-47-06 heißt es, dass die Strafakte an die Staatsanwaltschaft zurückgegeben werden muss, wenn das Gericht es nicht für möglich hält, auf der Grundlage des in der Strafakte befindlichen Materials zu einem Schuld- oder Freispruch zu gelangen, unabhängig davon, ob die Gründe für die Anwendung des abgekürzten Verfahrens vorliegen.

Die Entscheidung des Strafsenats des Staatsgerichthofs in der Rechtssache Nr. 3-1-1-105-10 besagt, dass in einer Situation, in der sich bei einer Verhandlung im abgekürzten Verfahren herausstellt, dass es notwendig ist, zusätzliche Beweise zu erheben, um über die Haftung des zivilrechtlich Beklagten zu entscheiden, das Gericht die in § 238 Abs. 1 Ziff. 2 StVGB genannte Entscheidung treffen muss, d. h. die Strafakte an die Staatsanwaltschaft mit der Begründung zurückgeben muss, dass das Material in der Strafakte für die Lösung des Strafverfahrens im abgekürzten Verfahren nicht ausreicht (RKKK 3-1-1-105-10).

Nach § 238 Abs. 1 Ziff. 3 StVGB hat das Gericht die Einstellung des Strafverfahrens anzuordnen, wenn die in § 199 Abs. 1 Ziff. 2 bis 6 StVGB genannten Gründe vorliegen. Die Möglichkeit, die Anwendung des abgekürzten Verfahren auf das Strafverfahren auf der Grundlage von § 202 StVGB einzustellen, ist in der Rechtsprechung anerkannt worden.

Bei seiner Entscheidung kann sich das Gericht auf die im Vorverfahren erhobenen Beweise stützen, die im Rahmen der gerichtlichen Untersuchung offengelegt und geprüft wurden. Der Strafsenat des Staatsgerichtshofs hat in seinem Urteil in der Rechtssache 3-1-1-100-06 klargestellt, dass die Verhandlung einer Strafsache im abgekürzten Verfahren das Gericht nicht von der Begründungspflicht entbindet, die ihm durch § 312 Ziff. 1–3 StVGB auferlegt wird. Bei der Abfassung eines Urteils in einem abgekürzten Verfahren sind die einschlägigen allgemeinen Verfahrensvorschriften zu beachten (siehe RKKK

3-1-1-100-06). Eine solche Anforderung kann auf § 233 Abs. 3 und § 238 StVGB gestützt werden, auch nach den am 01.09.2011 in Kraft getretenen Gesetzesänderungen. Der Strafsenat des Staatsgerichtshofs hat festgestellt, dass auch ein Urteil in einem abgekürzten Verfahren allen Anforderungen genügen muss, die § 312 StVGB an den Hauptteil eines Urteils stellt, d. h. es muss eine Analyse der Beweise enthalten, die Gegenstand der gerichtlichen Untersuchung waren, und zwar in einer Form, die es ermöglicht, den Verlauf der im Tenor des Urteils gezogenen Schlussfolgerungen zu verfolgen. Selbst ein vollständiges Schuldanerkenntnis des Angeklagten im abgekürzten Verfahren entbindet das Gericht daher nicht von seiner Pflicht, sein Urteil zu begründen. Ähnlich wie im ordentlichen Verfahren kann das Gericht im abgekürzten Verfahren nur dann auf die Abfassung des begründeten Hauptteils des Urteils verzichten und sich auf die Abfassung des einleitenden Teils und des Tenors beschränken, wenn alle Verfahrensbeteiligten gemäß § 315 Abs. 7–8 StVGB auf Rechtsmittel verzichtet haben (RKKK 3-1-1-100-06).

Der Angeklagte sollte ein Interesse daran haben, ein abgekürztes Verfahren zu beantragen, insbesondere weil das Gericht bei einer Verurteilung in einem abgekürzten Verfahren unter Berücksichtigung aller Umstände der Tat die gegen den Angeklagten zu verhängende Grundstrafe um ein Drittel reduziert (§ 238 Abs. 2 StVGB). In seinem Urteil in der Rechtssache Nr. 3-1-1-77-11 hat der Strafsenat des Staatsgerichtshofs festgestellt, dass es unzulässig ist, in einem abgekürzten Verfahren eine strengere Strafe zu verhängen, nur weil die Strafe gemäß § 238 StVGB um ein Drittel herabgesetzt wird. Auch im abgekürzten Verfahren muss die Strafe genau denselben Grundsätzen entsprechen wie im ordentlichen Verfahren. Die so erlangte Strafe wird um ein Drittel gemindert. Die Bestimmungen des § 238 StVGB bedeuten unter anderem, dass eine um ein Drittel reduzierte Strafe auch unter der in dem betreffenden Paragrafen vorgesehenen Mindeststrafe liegen kann. Die Höhe der Schuld der Person hängt nicht von der Art des Verfahrens ab, in dem die Straftat verfolgt wird. Mit dem Antrag auf ein abgekürztes Verfahren verzichtet der Beschuldigte auf eine Reihe von wichtigen Verfahrensrechten. So verwirkt er beispielsweise das Recht, eigene Zeugen zu benennen, das Recht, die Zeugen der Anklage zu befragen, und sein Recht, gegen die Entscheidung des Landgerichts Rechtsmittel einzulegen, ist gemäß § 318 Abs. 3 Ziff. 1 StVGB eingeschränkt. Daher ist eine Herabsetzung der gegen den Verurteilten im abgekürzten Verfahren zu verhängenden Strafe angemessen (RKKK 3-1-1-77-11). Der Strafsenat des Staatsgerichtshofs hat in seinem Urteil in der Rechtssache 3-1-1-40-07 klargestellt, dass das Gericht bei einer Verurteilung im abgekürzten Verfahren anschließend die Bestimmungen des § 238 Abs. 2 StVGB anwenden und die gegen die Person verhängte Gesamtstrafe gemäß § 64 des Strafgesetzbuchs um ein Drittel herabsetzen muss. Dabei ist zu beachten, dass bei einer gemeinsamen Verurteilung wegen mehrerer Straftaten nach § 64 Strafgesetzbuch nur die gesamte Strafe, nicht aber die Strafe für jede einzelne Straftat herabzusetzen ist (RKKK 3-1-1-40-07).

Die Rechtsprechung des Staatsgerichtshofes hat wiederholt klargestellt, dass die Grundlage für die Bestrafung einer Person ihre Schuld gemäß § 56 Abs. 1 Strafgesetzbuch ist. Der Umfang der Schuld hängt jedoch nicht von der Art des Verfahrens ab, in dem über die Schuldfrage entschieden wird. Der Umstand, dass der Beschuldigte auf eine – auch weniger rechtsschonende – Verfahrensart zugunsten einer anderen verzichtet, hat daher keinen Einfluss auf den Schuldumfang. Auch im abgekürzten Verfahren muss die Strafzumessung genau denselben Grundsätzen entsprechen wie im ordentlichen Verfahren. Eine solche Strafe, die der Schuld der Person entspricht, wird um ein Drittel gemindert, was jedoch nichts mit der Schuld der Person und der entsprechenden Strafe zu tun hat (RKKKo 1-17-11930, Ziff. 15; siehe auch RKKKm 3-1-1-96-09, Ziff. 9; RKKKo 3-1-1-77-11, Ziff. 14).

Der Strafsenat des Staatsgerichtshofs hat klargestellt, dass in der Praxis bei der Verurteilung einer Person, einschließlich der Ersetzung einer Strafe oder der bedingten Entlassung aus einer Strafe gemäß § 73 Strafgesetzbuch, die Schuld der Person ausschlaggebend ist, weshalb in diesem Stadium die gesetzliche *Dauer der Strafe* auf der Grundlage der gemäß § 56 Abs. 1 Strafgesetzbuch verhängten Strafe und nicht auf der Grundlage der im abgekürzten Verfahren gemäß § 238 Abs. 2 StVGB herabgesetzten Strafe bestimmt wird. Diese Praxis sollte jedoch nicht auf die vorzeitige Entlassung auf Bewährung ausgedehnt werden. Bei der Vollstreckung der Strafe auf der Grundlage eines rechtskräftigen Urteils kommt es nicht mehr auf die (Schuld) der Person und die auf der Grundlage dieses Urteils *verhängte Strafe* an, und für die Bemessung der Dauer der verhängten Strafe im Sinne des § 76 Strafgesetzbuch ist auf die Dauer der tatsächlich verbüßten Strafe abzustellen, also auf die nach § 238 Abs. 2 StVGB im abgekürzten Verfahren um ein Drittel verminderte Strafe (RKKKm 1-15-10026, Ziff. 11–12).

Der Strafsenat des Staatsgerichtshofs hat entschieden, dass unter dem Gesichtspunkt der Integrität des Strafrechts die Bestimmungen des § 69 StGB auf eine nach § 56 Abs. 1 StGB verhängte Strafe und nicht auf eine nach § 238 Abs. 2 StVGB herabgesetzte Strafe anwendbar sind, da auch für die Umwandlung einer Strafe oder die bedingte Entlassung aus einer Strafe die Schuld des Betroffenen, die Möglichkeit, ihn zur Unterlassung künftiger Straftaten zu bewegen, und die Interessen des Schutzes der Rechtsstaatlichkeit und nicht die

Urteil in einem abgekürzten Verfahren (§ 238 StVGB)

Art des Verfahrens, in dem die Straftat des Betroffenen verhandelt wird, entscheidend sind. Materielle und prozessuale Strafmilderung sind nicht kumulativ, da es sich um unterschiedliche Rechtsinstitute mit unterschiedlichen Zielsetzungen handelt. Andernfalls ist die Grundlage, auf der das Gericht die Grundstrafe verhängt hat, nicht mehr klar definiert und im Urteil nachvollziehbar. Nach alledem schließt sich der Strafsenat der Auffassung des Bezirksgerichts an, dass bei einer Verurteilung zu einer Freiheitsstrafe von 2 Jahren und 6 Monaten, die nach § 238 Abs. 2 StVGB auf eine Dauer von weniger als zwei Jahren herabgesetzt wird, nach dem Sinn des Gesetzes keine Möglichkeit besteht, die gegen den Betroffenen verhängte Strafe nach § 69 Strafgesetzbuch durch gemeinnützige Arbeit zu ersetzen (RKKKo 3-1-1-83-12, Ziff. 10).

Der Strafsenat des Staatsgerichtshofs hat festgestellt, dass es unzulässig ist, im abgekürzten Verfahren eine strengere Strafe zu verhängen, nur weil die Strafe gemäß § 238 StVGB um ein Drittel gemindert wird. Auch im abgekürzten Verfahren muss die Strafe genau denselben Grundsätzen entsprechen wie im ordentlichen Verfahren. Die so erlangte Strafe wird um ein Drittel gemindert. Die Bestimmungen des § 238 StVGB bedeuten unter anderem, dass eine um ein Drittel reduzierte Strafe auch unter der in dem betreffenden Paragrafen vorgesehenen Mindeststrafe liegen kann (RKKKo 3-1-1-77-11, Ziff. 14).

§ 10. Strafbefehlsverfahren

1. Gründe für die Anwendung des Strafbefehlsverfahrens (§ 251 StVGB)

Das Strafbefehlsverfahren ist eine Form des vereinfachten Verfahrens, bei dem keine mündliche Verhandlung der Strafsache vor Gericht stattfindet. Es handelt sich um ein schriftliches Verfahren. Gemäß § 254 Abs. 6 StVGB haben der Angeklagte und die Verteidigung das Recht, innerhalb von fünfzehn Tagen nach Erhalt der im Strafbefehlsverfahren ergangenen Entscheidung zu beantragen, dass das Gericht die Strafsache im ordentlichen Verfahren verhandelt. Die Anwendung des Strafbefehlsverfahrens ist in Fällen von Straftaten zweiten Grades möglich, wenn die Beweislage eindeutig ist. Die Klarheit der Beweislage wird anhand des Materials in der Strafakte entschieden. Die Beweismittel sind in § 62 StVGB festgelegt. Neben dem Erfordernis der Klarheit der Beweislage muss die Straftat so beschaffen sein, dass die Staatsanwaltschaft die Verhängung einer Geldstrafe als Hauptstrafe für möglich hält. Die Anwendung des Strafbefehlsverfahrens erfolgt auf Antrag der Staatsanwaltschaft. Der Beschuldigte ist nicht berechtigt, die Anwendung des Strafbefehlsverfahrens zu beantragen. Das Strafbefehlsverfahren findet keine Anwendung, wenn der Beschuldigte minderjährig ist (§ 251 Abs. 2 StVGB). Das Strafbefehlsverfahren findet keine Anwendung, wenn der Beschuldigte einer Suchtbehandlung für Drogenabhängige oder einer Komplexbehandlung für Sexualstraftäter unterzogen werden kann (§ 251 Abs. 3 StVGB).

2. Der Hauptteil der Anklageschrift im Strafbefehlsverfahren (§ 252 StVGB)

In § 252 Abs. 1 StVGB sind die Einzelheiten des Hauptteils der Anklageschrift festgelegt. Bei der Abfassung der übrigen Teile der Anklageschrift müssen die Anforderungen des § 154 StVGB eingehalten werden. Der Hauptteil der Anklageschrift im Strafbefehlsverfahren enthält die Beweismittel, die die Anklage stützen. Gemäß § 252 Abs. 1 Ziff. 4 StVGB kann ein Verzeichnis der einschlägigen Beweismittel vorgelegt werden. Es ist jedoch ratsam, möglichst genau anzugeben, welche in der Anklageschrift genannten Tatsachen durch die konkreten Beweismittel bewiesen werden. In diesem Fall wird die Staatsanwaltschaft besser in der Lage sein, die Eindeutigkeit der Beweistatsachen nachzuweisen. Es ist auch sinnvoll, in der Anklageschrift die Gründe für den Vorschlag der

Staatsanwaltschaft zu Art und Höhe des Strafmaßes (§ 252 Abs. 1 Ziff. 5 StVGB) anzugeben und zu begründen. Unter dem Gesichtspunkt der Verteidigungsrechte ist auch die Übermittlung von Abschriften der Anklageschrift an den Angeklagten und seinen Verteidiger von großer Bedeutung im Strafbefehlsverfahren (§ 252 Abs. 2 StVGB). Ein solches Verfahren garantiert dem Angeklagten und seiner Verteidigung die Möglichkeit, dem Gericht noch vor der Urteilsverkündung eine schriftliche Stellungnahme zur Lösung der Strafsache vorzulegen. So können der Angeklagte und sein Verteidiger beispielsweise schriftlich auf das Fehlen einer Grundlage für das Strafbefehlsverfahren hinweisen. Zum Beispiel, wenn die Beweistatsachen nicht eindeutig sind. Der Verteidiger kann auch, falls erforderlich, seinen Standpunkt unabhängig und ohne Zustimmung des Beschuldigten im rechtlichen Interesse des Beschuldigten darlegen. Der Verteidiger sollte auf alle Aspekte der Verteidigung des Beschuldigten eingehen, die für die Entscheidung im Strafbefehlsverfahren von Bedeutung sein können. Die in § 254 Abs. 6 StVGB vorgesehene Möglichkeit, innerhalb von fünfzehn Tagen nach Eingang der Entscheidung im Strafbefehlsverfahren beim Gericht eine Verhandlung der Strafsache im Rahmen des allgemeinen Verfahrens zu beantragen, ist nicht von der Vorlage des Standpunkts der Verteidigung und des Beschuldigten abhängig. Es sei darauf hingewiesen, dass der Angeklagte und die Verteidigung nicht verpflichtet sind, von der in § 252 Abs. 3 StVGB vorgesehenen Möglichkeit Gebrauch zu machen, sich zur Lösung der Strafsache zu äußern. Es ist fraglich, wie das Gericht in einem solchen Fall verfahren soll, wenn die Verteidigung oder der Beschuldigte eine schriftliche Stellungnahme gemäß § 252 Abs. 3 StVGB abgegeben hat, aus der hervorgeht, dass die Verteidigung oder der Beschuldigte mit der Erledigung der Strafsache im Wege eines Strafbefehlsverfahrens nicht einverstanden ist. In einem solchen Fall ist es aber wohl nicht ausgeschlossen, dass gemäß § 253 Ziff. 3 StVGB ein Beschluss über die Ablehnung des Strafbefehlsverfahrens und die Rückgabe der Strafakte an die Staatsanwaltschaft erlassen wird. Eine solche Anordnung wäre gerechtfertigt. Unter dem Gesichtspunkt der Verfahrensökonomie wäre es in einem solchen Fall nicht zweckmäßig, ein Urteil im Strafbefehlsverfahren zu verfassen. Im vorliegenden Fall besteht aufgrund der schriftlichen Ausführungen der Verteidigung oder des Angeklagten Grund zu der Annahme, dass die Verteidigung oder der Angeklagte beabsichtigt, das in § 254 Abs. 6 StVGB vorgesehene Recht auszuüben.

3. Gerichtsbeschlüsse in einem Strafbefehlsverfahren (§ 253 StVGB)

Das Gericht entscheidet nur, wenn der Angeklagte und die Verteidigung innerhalb von zehn Tagen nach Eingang der Anklageschrift Gelegenheit hatten, dem Gericht eine schriftliche Stellungnahme zur Erledigung der Strafsache vorzulegen. Das Gericht kann seine Entscheidung frühestens fünfzehn Tage nach Übermittlung der Anklageschrift an den Angeklagten und den Verteidiger fällen. Ein Urteil in einem Strafbefehlsverfahren wird nur unter bestimmten Umständen erlassen. Nach § 254 Abs. 1 StVGB erlässt der Richter ein Urteil, wenn er mit den Feststellungen in der Anklageschrift hinsichtlich des Beweises der Anklage und des Strafmaßes einverstanden ist. Ein Beschluss, mit dem das Strafbefehlsverfahren abgelehnt und die Strafakte an die Staatsanwaltschaft zurückgegeben wird, ergeht beispielsweise dann, wenn es keine Grundlage für die Anwendung des in § 251 Abs. 1 StVGB vorgesehenen Strafbefehlsverfahrens gibt. Dies ist z. B. der Fall, wenn das Gericht die Beweislage für nicht eindeutig hält oder wenn das Gericht die Verhängung einer Geldstrafe als Hauptstrafe nicht für möglich hält. Eine solche Anordnung erfolgt auch, wenn ein Umstand vorliegt, der die Anwendung des Strafbefehlsverfahrens nach § 251 Abs. 2 oder 3 StVGB ausschließt. Das Strafbefehlsverfahren ist auch dann zu versagen, wenn die Anklageschrift nicht den gesetzlichen Anforderungen entspricht.

4. Urteil in einem Strafbefehlsverfahren (§ 254 StVGB)

§ 254 Abs. 1 bis 4 StVGB regelt die Angaben, die in das Urteil im Strafbefehlsverfahren aufzunehmen sind. Der Hauptteil des im Strafbefehlsverfahren ergangenen Urteils unterscheidet sich wesentlich vom Hauptteil des im ordentlichen Verfahren ergangenen Urteils. Gemäß § 254 Abs. 5 StVGB wird eine Abschrift des im Strafbefehlsverfahren ergangenen Urteils gemäß den Bestimmungen von § 164 Abs. 3 und 5 StVGB dem Angeklagten, der Verteidigung, dem Geschädigten und der Staatsanwaltschaft innerhalb von drei Tagen nach dem Tag der Entscheidung zugestellt. Gemäß § 254 Abs. 6 StVGB haben der Angeklagte und der Verteidiger das Recht, innerhalb von fünfzehn Tagen nach Erhalt des im Strafbefehlsverfahren ergangenen Urteils zu beantragen, dass das Gericht die Strafsache im ordentlichen Verfahren verhandelt. Die Verteidigung hat im Strafbefehlsverfahren eigenständige Rechte. Der Verteidiger kann erforderlichenfalls auch ohne Zustimmung des Angeklagten beantragen, dass das Gericht die Strafsache in einem ordentlichen Verfahren verhandelt. Der Antrag auf ein allgemeines Verfahren für die Strafsache muss nicht begründet werden.

§ 254 Abs. 7 StVGB sieht vor, dass das im Strafbefehlsverfahren ergangene Urteil rechtskräftig wird, wenn der Angeklagte oder die Verteidigung nicht beantragt, die Strafsache in einem ordentlichen Verfahren zu verhandeln.

5. Rechtsbehelf gegen ein im Strafbefehlsverfahren ergangenes Urteil und Verhandlung im ordentlichen Verfahren (§ 255 StVGB)

Im Hinblick auf die Bestimmungen von § 255 Abs. 1 StVGB ist es wichtig, darauf hinzuweisen, dass es wahrscheinlich nicht richtig ist, im Zusammenhang mit der Anfechtung eines im Rahmen des Strafbefehlsverfahrens ergangenen Urteils von einem Verhalten des Verurteilten zu sprechen. Das im Rahmen des Strafbefehlsverfahrens ergangene Urteil ist zu diesem Zeitpunkt noch nicht in Kraft getreten. Gemäß § 35 Abs. 3 StVGB ist eine verurteilte Person eine Person, gegen die eine Verurteilung rechtskräftig geworden ist. § 254 Abs. 6 StVGB sieht richtigerweise das Recht des Beschuldigten vor, beim Gericht zu beantragen, dass die Strafsache in einem ordentlichen Verfahren verhandelt wird. Es liegt auf der Hand, dass § 255 Abs. 1 StVGB Anwendung finden muss, wenn der Beschuldigte oder sein Verteidiger beantragt hat, dass das Gericht die Strafsache gemäß § 254 Abs. 6 StVGB als Kriminalsache im allgemeinen Verfahren verhandelt. Die Anordnung der Rückgabe der Strafakte an die Staatsanwaltschaft ist die Grundlage für die Erstellung einer neuen Anklageschrift nach § 154 StVGB und für die Fortsetzung des Verfahrens im ordentlichen Verfahren.

§ 11. Beschleunigtes Verfahren

1. Gründe für die Anwendung des beschleunigten Verfahrens (§ 256¹ StVGB)

Das beschleunigte Verfahren ist eine Verfahrensform, die in bestimmten Fällen eine zügige Erledigung von Strafsachen ermöglicht. In § 256¹ StVGB sind die Voraussetzungen für die Anwendung des beschleunigten Verfahrens festgelegt. Nach dieser Vorschrift ist die Anwendung des beschleunigten Verfahrens zulässig, wenn die Person einer Straftat zweiten Grades verdächtigt wird, für die die Beweislage eindeutig ist. Bevor ein Antrag auf ein beschleunigtes Verfahren gestellt wird, müssen alle erforderlichen Beweise erhoben worden sein. Gemäß § 256¹ StVGB muss der Antrag innerhalb von 48 Stunden nach der Vernehmung einer Person, die einer Straftat verdächtigt wird, oder nach der Festnahme einer Person, die einer Straftat verdächtigt wird, gestellt werden. Bei der Entscheidung über den Antrag auf ein beschleunigtes Verfahren muss die Staatsanwaltschaft die Bestimmungen von § 256⁵ Abs. 1 Ziff. 1 StVGB berücksichtigen. Das Gericht ordnet die Rückgabe des Materials der Strafsache an die Staatsanwaltschaft an, wenn außer unzureichenden Beweisen keine Gründe für die Anwendung des beschleunigten Verfahrens vorliegen. Gemäß § 256⁴ Abs. 1 StVGB stellt die Staatsanwaltschaft beim Gericht einen mündlichen Antrag auf Durchführung des beschleunigten Verfahrens.

2. Protokoll über das beschleunigte Verfahren und Anklageschrift im beschleunigten Verfahren (§ 256² StVGB)

Nach § 256² Abs. 1 StVGB enthält das Protokoll des beschleunigten Verfahrens: 1) die Aussagen des Verdächtigen und die sonstigen Vernehmungsangaben nach § 76 Abs. 1 StVGB oder ein Hinweis auf die Vernehmung des Verdächtigen in einem gesonderten Protokoll; 2) die Stellungnahme des Verdächtigen, ob er das Strafverfahren ohne Zeugenvernehmung fortsetzen will; 3) die Aussagen des Zeugen und die sonstigen Vernehmungsangaben nach § 74 StVGB oder ein Hinweis auf die Vernehmung des Zeugen in einem gesonderten Protokoll; 4) ein Verzeichnis der sonstigen Beweismittel; 5) die Angaben nach § 218 Abs. 1 StVGB, wenn die Person als Verdächtiger festgenommen wird. Werden die Aussagen der verdächtigen Person in das Protokoll des beschleunigten Verfahrens gemäß § 256² Abs. 1 Ziff. 1 StVGB aufgenommen, so ist im Protokoll des beschleunigten Verfahrens zu vermerken, dass die verdächtige

Person über ihre Rechte und Pflichten belehrt wurde, was die verdächtige Person unterzeichnen sollte. Wird die Person als Verdächtiger festgenommen, so ist die Belehrung über die Rechte und Pflichten des Verdächtigen und die entsprechende Unterschrift des Verdächtigen im Protokoll über die Festnahme der Person als Verdächtiger gemäß § 218 Abs. 1 Ziff. 4 StVGB anzugeben. Über die Vernehmung der verdächtigen Person kann ein gesondertes Protokoll angefertigt werden. In diesem Fall ist ein Hinweis auf das Vernehmungsprotokoll in das Protokoll des beschleunigten Verfahrens aufzunehmen.

§ 256^2 Abs. 5 Satz 2 der Strafprozessordnung sieht vor, dass das zentrale Dokument des beschleunigten Verfahrens – das Protokoll über das beschleunigte Verfahren – einem Beschuldigten, welcher der estnischen Sprache nicht mächtig ist, nur auf Antrag in übersetzter Form zugestellt wird. Diese Möglichkeit der Übersetzung nur auf Antrag des Beschuldigten besteht jedoch nur im so genannten ordentlichen beschleunigten Verfahren, bei dem sich auf die Erstellung des Protokolls des beschleunigten Verfahrens begrenzt wird. Hält es die Staatsanwaltschaft jedoch gemäß § 256^2 Abs. 3 StVGB für erforderlich, im beschleunigten Verfahren zusätzlich entweder die Regeln des Absprachevefahrens oder die Regeln des Strafbefehlsverfahrens anzuwenden, so ist gemäß Abs. 5 Satz 3 desselben Paragrafen anstelle des Protokolls des beschleunigten Verfahrens entweder die Absprache oder die Anklageschrift zu erstellen und einem Beschuldigten, welcher der estnischen Sprache nicht mächtig ist, zwingend eine Übersetzung dieser Verfahrensunterlagen zur Verfügung zu stellen (RKKK 3-1-1-58-10). Nach § 256^2 Abs. 3 StVGB können die in § 240 Ziff. 2 und 3 StVGB genannten Handlungen von der Ermittlungsbehörde gegenüber dem Geschädigten vorgenommen werden. Der Verweis auf § 240 Ziff. 2 StVGB ist in dieser Form nicht zutreffend, da § 240 Ziff. 2 StVGB die am Geschädigten vorzunehmenden Handlungen nicht benennt. Die Ermittlungsbehörde kann jedoch gemäß § 240 Ziff. 3 StVGB das Opfer um seine Zustimmung zu einem Absprachevefahren bitten und das Opfer als eine natürliche Person fragen, ob sie über den Termin der Vernehmung informiert werden möchte, wenn sich das Opfer nicht bereits im Laufe des Strafverfahrens zu diesen Fragen geäußert hat.

3. Gerichtsverfahren im beschleunigten Verfahren (§ 256^4 StVGB)

Gemäß § 256^4 Abs. 1 StVGB stellt die Staatsanwaltschaft beim Gericht einen mündlichen Antrag auf Durchführung des beschleunigten Verfahrens. In dem Antrag des Staatsanwalts sollte auch angegeben werden, ob der Antrag auf ein beschleunigtes Verfahren auf den Regeln eines vereinfachten Verfahrens

Gerichtsverfahren (§ 256⁴ StVGB) 171

beruht. Diese Klärung ist wichtig, da gemäß § 256⁴ Abs. 4 StVGB das beschleunigte Verfahren nach den Vorschriften des abgekürzten Verfahrens oder des Abspracheverfahrens oder nach den Vorschriften des Strafbefehlsverfahrens oder des allgemeinen Verfahrens durchgeführt werden kann. Die Staatsanwaltschaft legt dem Gericht die Unterlagen der Strafsache vor. Aus den Bestimmungen von § 256⁴ Abs. 2 StVGB geht hervor, dass der Richter zunächst die Zuständigkeit des Gerichts prüft und dann die Verhandlung eröffnet. Die Prüfung der Zuständigkeit wird im Protokoll der Verhandlung festgehalten. Nach den Bestimmungen des § 256⁴ Abs. 2 StVGB beginnt dann die richterliche Untersuchung. Im Falle einer gerichtlichen Untersuchung im beschleunigten Verfahren sind die im Antrag der Staatsanwaltschaft genannten Regeln der Verfahrensform zu beachten. Gemäß § 256⁴ Abs. 3 StVGB findet eine Vorverhandlung nur statt, wenn die Strafsache nicht sofort verhandelt werden kann. Da der Verweis im genannten Paragrafen die Verpflichtung beinhaltet, gemäß den §§ 262 und 263 StVGB zu handeln, muss das Gericht in einem solchen Fall einen Beschluss über die Anrufung des Gerichts erlassen. Gemäß § 263 Ziff. 3 StVGB sind in der Anordnung zur Anrufung des Gerichts beispielsweise auch Ort und Zeit der Verhandlung anzugeben, sofern diese bekannt sind.

In § 256⁴ Abs. 4 StVGB sind die Verfahrensvorschriften für das beschleunigte Verfahren festgelegt. Diese Bestimmung enthält Verweise auf die Vorschriften für das abgekürzte Verfahren, das Abspracheverfahren, das Strafbefehlsverfahren und die Verhandlung im ordentlichen Verfahren. Das gerichtliche Verfahren im beschleunigten Verfahren kann auch in Form eines Strafbefehlsverfahrens durchgeführt werden. Das Strafbefehlsverfahren ist eine Form des vereinfachten Verfahrens, bei dem keine mündliche Verhandlung der Strafsache vor Gericht stattfindet. Bei einem Strafbefehlsverfahren wird die Strafsache vom Gericht in Form eines schriftlichen Verfahrens entschieden. Etwas unklar und auch strittig ist jedoch, ob beispielsweise die Anforderungen der §§ 256³ und 256⁴ Abs. 1 StVGB solche Ausnahmen sind, die bei der Anwendung des beschleunigten Verfahrens auch dann zu beachten sind, wenn das Strafverfahren in Form eines Strafbefehlsverfahrens durchgeführt wird. Allerdings sollten die Regeln des Strafbefehlsverfahrens im Gerichtsverfahren wohl befolgt werden. Die Staatsanwaltschaft sollte einen schriftlichen Antrag auf Durchführung des Strafverfahrens im beschleunigten Verfahren stellen und auch die Anwendung des Strafbefehlsverfahrens beantragen. Es kann argumentiert werden, dass es in Fällen des beschleunigten Verfahrens wahrscheinlich nicht angebracht ist, die Regeln des Strafbefehlsverfahrens anzuwenden. Beim Strafbefehlsverfahren handelt es sich um eine recht zeitaufwendige Verfahrensform. § 253 StVGB sieht vor, dass der Richter nach Eingang der Strafsache, jedoch nicht vor Ablauf von fünfzehn Tagen nach Übermittlung der Anklageschrift an den Angeklagten und die Verteidigung, ein Urteil im Wege eines Strafbefehlsverfahrens erlässt. Es sollte angemerkt werden, dass gemäß § 254 Abs. 6 StVGB der Angeklagte und der Verteidiger das Recht haben, innerhalb von fünfzehn Tagen nach Erhalt des im Strafbefehlsverfahren ergangenen Urteils zu beantragen, dass das Gericht die Strafsache im ordentlichen Verfahren verhandelt.

4. Gerichtsbeschluss im beschleunigten Verfahren (§ 256^5 StVGB)

Nach § 256^5 Abs. 1 Ziff. 1 StVGB ordnet das Gericht die Rückgabe des Materials der Strafsache an die Staatsanwaltschaft an, wenn außer unzureichenden Beweisen keine Gründe für die Anwendung des beschleunigten Verfahrens vorliegen. Die Gründe für die Anwendung des beschleunigten Verfahrens sind in § 256^1 StVGB angeführt. Die Rückgabe der Strafakte an die Staatsanwaltschaft wird angeordnet, wenn die Person nicht Verdächtiger einer Straftat zweiten Grades ist oder wenn der Antrag nicht rechtzeitig gestellt wurde, und zwar innerhalb von 48 Stunden nach der Vernehmung der Person als Verdächtiger nach der Begehung der Straftat oder der Festnahme der Person als Verdächtiger. Sind die Beweise jedoch unzureichend, kann die Staatsanwaltschaft die Rückgabe des Materials in der Strafsache anordnen , wenn das beschleunigte Verfahren z. B. nach den Regeln des abgekürzten Verfahrens oder des Absprachverfahrens durchgeführt wird. Eine solche Anordnung ist auch im Falle der Regeln des Strafbefehlsverfahrens zulässig.

Literaturverzeichnis

W. Beulke, S. Swoboda. Strafprozessrecht, 16., neu bearbeitete Auflage, Heidelberg, 2022.

BGH, Urteil vom 2. 2. 199W9 – 1 StR 590-9 (LG Ravensburg) – Neue Zeitschrift für Strafrecht 1999, H. 6, S. 312.

J. Bickel. Das förmliche Geständnis im US-amerikanischen Strafprozeß als Beispiel der Verfahrenserledigung. – Berlin: Duncker und Humblot, 2001.

K. Dreher. Kontrollierbarkeit konsensualer Verfahrensweisen am Beispiel des US-amerikanischen Strafprozessrechts., Berlin, 2003.

U. Eisenberg. Beweisrecht der StPO. Spezialkommentar, 7. Auflage, München, 2011.

J. Endres, O. Scholz, D. Summa. Aussagesuggestibilität bei Kindern. Vorstellung eines neuen diagnostischen Verfahrens und erste Ergebnisse. – in: Psychologie der Zeugenaussage. Ergebnisse der rechtspsychologischen Forschung. / Hrsg. L. Greuel, T. Fabian, M. Stadler. BELTZ, Psychologie VerlagsUnion, Weinheim, 1997.

W. Gollwitzer. Menschenrechte im Strafverfahren. MRK und IPBPR. Berlin, De Gruyter Recht, 2005.

P. Großkopf. Beweissurrogate und Unmittelbarkeit der Hauptverhandlung. Zulässigkeit des Transfers von Vernehmungsergebnissen aus dem Ermittlungsverfahren in die Hauptverhandlung. Baden-Baden 2007.

J. Habetha, G. Trüg. Erosion des Beweisantragsrechts, Aktuelle Entwicklungen in der Rechtsprechung des Bundesgerichtshofs. – GA 2009.

Handbuch der Kriminalistik. Kriminaltaktik für Praxis und Ausbildung – von R. Ackermann, H. Clages, H. Roll. 4., aktualisierte und geänderte Auflage, Stuttgart, München, Hannover, Berlin, Weimar, Dresden, 2011.

G. Jansen. Zeuge und Aussagepsychologie. Heidelberg, 2004.

Kriminaalmenetluse seadustik. Kommenteeritud väljaanne (Strafverfahrensgesetzbuch. Kommentierte Ausgabe). Herausgegeben von Eerik Kergandberg und Priit Pikamäe. Kirjastus Juura 2012.

E. Kergandberg, M. Sillaots. Kriminaalmenetlus (Das Strafverfahren). Kirjastus Juura, Tallinn 2006.

O. Klemke, H. Elbs. Einführung in die Praxis der Strafverteidigung. Heidelberg, 2007.

B. Schünemann. Wohin treibt der deutsche Strafprozess? – Zeitschrift für die gesamte Strafrechtswissenschaft, 114 (2002), H. 1.

B. Schünemann. Zur Kritik des amerikanischen Strafprozessmodells. Festschrift für Gerhard Fezer zum 70. Geburtstag am 29. Oktober 2008, Herausgegeben von Edda Weßlau, Wolfgang Wohlers. De Gruyter, Berlin 2008.

M. Sillaots. Kokkuleppemenetlus kriminaalmenetluses (Das Absprachefahren im Strafverfahren), Dissertation, Tartu, 2004.

M. Traut, J. Burkhard. Verbot von Wiederholungsfragen contra Wahrheitsfindung? – Strafverteidiger Forum, 2003, Februar.

G. Trüg. Lösungskonvergenzen trotz Systemdivergenzen im deutschen und US-amerikanischen Strafverfahren. Ein strukturanalytischer Vergleich am Beispiel der Wahrheitserforschung. Mohr Siebeck, 2003

S. Walther. Strafprozessuales Konfrontationsrecht – ade? – Juristenzeitung, 2004, H. 22.

E. Weßlau. Das Konsensprinzip im Strafverfahren – Leitidee für eine Gesamtreform?, Baden-Baden, 2002.

www.ingramcontent.com/pod-product-compliance
Ingram Content Group UK Ltd.
Pitfield, Milton Keynes, MK11 3LW, UK
UKHW022236230426
12048UKWH00018BA/1289